U0943595

湛庐文化
Cheers Publishing
a mindstyle business
与 思 想 有 关

THE MATCH KING

Ivar Kreuger, The Financial Genius Behind a Century of Wall Street Scandals

火柴大王

[美] 弗兰克·帕特诺伊（Frank Partnoy）◎著

郭宁 汪涛◎译

浙江人民出版社
ZHEJIANG PEOPLE'S PUBLISHING HOUSE

关于火柴大王伊瓦·克鲁格，你了解多少？

1. 在美国 1929 年股灾爆发后，被认为是股市救星的实业家是？
   A. 洛克菲勒　B. 卡内基　C. 范德比尔特　D. 伊瓦·克鲁格

2. 火柴大王伊瓦·克鲁格是哪国人？
   A. 奥地利　B. 美国　C. 瑞典　D. 德国

3. 伊瓦·克鲁格在哪个行业掘到了人生的第一桶金？
   A. 火柴制造业　B. 建筑业　C. 交通业　D. 证券业

4. 1928 年，伊瓦·克鲁格在以下哪个城市建造了自己的火柴宫殿？
   A. 斯德哥尔摩　B. 纽约　C. 华盛顿　D. 伦敦

5. 以下不是伊瓦·克鲁格名下公司的是？
   A. 琼可宾火柴厂　B. 克鲁格与托尔公司　C. 瑞典火柴公司　D. 国际火柴公司

6. 伊瓦·克鲁格曾与下列哪位大亨交恶？
   A. 洛克菲勒　B. 卡内基　C. 范德比尔特　D. 约翰·皮尔庞特·摩根

7. 以下哪位好莱坞巨星是由伊瓦·克鲁格发掘的？

A. 贝蒂·戴维斯 B. 葛丽泰·嘉宝 C. 奥黛丽·赫本 D. 玛丽琳·迪特里希

8. 以下哪项不是伊瓦·克鲁格做出的金融创新？

A.3-6-3 规则 B. 以贷款交换垄断权 C.B 股票 D. 资产负债表外项目

9. 以下哪项法规是在伊瓦·克鲁格的影响下设立的？

A.《现代金融监管架构改革蓝图》 B.《金融服务现代化法案》

C.《证券监管法案》 D.《格拉斯 - 斯蒂格尔法》

10. 受到伊瓦·克鲁格死亡的牵连而破产的投行是？

A. 华盛顿互惠银行 B. 李 - 希金森公司 C. 华克威尔银行 D. 贝尔斯登公司

扫码关注“庐客汇”，回复“火柴大王”，即可获得本测试题答案！看看关于伊瓦·克鲁格这位火柴大王，你的了解有多少。

THE MATCH KING

前言

世界上最受欢迎的骗子

1929 年 10 月 24 日星期四的这一天，世界上所有的市场都处于自由落体般的下跌状态：抵押品市场、股票市场、债券市场，甚至连衍生品市场都全线下跌，而开发衍生品的初衷原本是规避损失、对冲投资风险。对众多投资者来说，这可谓是金融发展史上最差年份里的最差月份中最倒霉的一周。房地产价格猛跌，所有贷款都被冻结，外汇市场也崩盘了。当纽约证券交易所的收盘钟声敲响的时候，许多人的财富就这样灰飞烟灭了。

交易所的管理者宣布，市场要到下星期一才能重新开市。考虑到当天下午的疯狂卖盘，每个人都需要时间冷静一下。仅星期四这一天成交的股票数量就让市场在当月下跌了约 20%。多位著名的银行家和监管者们计划召开一个闭门会议，商讨应该如何阻止恐慌的蔓延。

那天晚上，世界顶级富豪中的某个人正处于最危险的边缘，在长达 7 年的股票牛市中，他一直都是焦点人物。他积极地开发出各种复杂的金融产品，这些创新型的金融产品慢慢在现代金融领域内占据了主导地位，使得全世界的投资者广泛地持有其名下公司发行的证券。不可思议的是，即便市场崩盘了，这个人名下公司已发行证券的市场价格依然很坚挺。

随着他对这次市场骚动的调查不断深入，这个著名的人物开始担心投资者们可能也会对自己失去信心，就像对其他公司失去信心一样。市场正处于剧烈动荡中，当投资者们开始抛售手中的投资产品时，他们的行为就像羊群效应一样会被不断地放大。随着负面消息的不断恶化，贪婪的空头会下重注豪赌，市场上证券产品的价值会在未来几天时间里不断贬值。或许只需要几分钟，这些证券的价值就会大大缩水。前一天，某家公司可能还在正常经营，为全世界所熟悉与尊敬；然而，到了第二天，这家公司就可能处于破产的边缘，并会一下子变得声名狼藉。这场危机已经让几家著名的公司深受其害。

这还不是让每个人都感到失望的时刻，因为在接下来的几天里，这个人可能会让包括他最信赖的顾问们在内的每个人都感到失望。他的会计师和投资银行家们第一次非常严肃地对他进行的交易提出了质疑，他们特别想知道，他在卢森堡并购的那些神秘的子公司到底负有多少债务。这些债务就是我们熟悉的"表外负债"，它们并没有出现在他名下任何一家公司的资产负债表上。他的顾问们希望他能够证明自己有钱偿还这些债务。

这个人坚持认为，没有什么值得担忧的。他承诺说，在接下来的几天里，他将达成一笔金额最大的交易，这是一笔向外国政府提供的巨额贷款，而该国政府此刻正需要大量资金。到了周五，各个市场可能会休市，他计划在周六上午与该国的财政部长举行会谈，以确定这笔贷款交易的最终合同条款。他向顾问们保证，这笔交易将消除所有对他个人财务状况的怀疑，它可能会成为《纽约时报》和《华尔街日报》的头条新闻。《时代周刊》的编辑们已经准备将他的正面照放在下一期杂志的头版上，并配上介绍他如何对抗历史上最严重金融危机的专题报道。

然而，为了使他的计划顺利进行，这个人不得不冒一个巨大的风险。考虑到当时整个市场已陷入恐慌状态，他不可能立刻筹集到发放这笔贷款所需的资金。于是，他不得不自行承担这笔贷款。只有市场复苏，他个人的全部身家才不会被这笔外国政府贷款耗尽。这是一个令人震惊且从未有过先例的想法，然而，他准备以他个人的名义为这笔史上规模最大的贷款提供担保。

1929 年 10 月，在他敲定这笔贷款交易的那个星期一，市场以金融史上最大的单日跌幅彻底摧毁了他的希望，这就是人们熟悉的 1929 年股灾。市场并没有像他希望和想象的那样出现大幅上涨，恰恰相反，在连续两天内，股票的跌幅累计超过了 25%，这两天正是我们后来熟知的“黑色星期一”和“黑色星期二”。

这个人开始成为 20 世纪 20 年代无节制交易的代名词。国会对其公司的调查直接催生了一直监管市场至今的证券法律。他的同事和顾问们都为公众所不齿。曾为他提供服务、声名显赫的投资银行从此在市场上失势，很快便宣告破产。监管者们曾经认为他是投资者的金融救世主和行业发展的导师，然而现在他们却改口说，他是这个世界上最大的骗子。

当之无愧的金融市场之父

今天，我们比以往任何时候都有必要了解这个人的沉浮历史。金融市场的变幻莫测让我们大多数人感到困惑与无助。我们有各种各样的疑惑：应该把钱投向哪里？哪些投资是安全的？我们应该相信为我们服务的经纪人吗？我们工作的企业或者投资的公司会不会也像贝尔斯登、安然、雷曼兄弟或者伯纳德·L. 麦道夫证券公司那样突然间破产？下一次金融危机又会在何时爆发？哪些人又将受到冲击和伤害呢？

绝大多数人都无法事先预测到金融危机的发生。我们往往会在市场崩溃前买入股票，回头审视时却发现，此刻我们应该卖出股票。我们经常在底部卖出，而这恰恰是我们应该买入股票的位置。与此同时，我们经常被那些能够战胜市场的大牛们所迷惑——沃伦·巴菲特、乔治·索罗斯和数百位对冲基金经理，即使在市场处于恐慌和危机之中时，他们仍能获得上亿甚至数十亿美元的奖金。

他们到底看到了什么我们这些常人看不到的东西？一种观点认为，他们完全了解现代金融体系的复杂性，包括600万亿美元规模的金融衍生品市场，而这是普通投资者无法做到的。事实上，困惑的普通大众与金融精英们之间存在的鲜明对比，在今天比以往任何时候都强烈，甚至连那些现代金融术语听起来也比以往新鲜：互换、表外负债、离岸子公司、复杂的公司投票结构、混合证券、信用违约互换以及抵押债务证券。

然而，事实上，这些东西并没有它们看上去那么新颖，让人感到新奇的是，为什么这些最聪明的精英们能够赚到如此多的财富呢？沃伦·巴菲特和乔治·索罗斯从来不碰这些金融衍生品。对冲基金经理们总是与开发这些复杂金融产品的华尔街银行们对赌。不管是在今天还是在过去，表现最优异的投资者之所以能从市场上赚钱，并不是因为他们理解了这些复杂高深的数学模型，而是因为他们对金融市场的时机与陷阱有着非常敏锐的直觉。市场走势经常在很长一段时间里表现得很诡异，市场的涨跌起伏通常不仅取决于资产与负债的各种错综复杂的信息披露，同时也取决于人性和人们心理活动的变化。自20世纪20年代以来，这一切从未改变。

本书将要重点介绍的这个人就是投资者心理学研究方面的大师，他那各种各样的计划方案不论合法与否，都牢牢地抓住了20世纪20年代股票投资者们的心理，这一切与最近兴起的互联网泡沫、拍卖利率证券、股票分析师的内幕消息以及由次级抵押贷款支持的金融衍生品如出一辙。我们倾向于将这类投资活动看成金融市场上的丑闻，因为从最终的结果来看，它们让大多数人亏了钱。然而，这些产品同样也让那些理解其运作机制的投资者们增加了知识、丰富了阅历，就好比让投资者们知道了什么时候应该买入，什么时候应该卖出。

不管是好是坏，这个人都可以被看作今天的金融市场之父。对冲基金经理们和投资银行家们经常运用他发明的各种技术，很多公司使用的工具都是他最先开发的，而美国的证券法律就是因为他波澜壮阔而最终失败的经历而被制定的。从很多角度来看，他才是伯纳德·麦道夫的真正原型。

一段不该被遗忘的故事

很多现代商业领袖都在遵循他的足迹，或是在重复他的失败。今天的首席执行官从本质上说是一个政治岗位，它要求处在这个位置上的男性或女性能了解公众的立场，而这些立场与他们自己真实的立场又是相矛盾的。为了应对这种压力，很多公司的首席执行官都变得有些傲慢与专横，正如本书的主人公所表现的那样。跟他一样，这些首席执行官们渐渐开始相信他们能够应对任何怀疑，发现金融系统的任何漏洞，不管这些漏洞有多隐蔽。考虑到会计的复杂性，他们和手下的员工都会尝试以一种与实际情况不同的方法来对外发布公司的盈利情况。证券分析师和记者们不断地诱使他们重复这些最乐观的情形，由于重复的次数太多，他们自己都开始相信这些乐观的状况将变成现实，本书主人公就是一例。当压力越来越大，特别是在面对灾难时，一些公司高管的精神开始无法承受，情绪变得越来越不稳定。他们中的大多数人结局都很悲惨。

即便是 2008 年的金融危机，其发展轨迹也与本书主人公所经历的情形非常类似：都是从华尔街大规模未披露的风险开始，之后通过杠杆放大了这些风险的威力。这些新的、复杂的金融衍生品的杠杆作用不断累积，而只有少部分人真正理解其中的内涵。人们向银行家和会计师支付少量财富以寻求其他出路，然后看着价格毫无希望地下跌，最后，投资者们意识到他们存在银行里的储蓄竟然如此脆弱。变的只是名字和细节，狂热、恐慌和随后崩盘的危机周期并没有任何改变。金融发展史上不断重复着这样的故事，市场像过山车一样不断经历各种循环，而源头可以直接追溯到本书的主人公身上。

1932 年，在这个人的故事结束以前，他几乎每天都占据着各大报纸和杂志的封面。他的故事是各种畅销书和流行电影的主题。他是这个世界上最著名的钻石王老五和最受欢迎的经济与政治谋士。他向赫伯特·胡佛（Herbert Hoover）总统提出政策方面的建议时，闲适的态度就像他和葛丽泰·嘉宝（Greta Garbo）跳舞时一样。他不仅在工业领域，在艺术与建筑领域也有着广泛的影响力。

然而，关于这个人的记忆却慢慢褪色了，而当年他穿梭于纽约以及遍布欧洲的多个办公室之间时在豪华邮轮上和五星级宾馆里发送的蓝色专用电报都还在。大部分此类电报，连同几十年时间里他的私人信件和财务报表，几乎被原封不动地保存在瑞典瓦斯泰纳（Vadstena）的一个城堡里。第一次在那里看到这些文件时，我被彻底震撼了。如果将这些文件逐一摆开，它们会绵延数公里长。

在过去的6年时间里，我开始认真研究这个人，研究他所做的一切，包括他所犯的错误。本书选取了他的一部分故事，在我看来，这些故事与今天的投资与商业行为有着很强的关联性。同时，本书还刻画了这样一位非同寻常的人物，正如英国作家弗雷德里克·怀特（Frederic Whyte）所说的那样，这个人值得我们铭记，不仅仅因为他是“这个世界上最受欢迎的骗子”。我希望本书能为那些对市场感兴趣的人，或者那些担心在历史的轮回中连最引人注目的故事都会被遗忘的人，重新再现一个鲜活的他。

这个人就是伊瓦·克鲁格（Ivar Kreuger）。这本书讲述的就是伊瓦·克鲁格的故事。

目录

组织的语言以及对财务细节的精通和过人的记忆力迷住了杜兰特。同时，最重要的是，他用他那个简单但又极具诱惑力的想法钓上了杜兰特这条大鱼，说服他用政府债务来换取火柴经营的垄断权。杜兰特立刻领悟到，这是一个将改变历史的计划。

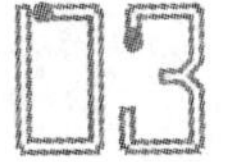

伊瓦提到自己让生意规模翻倍的雄心壮志，还说能在美国国内向投资者支付更高比例的股息率——不是克鲁格与托尔在瑞典支付给投资者的 25%，但可以肯定的是，一定也是个两位数。此时此刻，伊瓦已经准备好拉起鱼竿，将这家已经上钩的美国大银行扔进鱼桶了。

伊瓦把公司实际盈亏的所有详细数据都记得一清二楚，所以他知道合法的数据是多少，但他就是不愿意把这些信息与任何人分享。他当然明白，他的那些公司需要创造更多的利润来支付他的投资者们期待的巨额分红。那些现金债务是实实在在的，不过用来支付的钱到底是来自纽约还是瓦杜兹并没有多大区别。为了兑付这些债务，伊瓦需要募集到更多资金，他得说服投资者，为这个伟大计划赌一把是很值得的。为了做到这一切，伊瓦必须在欧洲获得几项火柴生意的垄断经营权。

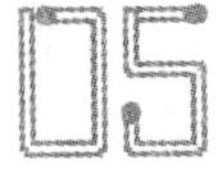

伊瓦非常欣赏伯宁在兰德格伦一事上的尽职，但是他并不打算结交一位新朋友。虽然伊瓦对公司账目的所有细节都非常在意，但他几乎完全不了解伯宁，而且看起来对此毫不关心。伯宁每天都会花很多时间为伊瓦及其公司做打算，但伊瓦发现自己甚至连他的名字都记不住，有近一年的时间，伊瓦都错把伯宁的名字 A.D. 叫成 A.L.。

第二部分 创新不断的金融巨子

世界上最远的距离，是“我们”与“他们”。
扫描二维码，
与同地、同城、同类、同好的庐客们相遇。

THE MATCH KING

IVAR KREUGER, THE FINANCIAL GENIUS BEHIND A CENTURY OF WALL STREET SCANDALS

第一部分

最具魅力的实业大亨

THE MATCH KING

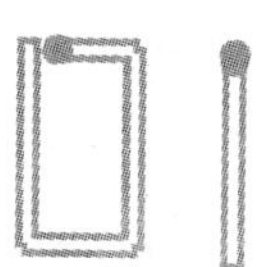

火柴大王的“美国梦”

伊瓦身上有一种难以言表的伟大。我觉得他能支配别人去做任何事。人们迷恋他，对他独特的魅力和吸引力显得毫无免疫力。总而言之，他有一种与众不同的风格。我曾在纽约多次遇见约翰·皮尔庞特·摩根，他的眼睛像两堆熊熊燃烧的炭火，但是伊瓦的眼睛看起来一点儿也不像那样。它们拥有另一种特质，虽然又细又小，但如果他愿意，可以用这样一双眼睛把你看穿。

1922年秋天，42岁的伊瓦·克鲁格如约在南安普顿（Southampton）登上了一艘名为伯伦加莉亚号（Berengaria）的德国豪华邮轮。和以往在公众场合下的着装如出一辙，他穿着一套灰色的西服，戴着他最喜欢的一顶带黑色条纹的灰色小礼帽。在当时拍摄的那些照片中，你总能在阴影中发现这样一个男人，他有着高鼻梁和小眼睛，这双眼睛很黑，深深凹陷。他额前浓密的短发齐刷刷地向后梳着，露出光洁、饱满的印堂。如果嘴里再叼上一根雪茄，一定会有乘客把他误认为瘦身成功的芝加哥黑帮教父阿尔·卡彭（Al Capone）。

那个时候，从欧洲旅行归来的美国人中几乎没人能认出伊瓦——在1922年，他还远不是个家喻户晓的人物，但船上的每个人都看到，他是在最后一分钟才匆忙登上即将起航的邮轮的。他匆匆走过登船通道，随身携带一根讲究的手杖和一个塞满文件的公文包。登船之后，他扫视人群，径直向他眼前最大的一群未婚女性走去，绅士地向她们弯腰鞠躬，并做了自我介绍。

显而易见，只要他一张嘴说话，人们便不会再把他当作一个黑手党成员。他源源不断地吐出一些精心措辞的段落，这些话语的组织方式就像中世纪北欧海盗挂毯上绣的并排“z”字和倒钩式的精美图案，而这些挂毯在他的祖国瑞典曾一度非常流行。他问她们是否知道，伯伦加莉亚号是以狮心王理查一世

（Richard the Lionheart）的妻子之名命名的。在评论说这艘船有个再合适不过的好名字时，他的眼睛都发亮了，并问她们，是否赞同这个观点。

他钻进不同的人群中，加入他们的谈话，像个好奇的小男孩般不断抛出一个接一个问题以博取大家的注意。他自问自答，举手投足间显露出一种超乎年龄的睿智和比他大一轮的男性才会拥有的生活阅历。这趟旅途安全吗？当然安全了。伯伦加莉亚号比泰坦尼克号重 5 000 吨，而且它有更坚硬、更安全的船壳和经过重新设计的高大且防水性良好的舱板。按照 10 年前泰坦尼克号沉没后颁布的新海洋公约的规定，每艘邮轮必须配备足够多的救生艇。此时，无线电通信技术已经近乎完美，因此，很难想象这样一艘轮船，尤其是卡纳德轮船公司（Cunard Line）的邮轮，会在海上失去联络。

那么，这艘船上头等舱的条件如何呢？当然不错了，简直是令人惊叹。头等舱一共有 714 个房间，走进这些房间，就好像置身于德国家庭，房间外是被绿色植物覆盖的走廊。那三个高耸的烟囱是怎么回事呢？令人惊讶的是，其中一个仅仅是个摆设，装装样子而已，或者用伊瓦的话来说，只是为了实现审美上的平衡。那为什么甲板上的空气仍旧如此清新自然呢？另两个起作用的烟囱简直就是技术上的奇迹。你们知道伯伦加莉亚号是第一艘用石油而不是煤炭作为燃料的豪华邮轮吗？

虽然伊瓦主导着所有的对话，但他始终保持着一种谦虚到近乎自嘲的语气。他对于自己好像知道所有答案这件事表现得充满歉意，甚至有些尴尬。当伊瓦转身离开并加入另一群人的谈话时，他总让身后的乘客们觉得提问的是他们自己，而不是他。甚至在伊瓦滔滔不绝的时候，他们都希望他能多说点什么，而不是少说几句。

伊瓦穿插谈论着有关艺术、建筑、电影和旅行的小片段，还有一些跨领域的话题，他从荷兰的艺术大师们谈到西奥多·德莱塞（Theodore Dreiser），再到冬季的花园，然后到他刚刚在斯德哥尔摩发现的天赋异禀的青年女演员。当维京人把布条缝合在一起的时候，他们创造了一种了不起的、从挂毯的左上角一直延续到右下角的连续弧度；而当伊瓦开始娓娓道来时，他也创造出了一个类似这种弧度的效果：听他讲话的人别无选择，只能不由自主地跟随着跌宕起伏的故事情节，直到伊瓦把故事讲完。

无论谈到什么话题，伊瓦最后都会把它扯回生意上。他会用他流利掌握的5种语言中的一种来引用一些诗歌中的选句或者公共演讲中的一段，但他总会接着提到，这些东西怎样让他回想起了最近看过的一些公司季度报告中的段落或者一则知名企业的公告。他的论点总是出人意料，但有一点很明显，伊瓦似乎早就准备将话题引向他最初就设计好的、与生意有关的内容上。

比起伊瓦非凡的口才，更让人吃惊的是他的目光。当他用目光锁定一位乘客时，其他人仿佛在瞬间融化了一般。就算内心最强大的人也会在伊瓦凝视的目光下神魂颠倒，就像与伊瓦关系最密切的一个同事所说的那样：

> 伊瓦身上有一种难以言表的伟大。我觉得他能支配别人去做任何事。人们迷恋他，对他独特的魅力和吸引力显得毫无免疫力。总而言之，他有一种与众不同的风格。我曾在纽约多次遇见约翰·皮尔庞特·摩根，他的眼睛像两堆熊熊燃烧的炭火，但是伊瓦的眼睛看起来一点儿也不像那样。它们拥有另一种特质，虽然又细又小，但如果他愿意，可以用这样一双眼睛把你看穿。

伊瓦，是导演更是演员

伯伦加莉亚号上的乘客们不知道的一件事是，伊瓦每天都要花费几个小时来为侃侃而谈做准备。知道自己将和一群素昧平生的人见面之后，他会事先为自己勾画出准备给对方留下的第一印象：先接触谁，要抖出哪些包袱，接着该如何行动。他通常还会给自己制定一个见好就收的计划。当伯伦加莉亚号驶向海面的时候，可以说，伊瓦已经给这艘船上的乘客留下了一个相当不错的第一印象。现在就该悄悄溜走了，好让他们顺其自然地形成对他的看法，而且这一切必须像烤蛋奶酥一样小心翼翼地完成。于是他向大家告了别，再次鞠躬，然后立刻冲向了邮轮的通信室。至此，一场表演的序幕结束了。

乘客们一定会觉得很奇怪：这个男人怎么回事，居然等不及喝完一杯香槟？他居然不愿停下来歇口气，就直接飞奔到轮船上的无线电通信室去发一份电报？这个龙卷风一样的男人甚至还没有告诉他们他叫什么名字。

伯伦加莉亚号驶离南安普顿大约一个小时后，一位乘客想去发电报，却惊奇地发现那个在最后一刻才匆忙登船的男人仍然待在通信室里。电报员在门口礼貌地拒绝了这位乘客，一字不差地重复着伊瓦要求他说的那些话：非常抱歉，伊瓦·克鲁格先生已经包下了所有的无线电设备供他个人使用。伊瓦早已塞给这个电报员一笔特别丰厚的小费，因此他可以独占这个房间。这就是他导演的进入美国计划的第二幕。

正如他所计划的那样，关于伊瓦·克鲁格先生的消息在乘客中传开了，大家都会停下来瞧这个神秘的男人一眼。透过通信室小小的窗户，他们看见伊瓦一个接一个、没完没了地发着电报，他那陷在阴影中的眼睛在成串的数字上来回扫着，那些数字都被记录在他的公文包中成堆的文件里。当时，美国无线电公司（Radio Corporation of America，缩写为 RCA）主导研发的新型多路复用技术能让 8 名乘客在同一时间发送电报，但伊瓦却独自一人占用了所有的线路。

伊瓦一直待在电报间里，直到人们最终失去了停下来看一眼他是否还在发电报的兴趣。根据后来的报道，他接连不断地发送了 24 个小时的电报，也许这其中有一点夸张的成分。无论在哪种场合，他都会待上足够长的时间来创造他想达到的效果。在一份文件里有这样一段描述：悄悄溜回他那舒适的头等舱房间时，他浑身上下筋疲力尽，心中却感到无比满足。

幸运的是，伊瓦的同伴已经按照他的指示，把房间布置成了他想要的样子。这个房间里摆放的花的确是伊瓦喜欢的，包括他在斯德哥尔摩的一个花架上采下的苹果花和粉玫瑰，整个房间里充盈着令人愉悦的芳香。一切都井井有条，大家随时待命。当伊瓦还在睡梦中时，就有几个手下已经准备好随时解答他提出的所有问题。现在伊瓦离开了电报间，邮轮上的电报终于可以使用了。伯伦加莉亚号上的乘客也终于有机会用电报把关于这个了不起的家伙将去往纽约的消息散布出去了。

蓬勃的 20 年代，投机者的乐园

伊瓦搭乘邮轮前往美国的原因其实很简单：那是一个财富聚集的国度。第一次世界大战结束，短暂的萧条之后到来的繁荣引爆了“蓬勃的 20 年代”（Roaring Twenties），1922 年的美国已成为一个被资金的浪潮冲刷着的国家。投资热甚至已经扩散到了中产阶级，他们把账户里的钱花在一些新的奢侈品上，不仅有股票和债券，还有收音机、麻将牌、电影票，当然还有酒精和烟草。美国城市的街道上充斥着各式各样的新车——莱克星顿（Lexington）、麦克斯韦（Maxwell）、布里斯科（Briscoe）以及圣殿骑士（Templar），还有别克（Buick）、道奇（Dodge）和福特（Ford）——最富有的家庭还在迈阿密和加州购置了房车，他们还乘坐豪华邮轮往返于欧洲和美国之间。

当投资者开始玩股票的时候，乐观主义和财富充盈着美国的经济，他们中的许多人还是第一次接触这类投资。无论是在烟雾缭绕的爵士酒吧里，还是在地下酒吧装有窗帘的格栅背后，人们都在热切地谈论安纳康达公司（Anaconda）和通用汽车公司，就好像在谈论大西洋城的选美比赛一样。在一个席位的价值就超过 10 万美元的纽约证券交易所，经纪人交易着相当于个人平均年收入百倍的股票，它们都是最有威望的公司发行的，诸如美国电信公司（American Telephones）与通用电气公司。

就在股票交易所外面，也就是那个被称作“场外交易市场”（Curb Market）的地方，男孩们把话筒紧贴在耳边，从窗户里探出脑袋大喊大叫，向忙着下单的经纪人交替发出买卖指令，这个档次低于证券交易所、位于百老汇大街上的交易市场俨然是这种股票市场的晴雨表。一个刚来到纽约的英国记者这样写道：“（在这里）你可以聊聊禁酒令、海明威、空调、音乐或是赌马，但到最后，你无论如何都得聊聊股票市场，也只有在聊到这点的时候，对话才会变得严肃。”

新上任的财政部长安德鲁·梅隆（Andrew Mellon）对企业持友好态度，他一上台就计划降低企业的税负。这位财政部长担任过长达 51 年的公司董事，是在退休后加入哈定（Warren G. Harding）总统内阁的。美联储下调了利率水平，以刺激信贷和投资活动。当时的纽约证券交易所是一家私人开办的公司，它仅制定了几条非常有限的投资规则，而且在当时，政府还没有出台监管证券交易的联邦法律。在这个放任自流的市场上，投资者可以随心所欲地释放对金钱的狂热欲望。

投资者们疯狂了。那时，汽车和无线电是两个最热门的新兴行业。两年来，汽车的销量已经翻倍，大约有 1 500 万辆汽车飞奔在美国的大街小巷。每一年，制造商都向人们推销可以开得更快、更安全而且价格更便宜的汽车。除了汽车以外，人们更希望得到的资产只有一样，那就是汽车公司发行的证券。任何一个购买了通用汽车、费希博德（Fisher Body）以及黄色出租车（Yellow Cab）公司股票的人，都希望能在短短几年之内获得双倍甚至三倍于本金的回报。

美国无线电公司，也就是我们所熟知的 RCA 的股东们更加幸运。国防部长富兰克林·D. 罗斯福（Franklin D. Roosevelt）的撮合促成了政府部门、通用电气和制造无线电设备的西屋电气公司（Westinghouse）三方基于利害关系的联姻，RCA 便成了无线电通信行业垄断的受益者。它生产的超外差式收音机（superheterodyne receiver）成了主流科技产品。伊瓦和伯伦加莉亚号上的其他乘客发电报时使用的正是 RCA 生产的一种新型无线电发射器。

到 1920 年时，仅有 5 000 个美国家庭拥有家用收音机，但当时 RCA 的股票价格已经达到了每股 1 美元左右。此时，无线电行业与其他受到第一次世界大战结束后的萧条冲击的行业相差无几。接着 WBAY，一家具有开拓精神的纽约广播公司售出了第一个广播时段，为皇后区杰克逊高地（Jackson Heights）的一座公寓做宣传。就在一夜之间，世界为之改变。在美国所有的大城市里，广播电台像雨后春笋般冒了出来，收音机的销量应声而涨，1922 年的年销售额突破了 6 000 万美元。RCA 的股票价格也一飞冲天，其涨幅甚至超出了它的销量。在 20 世纪 20 年代，持有 RCA 股票的投资者们获得了 60% 的年平均收益率，这些收益全部来自股票价格的增值，而不是 RCA 定期的股息分配，因为 RCA 没有向投资者支付一分钱的股息。

一些反对者们认为，通用汽车和 RCA 的股票价值被高估了，因为它们的实际盈利水平其实很低。股票代表的是一种对未来收益分配的追索权，所以股票价格反映的应该是预期的未来分红。悲观主义者指出，RCA 从未支付过股息，并声称它永远也不会向投资者支付股息，这恰恰是因为它没有赚到钱。他们的观点非常容易理解：因为没有盈利，所以不会分红，因此，这些公司的股票也同样没有价值。如果不分红，如此高的股票价格也不可能维持下去。

然而，在购买这些股票时，人们是将赌注压在了明天而不是今天上。如果大家都认为通用汽车的股价在未来会上涨，那么如今没有人能证明这种观点是错误的。尽管 RCA 一直没有向投资者支付股息，也没有实现多少实际利润，人们还是日复一日、年复一年地打赌，相信这家公司会是未来的赢家。RCA 的股票价格之所以会上涨，是因为投资者相信 RCA 公司最终肯定会盈利，到时候就会向投资者支付股息。人们的期望是不大可能被证伪的，无论这种预期能否实现。这些反对 RCA 的怀疑论者就像在用自己的步伐来丈量一列不断加速前进的火车。

美国消费者和投资者的购买情绪高涨。伊瓦想要的，而且也正是他需要的，就是他们手中的美元，他也已经胸有成竹地勾勒好了一个完整的计划。早在 1922 年的时候，他就已经掌握了现代金融错综复杂的特性，创造出了一张串联起相关公司的网络，设计了一系列遍布全球的创新金融工具。但是，伊瓦并不打算销售任何复杂的东西，至少在刚起家时没这种打算。那个时候，他的核心产品包括一种基本、必需、任何人都要使用而且很好理解的产品，它甚至比汽车和无线电还要直观和普通，这种产品就是安全火柴。

小火柴，大前景

当时，火柴是一件必需品，对美国人来说，它们就像食物、衣服和遮风挡雨的房屋一样，是必不可少的。人们要用火柴点燃煤油照明灯、瓦斯加热器和炉子，当然还有烟草。太阳下山后，他们划亮一根火柴，或是点起炉灶，或是准备做一桌可口的饭菜，或是点上蜡烛继续看书，或是点燃香烟尽情享受一番吞云吐雾的乐趣。每个人都随身携带火柴，每个人都在使用火柴，每个人都要购买火柴。

伊瓦一遍又一遍地向任何愿意聆听的人讲述一个关于安全火柴的故事，故事是这样的：一位德国化学家在 1832 年发明了一种含磷火柴，但是这种德国火柴带有很大的危险性，不仅因为用来引火的必需物质黄磷带有剧毒，还因为这种涂在火柴头上的物质很容易引起火灾。瑞典人采纳了德国人的发明并将它发扬光大，他们通过强调其安全性、使用简便性以及创新性来抢占市场份额。

起初，瑞典人制造出了一种更安全的红磷火柴。接着，他们又将磷移到了火柴盒表面的摩擦层上。这些火柴盒上印有“安全火柴”的字样以及一条标语——“只在盒子上点火”，很快，它们就轰动一时。1922 年，瑞典已经成为最大的火柴出口国，全世界使用的火柴中有 2/3 是由瑞典火柴公司（Swedish Match Corporation）制造的。火柴是瑞典的骄傲，也是其最重要的出口商品。

在令人兴奋不已的美国市场上，安全火柴是一种前景广阔的发明，而伊瓦·克鲁格则充当了一个完美的信使般的角色。和汽车与收音机一样，火柴是一种有形产品，它们采用了新技术，可被销往世界各地。反垄断监管机构宣布，在美国市场上进行垄断经营是一种违法行为，但是通过投资于瑞典火柴公司，美国的投资者会因为其在海外享受的垄断权而赚得盆满钵满。伊瓦口中的卖点极具煽动力。听到伊瓦谈论他的瑞典火柴公司后，往往用不了几分钟，投资者们就会毫不犹豫地从口袋里掏出自己的支票簿。

伯伦加莉亚号上几乎每一位乘客都在使用瑞典火柴，而且他们大都听说过瑞典火柴公司的大名。当时，伊瓦的追随者们正在向邮轮上的乘客简要地介绍这种火柴。他们都心知肚明：伊瓦是瑞典火柴公司实际上的控制者，而他有一个伟大的计划，那就是成为第一次世界大战后全球火柴业的垄断巨头。显而易见，伊瓦已经昂首阔步地踏上了建立火柴帝国的康庄大道。

神秘的“其他投资利润”

回顾往昔，令人惊叹的是，伊瓦最终也同样在瑞典结束了他的火柴生意。还是个孩子的时候，伊瓦曾经看着他的父亲厄恩斯特·奥古斯特（Ernst August）在位于瑞典东南部，可以远眺波罗的海的卡尔玛（Kalmar）边上的一家小型工厂里工作。到他父亲这一辈，他们的家族移民到瑞典已有五代，而这个工厂也是他们的祖先创建的。厄恩斯特·奥古斯特长相英俊，拥有坚毅而棱角分明的颧骨和高高的前额。他性格比较保守，并给人一种可靠的感觉，但他在家里并不是做决定的那一个。伊瓦觉得父亲这个工厂经理的职位并不重要，随着技术不断进步，谁都可以监督这一系列将薄木板分类整理、校平、浸渍涂层和包装火柴的机械化工序。

更让人感到惊讶的是，伊瓦有一天将回到他的故乡。他曾经被家人看作败家子，在家里，他那身材魁梧、斯堪的纳维亚裔的母亲和5个满头金发、皮肤白皙的姐姐才是真正的当家人。他的母亲珍妮（Jenny）性格狂放，而奥古斯特却非常沉稳。珍妮出生于荷兰在南非的殖民地，在那里，她的父亲整天在煤矿中奔波以寻找财富，就像美国淘金热中的淘金者疯狂地寻觅黄金一样。她锐利的双眼中流露出通过基因遗传的家族性精神病的迹象，她的视线总是像她那呈螺旋形卷曲的头发一样，向尽可能多的方向延伸。珍妮那五颜六色、层次复杂的着装，手腕上做工精致的手镯以及脖子上佩戴的一串串长项链和粗颈链，与奥古斯特简单的深色套装和领结形成了鲜明的对比。

珍妮发现，她很难与她那喜欢安静、神情冷漠的儿子和谐相处，她的儿子也有同感。每当听到他逐字逐句地重复礼拜日的布道词和植物学名的时候，珍妮总会觉得尴尬万分；而当母亲和姐姐们在他们居住的卡尔玛中产阶级公寓和东海街上来回嬉戏打闹的时候，伊瓦总是安静地坐着，在脑海里独自玩着游戏，并盘算着他的逃跑计划。伊瓦喜欢在卡尔玛城堡（Kalmar Slott）里独自待上几个钟头，这座建造于 12 世纪的雄伟城堡坐落于波罗的海之滨，在那里，废弃的炮塔如同某种启迪与警示，让他感悟到，即使最坚固的城墙最后也都会倒塌。弟弟托尔斯滕（Torsten）出生时，伊瓦告诉了别人他在卡尔玛城堡中构想出的计划，但对母亲守口如瓶：在当地的学校里招募一支军队，先逃到斯德哥尔摩，再前往美国，然后成为一个世界级的领袖和富商。

在离开卡尔玛并从斯德哥尔摩的一所工程学校毕业后，伊瓦的事业开始以一种令人意想不到的速度发展：他先在美国和墨西哥从事建筑工作，接着在伦敦成为一家建筑公司的合伙人，然后又将业务扩展到了包括电影、房地产和通信在内的其他行业。到第一次世界大战爆发的时候，伊瓦已经成为一个不折不扣的百万富翁和行业领袖。他看见家族企业的火柴生意正在死亡线上苦苦挣扎，便下定决心返回故乡。这么做不仅是为了帮助他的家庭，同时也意在充分挖掘火柴生意中蕴藏的无限商机。

在欧洲的工厂夜以继日地生产战争物资的时候，伊瓦悄悄地在瑞典四处收购火柴厂。伊瓦可谓产业垂直并购的先驱，他购买了林区和化工厂，以确保制造火柴所需的原材料供应。最终，他兼并了瑞典火柴产业内的主要竞争者，建立起瑞典火柴公司，这是一家初始资本约为 1 000 万美元、从事单一主营业务的企业。伊瓦持有瑞典火柴公司 50% 的股权，把控着全部的高级管理职位，并控制着企业的董事会。

伊瓦之所以会被火柴生意所吸引，不是因为这项生意当前的发展状况不错，而是因为他看中了它的发展前景。1922 年时，这个行业的竞争正处于白热化状态，边际利润简直少得可怜。瑞典火柴业每年的火柴产量为 200 亿盒，但每盒火柴创造的利润从几分钱至不到一便士不等。

伊瓦的计划是通过垄断全世界的火柴市场来实现限制竞争和增加利润的目标，这种策略效仿了 19 世纪的石油、糖以及钢铁业托拉斯的做法。然后，瑞典火柴业就可以毫无后顾之忧地提高火柴的售价，而不需要担心销量会下降。按照伊瓦的计划，那时世界大战已经宣告结束，他便可以在世界和平的大环境中谋取自己的财富。

事实上，瑞典火柴公司仅仅是伊瓦商业帝国的一部分而已。他通过另一家叫作克鲁格与托尔（Kreuger & Toll）的公众持股公司控制了其他 10 个行业。克鲁格与托尔公司除了持有瑞典火柴公司的股份之外，还广泛投资于银行业、房地产业以及影视业。伊瓦成立了一家独立的房地产公司，通过这家公司来掌控他的财产，并通过相互无关联的子公司来经营各项业务，以规避政府对大公司征收的注册费用。

他拥有的财产之一是位于图书馆街（Biblioteksgatan）6 号的一座游乐场，它是斯德哥尔摩著名的红风车电影院（Röda Kvarn Cinema）的所在地。这项交易让伊瓦开始涉足电影行业，结识了一批著名的导演和演员，包括一位瑞典的先驱导演莫里兹·斯蒂勒（Mauritz Stiller）。伊瓦创立了斯文斯克电影公司（Svenska Filmindustri），这家公司是瑞典电影业的领头羊，尽管它并没有为伊瓦赚多少钱，却为他的生活带来了很多快乐。著名的斯文斯克电影公司在瑞典电影界的黄金年代是当之无愧的焦点，它将不少瑞典大牌作家们创作的小说改编为电影，其作品备受好评。斯文斯克电影公司还与荣获 1909 年诺贝尔文学奖的女作家塞尔玛·拉格洛夫（Selma Lagerlöf）签订了协议，准备将她的 5 部小说拍成电影。遗憾的是，这些电影的拍摄成本过于昂贵，结果叫好不叫座，收益不佳。1922 年，伊瓦对其电影公司进行了重组，彼时，这块业务带来的亏损已经高达 80%。

电影事业陷入的财务困境对伊瓦来说只是一个意外事故，他旗下的其他公司都运转良好。总体来说，伊瓦庞大的商业网络中那些进行独立管理的子公司都获得了高得令人难以置信的利润。克鲁格与托尔公司的投资者获得的投资回报率持续保持两位数，伊瓦让这家由他控股的公司的分红水平达到了“票面价值”，即伊瓦募集到的初始资金的 25%。没有哪家美国公司能与其媲美。

伊瓦牢牢地控制着这家由他控股的公司，它的董事会成员分别是伊瓦、伊瓦的父亲、伊瓦的合伙人保罗·托尔（Paul Toll）以及另两个和伊瓦关系密切的同事。就像其中一个同事后来所说的那样，公司的年度会议只是走过场而已，伊瓦总是火急火燎地走进来，迅速地表演着属于他的独角戏：

> 早上好，先生们。有没有必要让董事会秘书宣读一下会议记录？我们打算通过发行新股将克鲁格与托尔公司的资本金增加 1 200 万瑞典克朗，发行价为证券票面价值的 240%。大家有任何异议吗？谢谢各位。各位早安。

克鲁格与托尔公司的年度财务报表根本没有解释公司到底是如何获得如此之高的利润的。利润最大的那一栏报表项目中只是简单地列着“其他投资利润”字样，来自美国本土以外的那些早期的投资者对这种含糊其辞的表达方式毫不在意。既然这家公司支付给投资者 25% 的现金分红，为什么还要为这种细节操心呢？他们投入的本金在 4 年之后就可以收回。另外，除了分红之外，随着投资者投入的本金不断增值，他们也能赚到不少钱。既然伊瓦已经让投资者变得如此富有，他们认为完全没有必要再向伊瓦询问“其他投资利润”到底是怎么回事。

在 1922 年之前，伊瓦募集的资金大部分来自欧洲，来自瑞典银行的资金占了多数。在看到美国掀起一场购物狂潮的时候，伊瓦意识到这是一个可以提供融资的新源泉。伊瓦对金融史有所研究，他注意到了历史上一些声名狼藉的事件，这些事件最初的狂热都演化为最终的恐慌，如1720年的南海泡沫事件（South Sea Bubble）以及1637年那次臭名昭著的荷兰“郁金香球茎交易”的兴起与破灭。在这些案例中，人们因为进行高风险投资活动而暴富。此时，机不可失，失不再来，伊瓦对此心知肚明：美国人的乐观情绪不可能永远这样持续下去。当投资者的情绪变得非常疯狂的时候，他们会毫不犹豫地买下一切；然而，在紧随其后、不可避免的恐慌中，情况则截然相反，没有一个人愿意购买任何东西。由于持有投资产品的时间太久，当恐慌来临时，任何一个购买南海公司股份和郁金香球茎的投资者都会因为无法卖出这些产品而失去一切。这种投机活动的关键在于一鼓作气地发起攻势，然后趁早全身而退。

任何一个对伊瓦的公司心存疑虑的人都可以翻看瑞典火柴公司的母公司，也就是克鲁格与托尔公司的历史业绩，这些记录可以追溯至1907年，那一年，伊瓦和保罗·托尔创建了这家公司，目的是在欧洲开展建筑项目。如今，伊瓦的公司信心十足地准备超越RCA以及通用汽车的股票业绩表现。投资者了解到克鲁格与托尔公司以往支付给投资者的股息有多高时,很容易为之感到疯狂。即使是像RCA这样不支付任何股息的公司的股票，这些人都愿意购买，那么当他们听说一家拥有如此良好声誉的公司每年会向投资者支付相当于投资本金25%的股息时，又会作何感想？更何况，他们的投资还有可能获得较大规模的资本升值空间。这一切甚至足以让那些最保守的投资者都失去理智。

人傻、钱多、速来

伊瓦十分清楚，在美国，那些可能质疑他的公司要用什么来支付金额如此巨大的股息的保守型投资者的数量在不断减少。相反，股票交易的主要参与者是那些精力旺盛的日交易者，他们会在一天中不断地买进和卖出高风险公司的股票。通常情况下，他们持有一只股票头寸的时间不会超过几分钟。当时，没有对这种日交易者或将股票卖给他们的证券经纪人进行监管的证券监管人员，也没有对这些快速买进和卖出股票的交易行为进行监管的法律或警示。于是，

20世纪20年代初的人均日交易者的数量远远超过了历史上的任何一个时期。

大量不受监管的“空桶商号”（bucket shops）在大城市的各个角落随处可见，这些臭名昭著的黑中介鼓励投资者们从事高风险的交易活动，从而收取高昂的佣金，他们还总会出售一些看起来好得令人难以置信但波动性巨大的投资产品。这些商号里其实并没有字面意义上的空桶，这个术语源于对英国的一些啤酒小作坊主的称呼，这些人穿梭于伦敦东区的酒吧之间，为每家酒吧的空桶装满啤酒，然后将剩余的残渣运回自己的小店里。在这些小作坊里，他们出售来路可疑的啤酒，并对股票和大宗商品进行更值得怀疑的赌博活动。顾客们可能为购买的啤酒支付了过高的价格，但他们真正的损失来源于对谷物未来价格走势下错了赌注。

美国版本的空桶商号出售的不再是二手酒精饮料，而是保证金贷款。日交易者每投资1美元，最多可以借到其中的99美分。用如此微薄的保证金就可以进行投资交易，简直太容易让人沉溺其中，但从根本上看，这其实是非常危险的活动，尤其是当这些商号的经营者具备操纵股票价格的能力时。操纵股票价格的机会随处可见，事实上，这些商号的经营者们也确实是这么做的。如果你拿出1 000美元来购买价值高达10万美元的股票，那么哪怕股票价格下跌1%，也能让你在顷刻间亏掉所有的本金。

大多数从空桶商号经营者处购买证券的投资者最终都落得血本无归，然而，这并不能阻止他们从事这样的投资活动，当然也不能阻止空桶商号继续存在。人们总会不可避免地高估投资成功的概率，就像太多的年轻男性自认为可以成为下一个贝比·鲁斯（Babe Ruth）[①]，太多的年轻女性希望自己能变成玛丽·碧克馥（Mary Pickford）[②]，80%的人在开车时都认为自己的驾驶技术比一般人要高超，大多数人觉得自己比市场更聪明，或者肯定能在赌博中赢钱。在20世纪20年代初，随着股票交易越来越盛行，这种认知上的错误，以及迅速蔓延

① 美国职业棒球运动员。——编者注

② 默片时代的美国著名女演员。——编者注

开来的对市场的乐观情绪，使得投资者总会关注赢家而非输家，就像赌徒总能生动清晰地回想起他们在某场赛马中赢钱的场景，但会轻易忘记自己总体上一直在输钱的事实。

那时，连最坚定的怀疑论者都开始四处宣扬有关成功交易秘诀的神话，这样的故事充斥着平面媒体广告和电台访谈节目。美国人总是一厢情愿地相信，“乞丐变富翁”的故事是真实存在的，他们听到的出生贫苦的年轻人一夜暴富的故事越多，也就越愿意相信这样的好事总有一天会发生在自己身上。

伊瓦和伯伦加莉亚号上的其他乘客应该都听说过这样的一个广为流传的故事，它是关于一直以来被许多人看作最伟大的市场投机者的杰西·利弗莫尔（Jcssc Livermore）的。利弗莫尔的故事正是投资者们不断高涨的乐观主义的写照，他的事业于20世纪20年代达到顶峰，那时，他从普通的富人变成了一个超级富豪。他的个人传记在《星期六晚邮报》（*Saturday Evening Post*）上连载，上百万名读者坚持每天阅读他的故事，这些故事进一步证实了典型的美国式理念——普通人也能战胜市场。

在故事开始时，年轻的杰西·利弗莫尔离开了他所生活的马萨诸塞州的小农场，在波士顿的一家叫作“佩因·韦伯”（Paine Webber）的中介公司里找到了一份张贴股票报价的工作。他利用空闲时间设计出一套交易规则，用以交易狡猾的空桶商号交易商们买进和卖出的波动性最大的股票。利弗莫尔比交易商们更精明，他通过手中掌握的内幕消息，在15岁时就让5美元成功增值到1 000美元。不久之后，他就赚到了人生中的第一个100万美元。

空桶商号交易商们最终对利弗莫尔进行了全面封杀，于是他转战纽约证券交易所，在那里从事龙头公司的股票交易，并又赚取了几百万美元的财富。他买下了几座豪宅、一支豪华轿车车队以及一艘钢制的游艇，将这艘船开到了欧洲。对很多投资者来说，他就是那个时代的英雄。他的故事是如此受欢迎，于是《星期六晚邮报》刊登的那些关于他的文章的作者埃德温·勒菲弗（Edwin

Lefêvre）把它们整理成集，出版了一本名为《股票作手回忆录》（*Reminiscences of a Stock Operator*）的畅销书。在这本书发行后的几年时间里，利弗莫尔把他投入市场的1亿美元输了个精光，然后用一把点三二口径的柯尔特自动手枪结束了自己的生命。

这段非理性繁荣时期中的另一个典型人物是查尔斯·庞兹（Charles Ponzi），他创造了一个相似的神话，也留下了一个同样悲惨的结局。庞兹同样出生于一个贫穷的家庭，他在辍学后花了10年多的时间打各种零工，包括在一家银行工作，在此期间，他因为伪造支票而被炒了鱿鱼，还因此服了一段时间的刑，刑满释放后，他在一家名叫“普尔”（J. P. Poole）的波士顿进出口公司找到了一份做信使的临时工作，并发现了所谓的“预付邮资券”（Postal Reply Coupons）的价值——预付邮资券能够替代外国邮票，该票券自1919年起被设定了固定的兑换价格，在那之后就再也没有被调整过。当时，部分欧洲国家的货币，尤其是西班牙比塞塔，都出现了大幅贬值。因为预付邮资券的价格此后再未变化过，庞兹觉得他可以通过在西班牙折价购买预付邮资券然后在美国市场上卖掉的方式来赚取可观的差价。

这里仅存在一个问题：预付邮资券的总体供应量非常小，还不到100万美元。即使庞兹能够买下在西班牙发行的所有预付邮资券并将它们带回美国，他能赚到的钱其实并不多。此外，去西班牙的费用并不便宜，而且知道这个赚钱方法的并不只有他一个人。然而，庞兹认为，基于这一计划的融资依然是有吸引力的。

庞兹在一些杂志上打广告宣传说，他打算在美国境外购买预付邮资券，然后在美国以一个更高的价格将其兑现，通过这种方式让投资在6个月之内翻一番。出乎他意料的是，居然有4万人给他汇了钱。他将一部分钱拿出来，作为“利润”分配给了早期的投资者，于是这些尝到了甜头的投资者四处传播他们发现的财富新大陆，而其他听说这个消息的人也马上跟进。如此循环，从加州到缅因州，投资者们寄给庞兹的投资总额超过了1 500万美元。他不得不雇用

16 名员工专门负责收款以及去银行存钱。

庞兹的骗局并没有维持多长时间。几个月后，一名记者揭露了庞兹不可能买到足够多的预付邮资券来支付他在广告中承诺的回报的事实——道理非常简单，因为世界上根本不存在那么多预付邮资券。这些不在金字塔顶部的投资者了解到这一事实后试图抽身而出，不幸的是为时已晚，他们的钱早已不见踪影。

金融金字塔的主意并不是庞兹发明的，在这种分配结构中，早期的投资者（位于金字塔顶部的投资者）所获得的回报来自后来的投资者（位于金字塔底部的投资者）追加的投资。当然，并非只有他一个人在这么做：20 世纪 20 年代初，数以百计的推销员就在大宗商品、房地产以及营养补充剂领域推销过金字塔式投资产品。

实际上，这个骗局中最引人注目的不是庞兹本人，而是那些受害者。如果人们真会相信一个 34 岁、因为支票丑闻而坐了 3 年牢的前银行职员有能力通过兑换从欧洲购买的价值 10 美分的预付邮资券来使他们的投资翻一番的话——如果他们连这个都会相信，那还有什么不会相信呢？

这意味着，他们会成为伊瓦·克鲁格猎枪下的猎物，一点也不奇怪。

“没有一根火柴的火柴大王”

那些为利弗莫尔和庞兹的故事心潮起伏的美国人已经被伊瓦深深地迷住了。伊瓦用他做过的建筑项目中那些激动人心的故事吸引了伯伦加莉亚号上的乘客：从他在约翰内斯堡（Johannesburg）建造卡尔顿酒店（Carlton Hotel）的丰功伟业，到他花费整整 12 个年头、用了将近 800 万块砖才建成的斯德哥尔摩市政大厅。斯德哥尔摩市政大厅早已被建筑师们冠以“斯堪的纳维亚最美丽的建筑”之名。它那漂亮得令人目瞪口呆的房间，也就是“蓝厅”，很快就入驻了一架带有 10 270 根音管的管风琴，并成了诺贝尔颁奖典礼晚宴的承办地。

与利弗莫尔和庞兹不一样的是，伊瓦仿佛注定会有一个不错的结局。他年复一年地为他的投资者们带来持续增长的利润。克鲁格与托尔公司从事的都是合法的生意，它生产并销售有形的商品。当公司近期的财务年报在乘客之间传阅的时候，甲板上的兴奋情绪就像人们在空桶商号中对证券的一样狂热。这份报表非常简洁，只有不多的几行字，它突显了克鲁格与托尔公司和瑞典火柴公司之间的关系以及 25% 的股息分配，但是没有一个字提到这些钱是从哪里来的。这家公司超过一半的利润被简单地列在“各种交易利润”一项下。

这些乘客并不需要伊瓦提供任何具体的财务细节，值得信任、高达 25% 的股息分配就足以让人印象深刻。伊瓦本人看起来也非常可靠，他也在这次旅行中结识了不少新朋友。他和女人们一起翩翩起舞，和男人们一起优雅地抽着雪茄，用在他的电影制片厂工作、前途无量的女演员们的故事来取悦每一个人。伊瓦看上去就是那种让你觉得无论发生什么，他都会义无反顾地为你打理好一切的人。当船在纽约靠岸的时候，乘客们都已经在哀求伊瓦接受他们的投资了。

乘客们上岸时，伊瓦表演了这趟旅行的最后一幕。在岸上，一名因为伊瓦的到来而等在这里的记者掏出一只烟斗向他借火，伊瓦假装在口袋里摸来摸去，想找出那一年他的工厂生产的数十亿瑞典安全火柴中的一根，但他失败了。这名记者写了一篇既吸引人又带讨好味道的故事，它成了第二天早晨的头版头条，标题是《没有一根火柴的火柴大王！》。

THE MATCH KING

杜兰特，第一条上钩的大鱼

当两人的手最终握在一起时，谁处于优势是一目了然的事。伊瓦看起来比杜兰特更像李－希金森公司的合伙人，而杜兰特看上去比伊瓦更像一个急不可耐地需要融资的瑞典人。伊瓦利用他所掌握的火柴行业的专业知识、经过完美组织的语言以及对财务细节的精通和过人的记忆力迷住了杜兰特。同时，最重要的是，他用他那个简单但又极具诱惑力的想法钓上了杜兰特这条大鱼，说服他用政府债务来换取火柴经营的垄断权。杜兰特立刻领悟到，这是一个将改变历史的计划。

唐纳德·杜兰特（Donald Durant）在位于纽约的李 - 希金森公司（Lee Higginson & Co.）的办公室里看到了伊瓦·克鲁格乘坐伯伦加莉亚号邮轮来到美国的消息。在 20 世纪 20 年代初期，李 - 希金森公司是世界上最负盛名、利润最高的银行之一——它仅次于 J. P. 摩根公司，但排在高盛和雷曼兄弟之前。这家公司发家于波士顿而非纽约，不过作为一家在 20 世纪初期从波士顿的斯泰特街（State Street）搬到纽约华尔街的美国金融企业，李 - 希金森公司依旧是少数全球性的"货币银行"之一。

杜兰特是纽约本地人，是从这家公司的最底层奋斗上来的。18 年前，在曼哈顿分部的办公室里，他以仓库管理员的身份开始了自己的职业生涯。杜兰特的升职速度在这家公司 70 年的历史中无人能敌。当伊瓦将克鲁格与托尔公司从一家皮包公司变成日进斗金的欧洲公司时，杜兰特正忙着将李 - 希金森公司位于纽约的办公室变成推动这家受人尊敬的银行不断向前发展的新引擎。

杜兰特看起来和那个时代银行合伙人的典型形象丝毫不搭边。大多数银行家的形象都和人们对这一群体的印象一样：又老又胖、秃顶（或者正在谢顶）并蓄着浓须。杜兰特只有 34 岁，比李 - 希金森公司的大多数合伙人小了整整一辈，也比伊瓦年轻 8 岁。他外表整洁，体格健壮，浓密的头发向后梳得光光的，露出漂亮的前额、高高的颧骨、棱角分明的脸庞以及富有魅力的微笑。他看起来更像弗雷德·阿斯泰尔（Fred Astaire）[①]，而非一位银行家。

李 - 希金森公司那些平庸的合伙人被杜兰特的英俊潇洒、聪明才智以及纽约式的街头智慧吸引了。和伊瓦一样，杜兰特也擅长不动声色地扮演各种角色。第一次世界大战期间，他曾在部队服役，因为他对大海的无限热爱正符合波士顿海军的要求。他曾获得“天才水手”的称号，在李 - 希金森公司的工作就像驾驶军舰穿越波士顿海湾那样轻松。在前往缅因州海岸的旅途中，在长 15 米的红杉号纵帆快艇上，他很快就和客户们建立起了良好的关系。杜兰特亲自驾驶自己的船只，他的驾驶技术看起来棒极了。

杜兰特对伊瓦来到美国的这趟旅程做了详细深入的研究。他的探子们告诉他，克鲁格与托尔公司和瑞典火柴公司是美国境外最炙手可热的公司。他在伦敦的同事们报告说，伊瓦已经为他们带来了一笔财富，这笔财富来自一项非比寻常、其复杂性连最聪明的投资银行家都无法理解的互换交易。伊瓦在李 - 希金森公司的英国分部开了一个账户，然后发起了一项交易。说到底，这项交易的本质是将每股价值 30 英镑的证券以 20 英镑的价格出售给伦敦的银行家，其关键就在于互换合约能够为李 - 希金森公司带来每股 10 英镑的固定利润。伊瓦称，他将这 10 英镑的差价记入了自己的个人账户，并对这种交易中一系列艰涩难懂的细节做了解释。当听到“10 英镑的无风险利润”时，英国的银行家们就对这些模糊不清的细节失去了兴趣。

事实上，李 - 希金森公司的这笔交易只是镜花水月。即使能够操控市场，以低价在市场上买进证券并在伦敦以高价卖出，伊瓦仍旧无法解释为什么他会把这些投机收益拱手让给李 - 希金森公司，而不是统统放入自己的口袋。严格来说，在投资银行的小圈子之外，这种复杂的交易应该算是一种贿赂。然而，李 - 希金森公司欣然接受了这个交易，并像伊瓦希望的那样，把他大力推荐给纽约的同行们——包括唐纳德·杜兰特。

① 美国著名演员。——编者注

与此同时，伊瓦请一位名叫古斯塔夫·拉格克兰茨（Gustav Lagerkrantz）的股票经纪人前去拜访杜兰特，并“在不经意中”建议杜兰特去见见伊瓦。杜兰特没有任何理由怀疑两人之间的关系。在杜兰特看来，拉格克兰茨仅仅是又一个想和美国的顶级银行攀上关系的经纪人。杜兰特来到了证券销售小组，该小组负责安排新证券的发行事宜，协助大银行完成证券分销工作，然后再把证券出售给投资者。拉格克兰茨很自然地希望李-希金森公司将最有希望赚钱的投资产品分给他的瑞典客户。他在与杜兰特会面时假装在无意间提到了伊瓦·克鲁格，这看起来只像是一句题外话。杜兰特永远也不会想到，这一切竟然是伊瓦刻意安排的。

与此同时，拉格克兰茨从伊瓦那里获得了一笔补偿性的酬金。1922 年，伊瓦把“本月例钱”以及额外的 2 000 美元奖金寄给了拉格克兰茨，拉格克兰茨表示，他需要用这笔额外的收入来支付房租和解决其他个人问题。尽管此类交流有贿赂的嫌疑，他们使用的暗语还是相当隐晦的。拉格克兰茨的职业是一名经纪人，伊瓦之前已经向他支付了大笔交易佣金。对拉格克兰茨来说，明智的做法就是协助伊瓦，然后期望伊瓦能够一如既往地支付给他高额的佣金，或许数额更高。

就像伊瓦事先设计的那样，对杜兰特来说，关于伊瓦的消息从四面八方传来。消息先是来自李-希金森公司的伦敦办事处，然后来自拉格克兰茨，现在又来自媒体对伯伦加莉亚号的各种报道。听起来，伊瓦其人似乎是完美的新机遇的象征。他是欧洲最杰出的实业家之一，已经将一个中型的家族火柴公司变成了世界上最大的工业托拉斯之一。克鲁格与托尔公司在瑞典国内支付的股息率高达 25%，这让杜兰特觉得，如果一家公司的股息率能达到这个水平，他便可以将这家公司的股票卖给任何一个人。因此，在得知伊瓦已经到达纽约时，他迫不及待地希望能与伊瓦会面。

伊瓦回复说，他还有很多其他生意要忙，但是会尽量安排时间和杜兰特见面。伊瓦不想让自己表现得过于热情，他已经领悟了一个道理：三顾茅庐而不见是对付这些美国精英的上策。就在几个月前，伊瓦被邀请加入国会乡村俱乐部（Congressional Country Club）。他拖了几个月，未对这个邀请给出任何答复，这时，俱乐部主席、海军上将卡里·T. 格雷森（Cary T. Grayson）寄来了一封恳请伊瓦加入俱乐部的信件，信中这样写道："您会发现我们列出的名单中有不少您的朋友以及合作伙伴，克鲁格先生，我们衷心相信，如果您能成为我们中的一员，将会是我们莫大的荣幸。"

伊瓦又拖了几天，确保关于他的报道已经渗透了整个李 - 希金森公司。最终，他安排了和杜兰特的会面。

银行家与普通人的完美结合体

李 - 希金森公司，通常以"李 - 希格"（Lee Higg）一名为人们所熟知，在美国南北战争前，它就已经开始在国际金融领域中扮演非常重要的角色。1848 年，约翰·李（John Lee）和乔治·希金森（George Higginson）这对表兄弟在波士顿的斯泰特街上创建了一家股票经纪公司，公司合伙人包括哈佛大学的三代学生，他们中的许多人都拥有波士顿本地贵族家庭的血统，对外人十分警惕。一名希金森雇员对那些"靠自我奋斗成功，而不是靠家庭背景过活的人"发表过抱怨。另一名雇员声明："我在商业生涯中还从未遇到欺骗过或者至少准备欺骗我的人。"

亨利·李·希金森（Henry Lee Higginson）掌管着这家公司，直到 1919 年他去世为止。亨利是一位著名的慈善家（他成立了波士顿管弦乐团），同时，他对银行业发展的建议对约翰·皮尔庞特·摩根在国会上所做的那番著名证词进行了附和，证词指出，信誉应该被置于金钱和财产之前。亨利的观点是："公司应该一直努力追求卓越，同时保持良好的信誉。信誉是此类公司生存的基石，一旦失去，不可复得。"

遵循亨利的谏言，李 - 希金森公司的合伙人建议投资于当时的龙头企业，诸如美国电话公司与通用电气公司，这些合伙人还谨小慎微地避免出现哪怕一点点追求私利的迹象。小詹姆斯·斯多若（James Storrow Jr.，一个来自波士顿名门望族的哈佛毕业生，同时也是李 - 希金森公司的合伙人）在成为通用汽车公司的首席银行家和顾问后，拒绝同意李 - 希金森公司购买其股票。对李 - 希金森公司来说，这项政策的代价是损失了一大笔原本可以借助通用汽车股票价值飙升而赚取的财富，但它却保全了公司备受尊敬的名誉。斯多若坚持认为，他的合伙人必须遵守“尽可能按照我们培训时的要求去调查分析，并明白该如何寻找平衡点”的原则。

李 - 希金森公司一直在坚持这种保守的公司文化，哪怕是扩张到纽约，公司也没有做出任何改变。纽约办事处的负责人弗雷德里克·W. 艾伦（Frederic W. Allen）和波士顿的合伙人们的行事风格别无二致——唯一不同的是，他读的是耶鲁大学，而不是哈佛大学。艾伦体格魁梧，长相令人难忘，他是几个慈善和商务团体的杰出领导人，担任的职位包括耶鲁大学划船协会主席以及大通国民银行（Chase National Bank）的总监。艾伦是个典型的希金森人，他不是那种白手起家的类型。

在第一次世界大战期间，弗雷德里克·艾伦被任命为战争储蓄项目的主管，他鼓动爱国情绪高涨的美国人积极购买战争储蓄凭证。在一次重要的讲话中，艾伦指出：“每一个购买者所做的事不仅能帮助他的国家，而且也会让自己受益匪浅。如果今天以节俭著称的本杰明·富兰克林（Benjamin Franklin）还在世，他一定会成为这项伟大事业的旗手。他在 100 多年前发表的关于节俭的言论，如今依旧如当年一样被我们奉为至理名言。战争储蓄凭证是为我们每一个人设计的。我们每一个人都有机会获得它。”

艾伦私下里也同样提倡节俭的理念。在艾伦去世前几年，亨利·李·希金森在给他的信中写道：“我觉得公司的发展随着其发展而变得越来越谨慎了。”艾伦读到这句话的时候，心中感到无限自豪，并完全赞同公司这种保守的发展目标。

弗雷德里克·艾伦和他的合伙人还是意识到市场正在变化的事实。李-希金森公司从波士顿发家，与摩根大通银行或国民城市银行（National City Bank）这种一流的商业银行相比，在全国业务网络上还是略逊一筹。他们亟须一个有能力的人物为公司建立起更加强大的网络：首先要寻求与新的公司合作，这些公司持有的证券必须对投资者具有吸引力，然后直接通过这些投资者将触角伸向整个美国。在当时，杰克·摩根（Jack Morgan）已经是美国家喻户晓的人物，国民城市银行的主席查尔斯·米歇尔（Charles Mitchell）也在逐步走进人们的视野。查尔斯·米歇尔曾是个电子产品销售员，曾用销售比赛、高水平的佣金以及激励性的演讲来为经纪人鼓舞士气。李-希金森公司需要找到这样一个人去打赢这场硬仗，把本公司的大名以及他们发掘的其他公司推销给公众，即使这个人看起来像是和弗雷德·阿斯泰尔从一个模子里刻出来的也无伤大雅。

数十年来，不论是普通人还是一些著名的银行家，包括李-希金森的管理者们在内，都忽视了个人的价值，唐纳德·杜兰特非常清楚这一点。因为在美国南北战争之后，银行家们都将注意力集中在富有的机构上：一开始是铁路，然后是工业企业，最近则是外国公司和政府。但是此时，个人投资者无论男女老少，都在非常积极地购买股票，不仅通过那些不受监管的空桶商号、股票零售商和曼哈顿下城区的股票经纪人购买证券，同时也从一流的全国性银行处购买，李-希金森公司需要杜兰特帮助他们实现公司的发展目标，让投资者买到他们想要的股票。

最近一段时间，杜兰特在华尔街和投资者中变得很受欢迎。1922年6月，杜兰特被选为纽约债券俱乐部（The Bond Club of New York）的副主席，这是一个久负盛名的组织，其成员每个月都要在百老汇大街主办午餐会，还要在位于塔里敦（Tarrytown）以北的沉睡谷乡村俱乐部（Sleepy Hollow Country Club）举行年度退修会。债券俱乐部收取的会费被用来“在参与投资服务分配或对其感兴趣的人群中保持高标准和公正的原则，促进他们之间的友好合作关系以及知识交流”。杜兰特还喜欢一期不落地翻阅《鲍尔街日报》(*Bawl Street Journal*)，这是一份有 8 个版面的讽刺性报纸，刊登着一些搞笑作品和讽刺银行家的文章，堪称世界上发行量最大的休闲幽默刊物。杜兰特似乎是正直的银行家与普通人的完美结合体。

李 - 希金森公司的合伙人给予了杜兰特广泛的授权：探索新市场，寻找能够抓住美国人想象力的、独特的并在此前未被开发的投资机会。如果杜兰特能够找到那些拥有令人信服的故事和深得人心的领导者的公司，那么李 - 希金森公司的合伙人能做到的就远不只赚钱那么简单了，他们还可以促进社会经济结构重建，使市场更加民主化，帮投资者走出战后的阴影。杜兰特和他寻找的投资者们一样，心中洋溢着无限的热情。弗雷德里克·艾伦关于战争储蓄凭证的鼓舞人心的演讲同样也对杜兰特起了作用：他和他的公司都想成为“人们触手可及的人”。

因此，毫不奇怪，在 1922 年的那个夏天，当伊瓦还在考虑自己的纽约之行时，李 - 希金森公司做出了一个被认为在公司发展历史上最重要的决定。通过选举，他们决定让依靠个人奋斗取得成功的唐纳德·杜兰特成为公司最新加入的合伙人。

与小詹姆斯·斯多若以及希金森兄弟不同的是，杜兰特并没有上过哈佛大学；和艾伦不一样，他也没上过耶鲁大学。他的父亲不是银行家，他的叔叔们和表兄弟之中也没有一个是银行家。对享有声望的李 - 希金森公司来说，杜兰特是最不可能的合伙人人选，他甚至都没有留胡子。

而现在，在被选为合伙人仅仅几个月后，唐纳德·杜兰特准备和另一个靠奋斗取得成功的人——伊瓦·克鲁格会面，后者能够为美国人带来真正意义上全新并激动人心的投资机会。李 - 希金森公司的合伙人飘飘然得忘乎所以，他们怎么都不会想到，这两人的此次会面最后竟然将公司推向了毁灭的深渊。

伊瓦相信，他能够从美国在第一次世界大战后的繁荣中获利，事实上，伯伦加莉亚号上的这趟旅行并不是伊瓦的第一次尝试。就在 3 年前，他在纽约成立了一家名叫“美国克鲁格与托尔”的公司，希望这家公司能吸引许许多多的美国投资者，然而这家公司却失败了——失败带来的影响还引起了广泛的关注。伊瓦最近的公共关系闪电战以及旅行中精心彩排过的表演都是为了掩盖那次失败带来的不利影响，他希望将一个全新的自己介绍给美国人。

我们有必要简短地回顾一下，看看伊瓦之前在纽约的那些生意有多糟糕。如果杜兰特知道所有细节的话，他可能不会愿意与伊瓦会面，但他对这些一无所知，而且也想象不出，伊瓦从前的事业重心离火柴的生产和销售有多远。他也猜想不到，伊瓦与美国火柴制造商的谈判有多么糟糕，谈判又是为什么失败的。

试水美国电影业

伊瓦第一次试图从美国投资者处募集资金是在 1919 年。他原本计划利用在美国注册的克鲁格与托尔的分公司复制上一个 10 年里他在欧洲实行的策略：在美国本土获得火柴制造垄断权，挑起制造商之间的竞争，然后提高价格。新公司的名称也很合适，意味着要为瑞典克鲁格与托尔工业公司再造一个美国版本。

但是，伊瓦很快就遇到了两个难以逾越的障碍。第一个障碍是，在美国，垄断是不合法的，这和几十年前的情况有所不同。那时候，整个工业领域的托拉斯从本质上讲都是不受监管的；而现在，监管者将狙击的目标瞄准了那些违反反托拉斯法规的人。伊瓦不可能重演当年自己在欧洲所做的事，轻而易举地买下所有的火柴厂。

第二个障碍来自另一家企业，即美国本土的钻石火柴公司（Diamond Match），这家公司已经控制了美国国内大部分的火柴生产。从某种程度上说，无论合法与否，能够实现伊瓦所设想的美国火柴垄断计划的最佳候选者应该是钻石火柴公司，而非伊瓦的公司。

如果伊瓦能明白这些挑战有多困难，情况可能会变得不一样，但是他并没有足够严肃地看待这些困难，至少在一开始的时候没有认真对待它们。伊瓦并没有亲自在纽约操持美国克鲁格与托尔公司的初创事宜，而是委派了一个名叫安德斯·乔达（Anders Jordahl）的挪威籍朋友前去纽约完成这个任务，此人对酒精饮料的研究远比对贷款的透彻得多。早在15年前，在墨西哥韦拉克鲁斯（Vera Cruz）的一个建筑工程中共事时，伊瓦和乔达就成了密友，他们两人还在墨西哥合伙开了一家餐馆和酒吧，从事外汇投机业务，过着一种被斯堪的纳维亚人称为“冒险生活”的日子。乔达甚至说服了伊瓦蓄须，尽管后者的胡子并没有留太长时间。

对伊瓦来说，乔达是个非常不错的同伴，但对伊瓦的公司来说，他却无论如何也配不上这么高的评价。在1919年的冬季，乔达在到达纽约后写道，美国克鲁格与托尔公司将会“为伊瓦在美国开辟一个他梦寐以求的根据地”。当然，建立这块根据地的代价可不便宜。为了让公司顺利开业，乔达请求伊瓦汇给他50万美元。

乔达很快就开始了他挥霍资金的过程。为了吸引纽约银行界精英们的注意力，他没有使用寻常的方式。首先，他设立了一个新的办公室，位置并不在银行家们所在的市中心，而在位于商业区和住宅区之间、靠近百老汇和纽约最受欢迎的剧院的中城区。对于一家试图吸引华尔街目光的企业来说，这是一个令人匪夷所思的选择。表面上看，乔达之所以会选择这个地点作为办公室，是因为他和伊瓦都觉得随着银行向北搬迁，中城区将成为纽约新的金融区。可能有些客户也会认为，这个解释有一定的合理性。

然而，乔达选择把办公室设在百老汇附近的真正原因，却是为了满足伊瓦刚刚培养起来的对娱乐产业的痴迷。在某种程度上说，唐纳德·杜兰特在年轻时也算是一个花花公子，但他做梦也想不到伊瓦花在年轻女演员身上的时间竟然会有这么多。后来，比起美国的火柴产业，令伊瓦越来越无法割舍的是瑞典的电影投资项目以及野心勃勃的女模特们。

伊瓦最近发现了一个新面孔，是他在位于斯德哥尔摩赫特盖特广场（Hötorget Plaza）的一家与美国的梅西百货（Macy's）类似的商店——保罗·伯格斯特洛百货公司（Paul U. Bergström, PUB）购物时遇到的，她在一家帽子店里做售货员。伊瓦曾在购物时邂逅过形形色色的女性，这也算是他的一种消遣方式，但这个女孩与众不同。她有着极其漂亮的外表，并简直和伊瓦一样魅力十足。伊瓦必定在她的眼里看到了自己的某种人格魅力。当她为伊瓦展示了几顶毡帽之后，伊瓦便向她许下承诺，在他的帮助下，她会成为一名一流的演员和模特。他说这些话的时候是认真的，她也相信他所说的是事实。伊瓦轻而易举地让她着了迷，然后，所有的一切就这么顺其自然地发生了。

尽管葛丽泰·格斯塔夫森（Greta Gustafsson）在遇到伊瓦时才 15 岁，但很快他们就变得亲密无间。伊瓦为葛丽泰准备了一个宏伟的计划。他说服她去参加模特和表演课，甚至出钱为她拍摄了职业生涯中的第一部短片。伊瓦把她介绍给了自己在电影界的熟人，并在她开始在瑞典皇家戏剧院（Royal Dramatic Theater）学习时提供资金支持。从乔达前往美国开始到伊瓦和杜兰特会面的这段时间里，葛丽泰出演了三部短片和两部长片，这其中就包括一部名为《流浪汉彼得》（*Peter the Tramp*）的电影，它是由伊瓦的斯文斯克电影公司拍摄的。

考虑到伊瓦对电影和戏剧如此重视，而且将有一群年轻的女性跟随他们，乔达觉得，在曼哈顿找一个靠近华尔街的办公场所并不是一个“能够满足我们目标的恰当选择”。于是，他租下了信托银行大厦（Guaranty Trust Building）的 11 层，租期为一年。从租金的价格来看，相对于这个地段的其他房屋，这里显然有些偏高（大约每 0.09 平方米 4 美元），而且中介重新装修大厦的承诺也值得怀疑。这笔交易中唯一能打动乔达的是这里的地段：它位于 44 街和第五大道的交汇处，距离西面的百老汇大街的剧院只有几个街区，而且不用走多远就能找到许多时尚的餐厅。即使生意失败了，这个位于市中心的房子对乔达以及准备在纽约待上一段时间的伊瓦来说，仍然是个很不错的单身公寓。

伊瓦付给乔达的年薪是 1.2 万美元，外加用于其他支出的 7 000 美元——这个薪酬几乎与中等水平的银行家或者企业律师的年薪相当。同时，乔达还能获得一些额外的津贴。乔达会定期收到银行的通知，告知他一些他从未听说过的不知名的公司已经向美国克鲁格与托尔公司的账户里打进了不少钱。

电影在伊瓦的社交生活中创造了奇迹，却没有为他带来一丁点儿财富，尤其是在美国。美国的电影观众对瑞典电影表现得不以为然，像葛丽泰·格斯塔夫森这样的演员在当时还算不上明星。到 1921 年 3 月，伊瓦从出口到美国的电影中获得的收益仅为 25 万美元，但是他所投入的成本却远远超过了这个数字。

在连续亏损两年之后，伊瓦给乔达施加压力，要求他给美国克鲁格与托尔公司开发一些“有相应收入”的业务。公司在 1921 年的夏季电影季中没有取得任何成就时，伊瓦给乔达发了一封电报说：“现在最为关键的是，有关瑞典电影在美国上映的谈判必须马上进行。”伊瓦注意到，他的美国公司在财务方面已经走到了错误的方向上，这不仅是钱的问题，尽管钱很显然是伊瓦的关注之一。伊瓦明白，一个失败的电影制片人的社会地位肯定大大低于一个成功的电影制片人的。

虽然花了几个月的时间，但乔达最终还是从 42 街剧院争取到了一份在圣诞期间上映一部名叫《鬼车魅影》（*Körkarlen*）的瑞典电影的协议。这部电影可谓是一次豪赌：单单是电影名字中的变音符号就足以让绝大多数纽约人望而却步。电影的故事情节也确实不符合贺岁片的口味，特别是在当时，受人欢迎的电影都起了诸如《警察故事》（*Cops*）或者《罗宾汉》（*Robin Hood*）这样的名字，或者把副标题定为《恐怖交响曲》（*A Symphony of Horror*）。《鬼车魅影》改编自瑞典作家塞尔玛·拉格洛夫（她的名字中也有一个变音符）于 1912 年出版的一本小说，她是第一位获得诺贝尔文学奖的女作家。《鬼车魅影》的创作灵感来源于一个传说：在除夕夜零点之前去世的最后一个死者的灵魂既无法上天堂，也无法下地狱，必须为死神在接下来的一整年里驾驭死亡之车，到处收集死者的灵魂，直到下一个接替者出现。读过这本书的人就更不愿意去电影院观看电影了。对一个想在 12 月底去看电影的曼哈顿观众来说，这部电影的一大优点就是，它是一部无声电影。

但在 12 月 22 日，42 街剧院的经理突然毁约了。乔达只能开始疯狂地给其他剧院打电话——百老汇大街正西侧的共和剧院和位于 47 街的中心剧院。然而，每个人都给了乔达同样的答复，用他们的行话来说，就是“撞档”了。一家剧院承诺在新年之后的两周时间里上映这部片子，但是很快又改了口风，说只能在 12 月 28 日至 1 月 3 日之间上映。其他的剧院则直接拒绝了乔达的请求。

伊瓦在美国的电影生意很快就变成了一个烧钱的无底洞，并分散了他的精力。当乔达不断花掉伊瓦给他的钱时，这两个人投入电影的精力要远远多于他们投入火柴事业的。与此同时，美国克鲁格与托尔公司的火柴进口业务也开始每况愈下。尽管伊瓦出口到美国的火柴装船次数在 1921 年翻了一番，但数量依旧只有 4.5 万箱。伊瓦要与美国本土的火柴生产巨头钻石火柴公司进行激烈竞争，同时还面临着高额的火柴进口税；此外，如果他试图采取垄断美国火柴行业的策略，则会受到反托拉斯监管机构的威胁。伊瓦的前景一片暗淡。

葛丽泰·嘉宝背后的男人

伊瓦认为他能渗透进美国火柴产业的最后的机会就是开启与钻石火柴公司的董事长 W. A. 费尔伯恩（W. A. Fairburn）的谈判。伊瓦发出了邀约，但费尔伯恩回复说，他对与瑞典火柴公司合作很感兴趣，但合作仅限于在日本、南美以及欧洲的市场上——而不是在美国本土。两人协商组建一家新的公司，不过，费尔伯恩希望瑞典火柴公司能够承担所有债务的大头。

在一封让伊瓦倍感侮辱的信件中，费尔伯恩表示，瑞典火柴公司应该单独为新公司的债务偿还提供担保，因为仅仅是钻石火柴公司参与这项合作的举动，就至少与伊瓦的担保具有相同的价值。费尔伯恩写道：

> 我倾向于这样一个观点：美国钻石火柴公司的声望，加上新成立的公司以及钻石火柴公司为这家跨国公司提供的口碑、影响和能力方面的支持，以上因素对在市场上购买债券的公众的影响力与瑞典火柴公司为债券利息提供担保给其带来的影响力同样大。

对伊瓦来说，这实在是太过分了。费尔伯恩是否知道伊瓦是何许人也？如果钻石火柴公司的“声望”让费尔伯恩感到很自负，他希望能够维持这种感觉，那么从那个时候开始，他就应该找伊瓦的一个部下较量。伊瓦不想放弃美国火柴生意的光明前景，但他拒绝直接与费尔伯恩周旋。

是把时间花在费尔伯恩还是自己从保罗·伯格斯特洛百货公司发掘的年轻女演员葛丽泰·格斯塔夫森身上，这个选择对伊瓦来说并不难。伊瓦从葛丽泰身上看到了某种自己也怀有的抱负，她已经积累了不少经验，并且在容易激动的观众中获得了良好的声誉。没过多长时间，葛丽泰不仅迷住了伊瓦，也迷住了伊瓦在电影界的朋友们。在皇家戏剧院，也就是伊瓦资助她学习表演课程的地方，葛丽泰遇到了莫里兹·斯蒂勒（Mauritz Stiller）。斯蒂勒已从瑞典电影界崛起，步入了欧洲一流导演之列，他一眼就看出了葛丽泰身上蕴藏的潜力，于是让她在自己的电影《哥斯塔·柏林的故事》（*The Saga of Gösta Berling*）里扮演伊丽莎白伯爵夫人。他还坚持让葛丽泰改掉她现在的姓氏“格斯塔夫森”。斯蒂勒带她去了君士坦丁堡（Constantinople），之后又去了柏林。最后，当路易斯·梅耶（Louis B. Mayer）邀请斯蒂勒去好莱坞拍电影时，他带着葛丽泰一起去了好莱坞。

在前往美国之前，葛丽泰参加了伊瓦在萨尔特舍巴登（Saltsjöbaden）为道格拉斯·费尔班克斯（Douglas Fairbanks）[①] 和玛丽·碧克馥举办的一场舞会。伊

① 美国演员、导演和剧作家。——编者注

瓦把葛丽泰介绍给了那些著名的演员，但他却坚持要求葛丽泰只做自己一个人的舞伴。葛丽泰和伊瓦一样，拥有一眼看穿他人的洞察力，她也看透了伊瓦。她对伊瓦保护个人隐私的强烈欲望有着共鸣，明白当一个人试图在公众面前塑造出新形象的时候，他或者她的本性将被如何隐藏起来。葛丽泰跟随着伊瓦的脚步，也为自己塑造出了两个完全不同的人生角色。

在各自的生命中，伊瓦和葛丽泰一直保持着这种关系，他们是 20 世纪 20 年代从瑞典来到美国的人物中最有名的两个。尽管两人都不觉得建立起一种更稳定持久的关系是个有吸引力的主意，但在某种程度上说，他们还是彼此相爱的。和伊瓦一样，葛丽泰相信爱情，但对婚姻心存疑虑。她说过："爱情？我已经说过很多遍了，我不知道它到底是怎样的。我总是被自己对孤独的渴望所淹没。"当伊瓦和葛丽泰目光交汇时，有一种特殊的情感将他们联系在了一起，这就是在他们心中引起共鸣的孤独感。

到费尔班克斯和碧克馥的舞会举办之时，伊瓦在百货商店里发现的这位新人已经有了一个全新的名字——葛丽泰·嘉宝（Greta Garbo）。

财务造假曝光，垄断梦碎

虽然与葛丽泰以及其他女演员的交往分散了伊瓦投入生意的精力，但伊瓦并没有放弃美国的火柴生意。他不能花很多时间待在美国，因此需要一个人在那里负责与钻石火柴公司进行直接对话。乔达很忙，而且精力比他更加分散，于是伊瓦委托了一个名叫艾瑞克·兰德格伦（Eric Landgren）的年轻人来负责此后的谈判进程，这个年轻人是伊瓦在美国的公司的雇员。就这个岗位的职责而言，艾瑞克应该是伊瓦能找到的最糟糕的人选了。

兰德格伦比乔达更桀骜不驯，而且更没有责任心。很早以前，他就为了说服国会减少对火柴征收进口税而做过一些见不得光的勾当，包括从有点激进的游说到使用现金来贿赂打点。他还虚报了不少高昂的额外支出，在自己的个人账户里透支了是个人月收入 4 倍的开销。

伊瓦安排兰德格伦直接和费尔伯恩进行接触，目的是敲定这桩交易的细节，但费尔伯恩看不上兰德格伦。很显然，他认为与伊瓦的属下做交易是件让人很不愉快的事情，这让他觉得自己受到了怠慢。费尔伯恩并不信任这个新来的年轻人，他让兰德格伦直接向钻石火柴公司聘请的普华永道的审计人员汇报工作。普华永道是当时一流的会计师事务所之一。

普华永道的审计人员以对细节的注重而闻名，他们开始询问兰德格伦关于美国克鲁格与托尔公司的利润与支出的一些问题。他们很快就发现了兰德格伦那 4 428.68 美元的汽车使用费，随即对其提出了质疑。当他们发现很多不正常的会计账目时，便开始怀疑瑞典火柴公司的整份财务报表。于是，真正的麻烦来了。

当兰德格伦捏造虚假的数据来解释财务报表里的一些矛盾之处时，审计人员马上就识破了他的伎俩，于是谈判破裂了。普华永道的一名律师兼会计师 W. E. 希特瑞（W. E. Seatree）在匆忙中直接给伊瓦写了一封语带愤怒的信，是以一种 20 世纪初期以掌握法律和会计规则为傲的人惯用的措辞写就的：

> 您将看到，我们并没有为贵公司的资产负债表提供审计证明。兰德格伦先生写给您的信显然是想让您相信，他似乎完成了某件事情；但他不得不用造假的手段来达到目的，这恰恰是他行事失败的最佳证据。他准备发布一份所谓经过我们审计的资产负债表，但这份文件中没有列出我们的审计意见，而我们的审计意见对资产负债表来说又是至关重要的，他这些花言巧语并不能掩盖他这种做法的真实目的。

在普华永道对伊瓦失去了信任之后，费尔伯恩和钻石火柴公司对他的态度也有了同样的转变。伊瓦试图弥补这一事件造成的损害，他让乔达另寻一家会计师事务所来为他们在美国的新业务提供证明。6 月时，一家可靠的审计公司厄恩斯特与厄恩斯特（Ernst & Ernst）[①]终于完成了对美国克鲁格与托尔公司财务报表的审核。然而此时为时已晚，大错已经铸成，一切都无法挽回，于是谈判就这样终结了。

因为无法与钻石火柴公司达成交易，伊瓦便再也没有机会实现他在美国的垄断计划了。1922 年 9 月 26 日，伊瓦告诉乔达："还是推迟与费尔伯恩的谈判吧。"

到目前为止，伊瓦在美国的事业还是一团糟。他的员工们都不受控制，他已经被挤出了美国的火柴市场，他的电影生意依旧处于亏损中。乔达接触了几家银行，想要为美国克鲁格与托尔公司筹集资金，然而，他这次和银行打交道的经历比处理《鬼车魅影》事件时的更加糟糕。投资银行库洛伯公司（Kuhn Leob & Co.）拒绝了乔达。华宝银行（Warburgs）虽然对此表示了兴趣，但认为做这桩生意的时机还不够成熟。J. P. 摩根公司的首席合伙人杰克·摩根不想铤而走险，他不愿让自己的名誉因为一个 39 岁的瑞典人而毁于一旦。杰克想成为其父皮尔庞特的翻版，但是不够成功，然而，与李 - 希金森公司的许多合伙人一样，他也不与那些靠自我奋斗走上成功之路的人来往。在一步一步走下伯伦加莉亚号去与媒体会面时，伊瓦几乎打完了手中所有的牌。

伊瓦必须先将那些崭露头角的年轻女演员们搁置在一边，赶回美国，再次全力以赴地投身于他的火柴事业。这就是 1922 年他启程来到美国的原因，也是他需要唐纳德·杜兰特的原因。

一个新的火柴泡沫的诞生

伊瓦来到李 - 希金森公司位于华尔街的办公室时改变了立场，他向杜兰特推销的不再是在美国建立垄断企业的想法——那家企业显然已经陷入了困境。当然，他也没有提到电影。相反，他开始向杜兰特兜售一个全新的想法：美国

① 后与其他事务所合并成为安永。——编者注

投资者投资于国外垄断企业的前景。美国的反托拉斯法规禁止企业垄断火柴的生产与销售，然而，没有任何法律禁止美国投资者投资于国外的垄断企业。伊瓦在瑞典的火柴公司属于垄断企业，它就是一个可以获得暴利的典型。它可以作为美国投资者进行海外投资的起点。

伊瓦回想起 17 世纪的一个非同寻常的金融骗局，其主导者是时任英国财政大臣的牛津伯爵罗伯特·哈利（Robert Harley），他创办了南海公司（South Sea Company）来承担英国的国家债务。这个骗局之所以被称为“南海泡沫事件”，是因为南海公司的股票因此被大众追捧而迅速飙升。作为南海公司为英国政府承担债务的回报，英国政府将在南美进行垄断贸易的权利授予了这家公司。这项交易确保了英国的偿债能力，同时也让南海公司的生意和股票价格双双飙升。

这是一项风险极强的交易，但背后的原理却很简单。这个想法是能够被复制的，它的有效范围不局限于英国和南美洲，时间也不仅限于在 200 多年之前。从理论上讲，如果一国政府需要资金，同时一家公司希望获得某项垄断权利，那么双方就可以通过一个简单的合约来完成这个交易，从而获得各自想要的好处——无论何时、何地以及交易何种商品。

伊瓦心中的这个宏伟计划与哈利伯爵的骗局如出一辙，唯一不同的是，伊瓦用火柴取代了南海贸易。伊瓦通过向欧洲政府借钱来换取在欧洲政府管辖的区域内生产和销售火柴的特许垄断权。这是一个聪明绝顶的主意。

尽管如此，眼下还存在一个问题：伊瓦手里并没有数百万美元可以借给这些外国政府。他虽然非常富有，但其财富还远未达到那个规模，他手中的大量资金都被投入了他那家负债累累的公司，这就是他需要一家大型银行来提供支持的原因。如果他能成功说服杜兰特为他筹集资金，就有可能吸引一些国家的政府把火柴生意的垄断权交给他。

这个经过改编的南海公司的计划便是伊瓦打算向杜兰特游说的内容。和伊瓦的所有演说一样，这场表演将为他这个大胆的想法锦上添花，这个计划有一个贯穿始终的主线：美国人会通过伊瓦把钱借给外国政府，作为回报，所有参与这个项目的投资者都能从火柴垄断中获得无法想象的丰厚利润。

对伊瓦的新计划来说，杜兰特和李 - 希金森公司无疑是最理想的选择。杜兰特的公司已经建立起一支全新的销售队伍，他那些合伙人也希望拥有更多的新客户，特别是来自国外的。正如伊瓦所说的那样：

> 李 - 希金森公司拥有极其强大的销售组织（可能比其他任何一家美国公司的都庞大），何况它已经做好充分准备来应对那些尚未被引进美国市场的公司可能遇到的问题，这些问题需要对市场做好积极的准备。例如，李 - 希金森公司独立解决了壳牌公司在美国的子公司的融资问题，这应该是一家欧洲公司在美国资本市场发行股票、进行融资的唯一案例。众所周知，壳牌公司是如今最重要的欧洲企业。

伊瓦走进了李 - 希金森公司位于百老汇大街 41 号的办公室，这里是全球金融中心，距离纽约证券交易所仅几步之遥。他走进的是一个有三层楼的银行大厅，这个大厅以青铜覆盖的马赛克立柱为支撑，并用一幅长达 68 米的航海壁饰来做装饰。著名的建筑事务所克罗斯与克罗斯公司（Cross & Cross）设计出的这片空间给了人们强烈的视觉冲击。很显然，伟大的舵手杜兰特此刻正在这里等着迎接伊瓦的到来。

然而，当两人的双手最终握在一起时，谁处于优势是一目了然的事。伊瓦看起来比杜兰特更像李 - 希金森公司的合伙人，而杜兰特看上去比伊瓦更像一个急不可耐地需要融资的瑞典人。伊瓦利用他所掌握的火柴行业的专业知识、经过完美组织的语言以及对财务细节的精通和过人的记忆力迷住了杜兰特。同时，最重要的是，他用他那个简单但又极具诱惑力的想法钓上了杜兰特这条大鱼，说服他用政府债务来换取火柴经营的垄断权。杜兰特立刻领悟到，这是一个将改变历史的计划。

THE MATCH KING

站稳脚跟，国际火柴公司的成立

伊瓦提到自己让生意规模翻倍的雄心壮志，还说能在美国国内向投资者支付更高比例的股息率——不是克鲁格与托尔在瑞典支付给投资者的 25%，但可以肯定的是，一定也是个两位数。此时此刻，伊瓦已经准备好拉起鱼竿，将这家已经上钩的美国大银行扔进鱼桶了。

杜兰特没有浪费任何时间，立刻为伊瓦安排了一次正式的午餐会演讲。虽然李-希金森公司实力雄厚，但是与那个时代里的绝大多数投资银行一样，它仍然只是一家小型的、真正意义上的合伙企业。所以，当所有合伙人都身在纽约时，他们只需要在百老汇大街41号预定一个房间就可以聚会了。在通常情况下，大家也都是这样做的，许多重要的公司业务常常会被放在午餐时间解决。此时，大家正坐在一张摆满银质餐具和水晶玻璃器皿的长会议桌四周。

伊瓦的午餐会演讲需要他以一种与在伯伦加莉亚号上完全不同的表现方式来演绎。现在，讲台的位置更高了，台下听众的口味也更挑剔了。伊瓦知道李-希金森公司享有诚实、公正的美誉，他也十分清楚，弗雷德里克·艾伦与李-希金森公司的其他合伙人可能会对与一个来自于瑞典偏远小镇、白手起家的男人打交道这件事充满抵触情绪，因为他们毕竟是一家久负盛名且有着深厚的常春藤盟校背景的公司。他们甚至不知道伊瓦曾经就读的那所位于斯德哥尔摩的工程学校的名字究竟该如何发音。伊瓦从来没有在哈佛或耶鲁附近的任何一个地方待过。他知道，在这场演讲中，他不能将自己的意图表现得过于强烈，不能让别人觉得自己像个推销员或是恳求者，而应该以一位富有商人的形象出现，让这些谨慎的人刮目相看，赢得他们的青睐。

伊瓦必须给这些合伙人留下见多识广、独立自主的印象，因此，除了谈论他那野心勃勃的计划和愿景之外，他打算编织一个有关他过去的故事。他希望以此向他们展示他那充满魅力的人格。

在食物被端上桌、简单的开场白结束之后，李 - 希金森公司的合伙人都坐到了餐桌边，而伊瓦则冷静地站在他们面前。伊瓦准备在这场演讲中运用两个非常重要的演讲技巧，它们是从数百次面向欧洲的投资者所做的演讲中总结出来的：一是脱稿，仅凭记忆进行演讲；二是插入长时间的停顿。首先，他搓了搓双手（这是一个由来已久的习惯）来显示自己不打算依靠任何笔记。然后，他停顿了一下。之后，他停顿的时间变长了。接着，他又停顿了更长时间。伊瓦深知沉默有何等力量。在开口说话之前，他喜欢用眼神依次与每一位听众进行交流，而且他做这个动作的速度非常缓慢。

最后，当伊瓦终于开口的时候，他向李 - 希金森公司的合伙人提出了一个令人惊叹的建议。他让他们忘掉美国的火柴市场，当然也包括钻石火柴公司，伊瓦认为它是一家成长空间有限的三流小公司。他根本不想谈论有关美国火柴市场的任何事。伊瓦不敢确定他是否应该谈起兰德格伦、费尔伯恩以及自己与普华永道较量时遭遇的惨败。他希望能远离那些徒劳无功的努力，以免李 - 希金森公司的合伙人听到任何有关美国克鲁格与托尔公司失败的事情。

伊瓦用一个更加野心勃勃的计划来取代美国的火柴垄断事业：他将扮演“世界银行家”的角色，也就是在美国募集资金，然后用这些资金在欧洲大陆发放贷款。这个角色让伊瓦能够同时满足如今被地理、政治以及经济壁垒割裂的三个团体——美国的投资者、欧洲各国政府以及火柴行业的需求。

正如伊瓦所解释的那样，这三方各自的目标都非常清晰：美国的投资者追求的是高收益，欧洲各国政府的目的是获得来自美国的美元，而火柴行业想要的则是垄断权。三方拥有的资源也是显而易见的：美国的投资者手中握着美元，欧洲各国政府能在各自的管辖范围内授予企业垄断经营的权利，而火柴行业则具备为投资者带来高回报的潜力。万事俱备，现在唯一缺少的就是一个中间人，或者说一个能够撮合这三个联系被割裂的当事人的说客。

伊瓦要扮演的就是这个中间人的角色，一个怀有丰富的欧洲民族情感并能控制火柴行业的资本家。他有能力将这三方联系起来：他可以从美国的投资者处借来美元，把这些钱借给欧洲各国政府以换取火柴垄断经营权，然后利用这项权利来创造高额的回报。

最会演讲的野心家

伊瓦向李 - 希金森公司的合伙人所做的演讲的第一部分不仅仅是在谈论他的生意，他还涉及了政治经济学、国际关系以及世界历史等各种话题。他描述了第一次世界大战后的欧洲是如何被通货膨胀以及失业拖垮的。他谈论了欧洲各国政府所面临的货币危机，并用疲软的欧洲货币印证了这一点。在 1922 年的晚些时候，德国马克的汇率跌到了 1 马克兑 4 美分，奥地利克朗的价格只有马克的一半，而俄罗斯的货币在国际贸易中实际上处于毫无价值的状态。在英国、法国、意大利以及波兰，已有数百万人失业。甚至连伊瓦的祖国瑞典，也正在战后重建的过程中苦苦挣扎。

此外，正如列宁预测的那样，在欧洲大陆的许多地方，对资本主义那种"通过投机倒把获得暴利"的仇恨情绪正在不断蔓延。欧洲各国政府开始关注国内的问题，并强调国家利益高于个人利益。生产能力和贸易额双双下降了。伊瓦十分赞同当时的主流经济学家约翰·梅纳德·凯恩斯的观点，凯恩斯曾写道："这样一来，在欧洲，我们所看到是，伟大的资产阶级正在经历非同寻常的经济疲软，虽然这些人都是从 19 世纪的工业繁荣中脱颖而出的，并在几年前还是我们这个时代无所不能的大师级人物。"

在合伙人们用餐的同时，伊瓦行云流水般地讲完了所有准备好的话题，并不时引用他公司的季度报告中披露的一些金融统计资料和数据。做这一切的时候，他靠的完全是超强的记忆力。当演讲结束时，伊瓦安静地站在那里，再一次用眼神与每位听众做了一次交流。

接着，伊瓦开始了他演讲的第二部分，这在整场演讲中的意义更为重要。他告诉听众，他想让他们知道一些事，这些事和他的背景有关。他需要让杜兰特的合伙人明白，他是一个和他们一样有着丰富商业经历的行家里手。伊瓦并不否认自己是一个靠着自我奋斗取得辉煌成绩的人，但他想让他们知道的是，他在生意上的成功正沿着一条强劲而可持续的路线前进。

伊瓦跳过了他早年生活中的那些经历：孤独寂寞的童年时期，尴尬难堪的少年时期，以及从工程学校毕业后第一次前往美国的旅程中那段不值一提的打工经历。李 - 希金森公司的合伙人们也没有必要知道伊瓦是如何使用欺骗的手段才从富勒建筑公司（Fuller Construction Company）得到一个卑微的职位的，这家公司是曼哈顿最著名的建筑企业之一。他会提起他曾经参与过的一些工程，诸如大都会人寿保险公司大楼（Metropolitan Life Tower）、熨斗大厦（The Flatiron Building）、梅西百货大楼（The Macy's Buildings）、广场饭店（The Plaza）还有瑞吉酒店（St. Regis），他谈到他曾经发现这些摩天大楼工程中的重要缺陷，并修复了它们。不过，他可能会跳过他与安德斯·乔达一起经历的那些逸闻趣事，乔达正是他在富勒承接的工程项目中认识的朋友。

伊瓦可能还会讲讲他和乔达去南非建造全世界最大的商务酒店——卡尔顿酒店的事情，但一定会对他俩在约翰内斯堡（Johannesburg）押宝钻石和黄金股票的那段故事绝口不提，同时，他也省略了他在德兰士瓦（Transvaal）的民兵组织中的短暂生涯，以及其后多年间穿越法国巴黎、印度、非洲东部、加拿大多伦多以及美国全境的大口吃肉、大碗喝酒的岁月。

在这些早年经历中，伊瓦不断重塑自我，并不断地完善自己的人格。然而，伊瓦并不想让杜兰特及其合伙人们知道他在自我修炼方面所做的这些努力，他只是希望他们看到这些努力最终换来的结果。

对这些人来说，伊瓦的人生故事始于1908年。那个时候，伊瓦刚刚得知他的初恋对象—— 一位年轻的挪威女孩突然去世的消息。女孩的父亲曾说，如果伊瓦不能成为富翁，他是绝对不会把自己的宝贝女儿嫁给他的。这个女孩之后告诉伊瓦，即使他给得起一份很大的彩礼，可能还是不够。可就算遭到了这样的拒绝，他仍然心存幻想，希望能够娶她为妻，在得知她去世时，他整个人一下子瘫倒了。如他的朋友所说："伊瓦的感情生活就这么死去了，他把接下来的人生献给了其他一些应该完成的事。"

伊瓦曾经参与过建造雪城大学（Syracuse University）具有开创意义的阿奇博尔德体育场（Archbold Stadium）工程。他认为，当时他的老板们是一群能力低下的人，缺乏这座体育馆的冠名者、伟大的资本家、石油开采商以及慈善家约翰·阿奇博尔德（John D. Archbold）那样的智慧与抱负。伊瓦在写给父母的信中说："我简直不敢相信我打算用一辈子为这群笨蛋卖命。我讨厌美国式的观点,但我要把美国人使用的方法带回家。等着瞧吧——我会做更伟大的事情。我满脑子都是呼之欲出的想法。我只是在犹豫应该首先将哪个付诸实践。"

伊瓦给杜兰特及其合伙人们讲述了他在28岁那年参加体育馆项目建造时结识尤利乌斯·卡恩（Julius Kahn）的经过。卡恩是"卡恩铁"（Kahn Iron）产品的发明者，这是一种专门用来制造钢筋混凝土的产品。当卡恩提到他已经和一位名叫保罗·托尔（Paul Toll）的瑞典科学家签订合约，由其来代理自己在欧洲的业务时，伊瓦说服卡恩把自己推荐给托尔，成为托尔的一名合伙人。之后伊瓦马上乘船来到英国，并说服托尔接受了这个建议。

1908年5月18日，伊瓦和保罗·托尔在英国伦敦创建了克鲁格与托尔公司。这是一家小型公司，仅有捉襟见肘的2 500美元为创始资本，但他们生产的是一种卓越的产品，并且抓住了绝好的时机。克鲁格与托尔公司是1907年市场恐慌情绪爆发后移民伦敦浪潮中的一员。约翰·皮尔庞特·摩根曾经单枪匹马地将华尔街的多家银行以及负债累累的信托公司从破产的危机中解救出来，但随之颁布的法律促使国会建立了联邦储备系统（Federal Reserve System），这项法律迫使人们把贷款转移到了国外。皮尔庞特把儿子杰克派到了伦敦，希望他能够通过与世界上最杰出的金融家们共事而更快地成长起来。摩根家族和其他的银行家们将他们的业务拓展到了伦敦。

伊瓦用在伦敦筹措到的新资金来支付在欧洲进行的建筑工程的款项。他不仅对合约条款做了创新，还开发了工程设计的技术和方法。其中值得注意的一点是，他愿意通过修改工程合约的标准条款，重新将风险转嫁到自己这一方。在建筑从业者中，伊瓦对风险的态度可谓独树一帜。

例如，从他在纽约参加富勒工程项目中获得的经验来看，伊瓦知道，建筑商在得知工期将延长时会感到非常焦虑。建筑公司往往不愿意承担工程延期的风险，反而会把这些风险转嫁给客户，但是伊瓦深知风险分配的一个基本原理：在一桩交易中，如果由占据主要优势的一方来承担交易本身存在的风险，那么交易双方都将从中获益。能更好地减少工程延期发生可能性的是建筑公司，而不是客户。因此，伊瓦认识到，减少工程无法按时交付这一情况的最佳办法，就是将延期造成损失的风险转嫁给他和保罗·托尔。这样一来，克鲁格与托尔公司就有了动力——关键在于，公司也有能力加快一项工程的进度。更精妙的地方在于：如果客户知道这个项目将如期完工，他们会心甘情愿地支付更多的报酬。

克鲁格与托尔公司是欧洲第一家承诺在一个规定的期限内完成一项工程的公司。在公司完成了一些建造部分横梁以及高架桥之类的小型项目后，伊瓦签署了一个项目，建造一座 6 层高的“摩天大楼”。他承诺，如果这项工程无法在一个特定的日期之前完工，那么每推迟一天，他将支付给客户 1 200 美元的部分退款（以这种水平支付退款，克鲁格与托尔公司的总资本实际上只够支撑 2 天）；作为回报，客户同意为工程提早完工支付以日计算的奖金。于是伊瓦雇了工人三班倒、夜以继日地建造大楼，他亲自负责工程的审核工作以达到精减运作流程的目的，还说服了警察不去理睬社区的住户们对每天夜里的探照灯和水泥搅拌机的抱怨。克鲁格与托尔公司的工程提早竣工了，伊瓦一次又一次地重复着这个准则，于是每个项目都能拿到完工奖金。建筑商们也非常愿意为此支付额外的费用，因为这确保了一个高质量的工程项目能够提前完工。

这家公司高质量、诚实、按时完工的好口碑一下子就传开了。保罗·托尔天资聪颖、工作勤奋，而伊瓦则具有吸引客户的非凡天赋。在短短几年时间里，克鲁格与托尔公司就一跃成为瑞典最优秀的建筑公司和欧洲的顶尖企业之一。很快，克鲁格与托尔公司就承建了几个大型的地标性建筑，包括 1912 年斯德哥尔摩奥林匹克体育馆以及著名的斯德哥尔摩市政大厅，后者被公认为斯堪的纳维亚最美丽的建筑。随着公司不断扩张，伊瓦雇用了一批员工，其中包括安德斯·乔达以及他那来自瑞典皇家理工学院（Tekniska Högskolan）的好朋友克里斯特·利托林（Krister Littorin），后者是这家公司的首位打字员兼邮差。

当瑞典的立法者们首次允许银行投资于工业企业时，伊瓦和奥斯卡·吕德贝克（Oscar Rydbeck）达成了一项交易。吕德贝克是 Skandinaviska Kredit A. B. 公司，即我们所知的瑞典信贷银行（The Swedish Credit Bank）的一位明星人物。当吕德贝克表示他愿意接受以克鲁格与托尔公司的股票作为抵押融资给伊瓦的计划、让其投资于一家新公司时，伊瓦一下子就想到了自家的家族企业以及火柴业。伊瓦的父亲厄恩斯特·奥古斯特有计划地攒够钱，买下了他们大家族的财团门斯特罗斯火柴公司（Mönsterås Matchworks）下属的两家火柴厂。伊瓦的弟弟托尔斯滕如今正在伊瓦的故乡卡尔玛经营着其中一家工厂。

火柴业是一个竞争白热化的行业，而且销售火柴的利润并不高，但是伊瓦和这家刚刚获得自由经营权的瑞典银行一致认为，这是个非常有潜力的产业。在伊瓦看来，火柴业和几十年前的石油、糖以及钢铁业一样具有相同的经济地位。这个产业中有太多的工厂和工厂主。如此激烈的竞争将价格压得太低，几乎没有什么利润空间。伊瓦明白，他的家族以及其他许许多多工厂主永远也不可能用这种方式赚很多钱。

然而，如果这些工厂可以联手，那么，瑞典火柴垄断组织的所有者就能抬高价格，从中大赚一笔。最近，一些瑞典的工厂已经合并成立了延雪平 - 伏尔甘（Jönköping-Vulcan）托拉斯，但是其经营者很保守，而且行动迟缓。伊瓦非常肯定自己能控制这些工厂，他用从瑞典信贷银行获得的贷款开始在整个瑞典境内收购火柴厂。

在接下来的 8 年时间里，伊瓦将几个家族式的火柴厂打造成了一个火柴集团。他对这些工厂进行了现代化的改造，并拓展了海外销售业务。1916 年，火柴产量比 1914 年的 9 万盒翻了一倍，而利润是原来的三倍还多。为降低生产成本，他收购了为他生产机器设备以及供应火柴头上的化学物质的工厂。伊瓦为拿下竞争对手而采取的这种强硬策略一定让李 - 希金森公司的合伙人想到了约翰·洛克菲勒，他以类似的方式收购了标准石油公司（Standard Oil）的竞争对手。

为了获得一系列扩张所需的资金，伊瓦前往瑞典信贷银行找奥斯卡·吕德贝克。此时，瑞典市场正在经历 1914 至 1915 年的投机寒冬，但伊瓦却有本事从银行筹到 500 万克朗的资金。战争期间，当对英国的出口贸易关闭的时候，伊瓦开始将业务重心转向俄罗斯，他不仅向俄罗斯出口火柴，还在那里购买了杨木（一种最适合生产火柴的原材料）和造纸厂。第一次世界大战后，他几乎买下了瑞典国内所有竞争者的工厂，完成这些交易所用的大部分资金是在吕德贝克的帮助下融到的现金。他从来没有放松对这些工厂的控制，将所有火柴公司合并时，他手里掌握着绝对的投票权。

最初，伊瓦准备进入火柴行业的决定显得有些愚蠢。火柴厂并不怎么赚钱，尤其是在第一次世界大战刚爆发时。波罗的海和北海海域都停满了潜艇，因此瑞典无法再进口或者出口任何货物，这其中当然也包括火柴。更糟糕的是，1914 年 8 月，也就是战争开始后的第一个星期，英国暂停了以英镑兑换黄金的业务。大部分商人认为，在战争期间，为一家新企业筹集资金几乎是不可能完成的任务。

但是，伊瓦的眼光更加长远。他相信火柴是一种重要的日用品，就像钢铁和糖一样，而且火柴厂之间的合并在日后将是不可避免的。同时，他也预见到了英国放弃金本位制将为新加入者开启国际金融的大门，而且战争不会如人们所想的那样阻塞国际贸易的航道。他认为，只要他能像管理建筑工程那样打理好火柴业务，就能获得其垄断经营权。到了那时，他就能提高火柴的售价，并获得巨额利润。与洛克菲勒控制石油产业以及摩根控制银行业一样，克鲁格憧憬着有朝一日能统治火柴业，然后成为全球垄断者精英群体中的一员。

到 1915 年的时候，伊瓦已经控制了 10 家瑞典火柴厂，包括他的家族拥有的那些。一开始，伊瓦的经营规模非常小，只在斯德哥尔摩市中心有个小房间，他和克里斯特·利托林一起在那里埋头工作。第一年，他们亏本了。但在随后的 1916 年，伊瓦公布的主营业务收入就达到了整整 200 万克朗。伊瓦支付给他的投资者们 12% 的分红，其中就包括瑞典信贷银行。

伊瓦向其他竞争对手不断施压，迫使他们将火柴厂卖给他，或者让他们失去一切盈利的机会。他充分利用战争时期的有利时机，与瑞典政府商定了一些“贴心的”交易，并向德国出售火柴，这一系列大手笔的动作都是其他人没有胆量去做的。他收购了一些制造碳酸钾和磷的工厂，切断了竞争对手的原材料供应链。

到 1917 年初，伊瓦的集团的规模几乎已经和延雪平 - 伏尔甘托拉斯不相上下了；而到了年末，他就拿下了这个托拉斯。最后，他为这个合并后的新公司起了个名字：“Svenska Tändsticksaktiebolaget”，意为“瑞典火柴公司”。人们通常简称它为“瑞典火柴”。

在第一次世界大战期间，伊瓦将剩下的所有对手一网打尽，纳入麾下。他给所有工厂主下了一个简单明了的最后通牒：顺我者昌，逆我者亡。伊瓦用最残酷的手段摧毁了那些拒绝将工厂卖给他的对手：他将那些供货合约弄到手，然后与客户进行交涉，暂时将售价降低到成本之下。几乎在一夜之间，他将那些分布广泛、苦苦挣扎的工厂变成了一个强大而盈利丰厚的垄断企业。在短短几年时间里，伊瓦控制了几乎整个瑞典的火柴行业。瑞典火柴公司成为为数不多的在整场世界大战期间仍能保持盈利的欧洲企业之一。

最终，伊瓦说服了保罗·托尔把克鲁格与托尔公司变成一家控股公司，这样一来，它只持有部分瑞典火柴公司的股份。保罗·托尔仍然会在克鲁格与托尔公司的董事会里占据一个席位，但伊瓦安排的交易将迫使托尔放弃他在股份公司中的投票权，以交换克鲁格与托尔建筑公司的控制权，这家公司很快就将被伊瓦从集团中剥离出去。为了能让托尔开心并被其他事务吸引注意力，伊瓦安排他出任瑞典驻立陶宛的总领事。

在这段关于一个体面商人的人生经历的演讲结束之后，伊瓦告诉李 - 希金森公司的人，他对达成统治整个火柴业这一目标胸有成竹。他总结道：

> 火柴业特别适合大大小小的火柴制造商们进行合作经营，其中有很多原因。主要原因是，建立一家新工厂十分困难，而且消除竞争可以为定价带来很大的好处。因为一盒火柴的价格非常低廉，哪怕涨价幅度较大，顾客也几乎很难察觉，这就是为什么瑞典火柴设定的目标是将全世界的火柴厂联合起来。到目前为止，我们所做的努力，可以在很大程度上确保我们取得完全的胜利。

击败摩根大通比赚钱更有吸引力

在第二部分演讲快要结束时，伊瓦描述了这样的一个事实：即使遭遇金融危机乃至世界大战，他通过火柴生意获得的收益是如何实现稳步增长的。到1922年的时候，克鲁格与托尔公司已经将分红的比例提高到了25%。伊瓦在说完“每年25%的分红”时停顿了一下，目的是让这个数字渗入在场每一个人的心坎。瑞典火柴公司的股息率也高达两位数。伊瓦的公司已位居世界上最赚钱的企业之列，而这仅仅是个开始而已。

桌边的听众们仔细地端详着伊瓦。很显然，这是一个天才式的人物，更重要的是，他还表现得特别绅士。他穿着深色的西服，拿着一支手杖和一个塞满文件的黑色公文包。而他所佩戴的领带的花纹是那种有品位且略显保守的细条纹，不过，用波士顿的标准来衡量也不算太老气。伊瓦看起来和李 - 希金森公司的合伙人们不太一样——他通过严格的饮食控制以及瘦身计划保持着健康而苗条的体型，和杜兰特一样，他没有蓄须。不过，换句话说，杜兰特那样的小胡子其实也很适合他。他能够流利地使用五国语言，包括近乎完美的英语。他的大背头让他看起来要比实际年龄成熟许多，他的眼睛里闪烁着一种精于世故的光芒。一个合伙人对伊瓦的看法是："这是一个高贵的瑞典人，他举手投足间的贵族气质可以与任何一个真正的贵族相媲美，他就是那种典型而可靠的生意人，因此无愧于得到这个国家最受尊敬的、从事银行以及经纪业务的公司的帮助和支持。"

侍者们收走餐具时，这些人已经成了伊瓦放出的长线钓起的大鱼，他们被伊瓦在斯德哥尔摩建造一个"火柴宫殿"的计划深深地吸引住了，作为办公室，这座大厦的规模将是原来的办公室的几倍。它将是一个艺术与建筑方面的杰作，比李 - 希金森公司的合伙人们拥有的普通公寓以及别墅多出上百个房间。

虽然伊瓦的背景很普通，但是此时此刻，他似乎称得上人中吕布、马中赤兔。他的一举一动都像是一个老资格的银行家，而且让合伙人们非常惊讶的是，他无论是外表还是说话都完全不像瑞典人。（一个合伙人有理有据地评论道："他的头发是棕色的！"）在结束提问环节的时候，伊瓦又一次抛出了诱人的鱼饵。他提到自己让生意规模翻倍的雄心壮志，还说能在美国国内向投资者支付更高比例的股息率——不是克鲁格与托尔公司在瑞典支付给投资者的25%，但可以肯定的是，一定也是个两位数。此时此刻，伊瓦已经准备好拉起鱼竿，将这家已经上钩的美国大银行扔进鱼桶了。

弗雷德里克·艾伦，这位从纽约来的元老级发言人，在为伊瓦安排的这次午餐宴会之后总结了合伙人们的观点。他们认为，伊瓦"完全符合他们的期望，他是一位极有商业头脑的人物，有许多令人信服的想法，而且还是一位绅士”。合伙人们打算把宝押在杜兰特身上，因为杜兰特已经发现了他们真正需要的人。伊瓦与杜兰特的合伙人们一一握手。他知道他们很快就会提出交易计划。

李 - 希金森公司能够找到很多强有力的理由来支持伊瓦的想法。他拥有人格魅力、聪明智慧以及人脉网络。他有聪明绝顶的主意，即将美国的资本、欧洲各国政府以及火柴垄断经营权整合在一起。然而，最具有说服力的还是这样一种信念——伊瓦将给他们带来一个机会，让他们能够超越主要的竞争对手 J.P. 摩根公司，单单这个原因几乎就足以让他们动心了。

摩根家族依旧主宰着金融界，但自从约翰·皮尔庞特·摩根去世之后，这家公司面临着一波新的竞争浪潮。杰克·摩根只能算是他已故父亲的拙劣翻版，李 - 希金森公司一直在寻找任何可能的机会，好从竞争对手中把生意抢过来，然后把年轻的杰克赶下台。他们知道，杰克已经决定拒绝伊瓦抛出的橄榄枝，因为他必定会一板一眼地遵照皮尔庞特的交易原则——只和知根知底并信得过的人做交易。杰克对这桩交易的不以为然也许正意味着李 - 希金森公司面前摆着一个大好机会。

此外，杰克·摩根的控制力似乎正在不断消减，不仅是对这家公司的控制力，还有对事情真相的把握能力。最近的一次恐怖袭击就是一次暴露杰克及其企业弱点的标志性事件。在得知杰克对这场袭击的反应之后，银行家们认为他看来比从前更不堪一击了。

两年之前，也就是 1920 年，在 9 月一个天气宜人的星期四，就在三一教堂（Trinity Church）的大钟刚敲过正午 12 点时，一颗巨大的榴霰弹在纽约的华尔街与百老汇大街交叉处爆炸了。爆炸点燃了 12 层楼上的遮阳篷，数以百计的炸弹碎片飞向摩根大楼的正面，顷刻之间就造成 30 名员工遇难。爆炸中升起的一股巨大的青烟笼罩在这一地区上空好几分钟。尘土被清理干净后，J.P. 摩根公司 6 位合伙人之一的乔治·惠特尼（George Whitney）从大楼里走出，发现一块窗格的碎片已经把一个女人的头整个地削了下来，重重地砸向了已经变得斑斑驳驳的墙面。他在记录中写道："我永远也忘不了那个场景。那东西重重地砸到了她，不偏不倚地割下她的头，然后正好插进墙壁。"

在距离这个角落60步开外的纽约证券交易所，经纪人们争先恐后地涌到交易大厅中央，唯恐被落下的玻璃碎片划伤。纽约证券交易所主席威廉·H. 雷米克（William H. Remick）登上主席台鸣锣开盘后不久，爆炸就发生了，交易在不到一分钟的时间内宣告暂停，场外市场的交易也很快终止，市中心顿时一片混乱。把电话筒紧紧贴在耳朵上的男孩们不再晃晃悠悠地爬出窗户，他们几乎是用尽全力从里面跳出来的。经纪人们四处逃窜，联邦军队从总督岛（Governors Island）开拔，火速赶往华尔街。

炸弹爆炸时，杰克·摩根正在他位于苏格兰的猎场度假。杰克早就患上了妄想症，甚至在这次针对他总部的袭击发生之前，他就有了这个毛病。第一次世界大战发生之前，一个神秘的德国人曾试图暗杀他，并且差点就得手了。虽然杰克已经从枪伤中恢复，但他仍然经受着情感上的打击，非常担心自己的人身安全，整天怀疑自己已经成为恐怖袭击的目标。他雇用了一批前海军陆战队的队员作为自己的贴身保镖，一旦听说监狱或者精神病院有人越狱或者逃跑的消息，就会立刻躲起来。

现在，在这颗榴霰弹爆炸之后，杰克陷入了极度的恐惧之中。当前来调查这起爆炸案的司法部门逮捕了数十名嫌疑人，但是仍然无法找到真凶的时候，杰克得出的结论是，他一定是这场恐怖袭击的目标。他若不是离开了纽约，去苏格兰享受狩猎的乐趣，那么现在已经被杀了。到底是谁在跟踪他？他们一直对他虎视眈眈吗？

他派了30个私人侦探到他在麦迪逊大道（Madison Avenue）上的褐石（brownstone）公寓盯梢。同时，他开始不再将来自其他银行的竞争视为单纯意义上的商业竞争。他自顾自地精心编撰着有关布尔什维克以及德裔犹太金融家的阴谋论。杰克和他的同伴们占据了华尔街的一边，而另一边则是被他们视为敌人的银行家们——库恩·勒布（Kuhn Loeb）、雷曼以及高盛，他们中有许多犹太人。杰克·摩根既不信任也不喜欢犹太人。当哈佛大学校长A. 劳伦斯·罗威尔（A. Lawrence Lowell）打算为董事会席位上的一个空缺寻找人选时，作为哈佛大学监事会的一员以及一位忠诚的校友，杰克警告他："被提名者无论如何也不能是个犹太人……犹太人永远都会首先视自己为犹太人，然后才是美国人。"

与杰克不同的是，投资者们最终摆脱了炸弹爆炸的阴影。新成立的联邦储备银行在这场袭击后降低了利率，并向金融体系中注入了资金。新任财政部长安德鲁·梅隆（Andrew Mellon）通过一份降低税收的提案重振了投资者对金融市场的信心。投资者们逐渐意识到，无论是战争还是恐怖分子都无法战胜美国人的乐观精神。

李-希金森公司的合伙人对海外贷款特别感兴趣，他们知道，虽然J. P. 摩根公司在这项业务上根基很深，但还留着不少空间可供开拓。早些时候，也就是第一次世界大战期间，J. P. 摩根公司曾拨给盟军15亿美元的贷款额度。战争刚结束，美国政府就想更深入地插手战争赔款，但表示如果没有J. P. 摩根公司的协助，他们将无法完成这个工作。只有J. P. 摩根公司看起来才有能力融到足够多的资金帮助欧洲重建，没有一位外国领导人能够想象，如果J. P. 摩根公司不发挥主导作用，借款该如何进行。

比如，与大多数欧洲国家一样，法国政府非常希望能够获得借款来进行战后重建工作。法国政府曾考虑试图不通过摩根银行来安排贷款问题，但他们很快就妥协了，只能与J. P. 摩根这一家公司做这笔交易。时任法国总统雷蒙·庞加莱（Raymond Poincaré）财务顾问的巴龙·埃米尔·杜·马雷（Baron Emile du Marais）写道："如果没有他们的帮助，任何一个人都不可能成功。我们只依靠自己的力量几乎是什么也做不成的，这是一个事实。因此，聪明的做法就是接受这个既定事实，努力给J. P. 摩根公司留下一个好印象，让他们认为我们对他们有充分的信赖。”沿袭了它在历史上的统治地位，J. P. 摩根公司这次以 8% 的利率借给法国 100 万美元。

在摩根银行的总部被袭击之前，让摩根银行以外的银行为法国安排进一步的融资，或是庞加莱与摩根之外的其他人会面讨论贷款事宜，这样的事情几乎是难以想象的，然而这颗爆炸的榴霰弹却改变了这种局势。当外国官员们了解到杰克·摩根日益加重的妄想症以及其他美国银行家取得的成功时，他们开始考虑从其他银行处寻求贷款。事实上，杰克·摩根在外国贷款业务上面临的竞争要比他对犹太银行家的担心更加严重。的确，这一切能让犹太银行家们不动声色地从摩根银行手中抢走生意，何况还有一大堆美国银行家们在旁边虎视眈眈。比如，李 - 希金森公司就是排在最后的一家美国银行，它有波士顿和哈佛背景，同时也急于向欧洲各国政府提供贷款。具有讽刺意味的是，尽管杰克·摩根对他个人生命安全的臆测在很大程度上是未经证实的，但从纯粹的商业角度来看，还不能说完全是幻想。突然之间，在外国贷款业务领域，杰克落入了四面楚歌的境地。

不管是好是坏，在 20 世纪 20 年代，公众会把杰克和他英国乡村绅士风格的生活方式看作华尔街的主流以及豪华奢靡的象征。美国投资者也许并不认识伊瓦·克鲁格，但他们无论在什么场合都能辨认出杰克黑色的眉毛和白色的小胡子。一张拍摄杰克饱满面部的照片经常出现在报纸上那些对娱乐活动的大量报道中。甚至杰克本人也大方地承认，自己更想混日子，而没有在生意上投入足够多的精力。比起银行业务，他更喜欢参与园艺活动以及帆船运动。恐怖袭击发生之前，在苏格兰度假是杰克最典型的生活方式。尽管在战争中，杰克曾经每天长时间地工作，同时也是个技巧相当高超的国际谈判专家，但他缺乏皮尔庞特内心中那股强大的动力以及异乎寻常敏锐的金融头脑。杰克曾经将自己的大脑比喻成一朵“煮得太软的花椰菜”。

如果李 - 希金森公司接受了伊瓦的计划，那么它就能对 J. P. 摩根公司的特许经营权予以沉重的一击。伊瓦向李 - 希金森公司的合伙人建议说，他们能够取代杰克成为欧洲最顶尖的金融家，只要他们帮助他贷款给对现金极度渴求的欧洲各国政府，并给出更好的贷款条件以及更低的利率水平，这个利率或许可以比 J. P. 摩根公司给出的贷款利率低一个百分点。同时，伊瓦还为外国政府提供了 J. P. 摩根公司从未提供的好处：在一个重要的本土产业内获得暴利的机会。在一国政府授予伊瓦垄断权力的同时，它能够获得的是一笔贷款外加来自火柴销售垄断利润的分红。

伊瓦的计划好得让人难以相信。他选择的时机非常完美，此时的 J. P. 摩根公司正处于风雨飘摇之际，而李 - 希金森公司俨然已经做好了充分的准备，这是它一直在寻找的机会。伊瓦的演讲起了作用。李 - 希金森公司的合伙人允许杜兰特开始招揽美国的投资者。

“用一根火柴点燃一桶汽油”

起初，杜兰特遭到了质疑。因为伊瓦没有进行过国际放贷的历史纪录，也没有任何核准过的交易。虽然瑞典火柴公司在欧洲是一家活跃的出口商，而且伊瓦与各国官员都建立了稳固的关系，但他在瑞典以外经营的业务都还没有上升到垄断或者接近垄断的程度。与其说是放贷人，伊瓦实际上更像是一个借款人。

尽管如此，杜兰特还有很多可以向潜在投资者兜售的卖点。伊瓦的火柴生意蒸蒸日上，而且一直以来，伊瓦支付给投资者的分红高达 25%。这个以垄断经营权换取贷款的主意的确非常具有创造性。即使这个计划没有立刻创造出利润，但它在某个时候取得成功指日可待。就像通用汽车和 RCA 一样，伊瓦的新冒险就是对未来所下的赌注。美国投资者越来越喜欢直接对未来下注，而不是根据过去的历史记录押宝。

伊瓦参加了杜兰特的路演。在 1923 年，当伊瓦一遍又一遍地重复着他的演讲时，人们对他的兴趣也与日俱增。秋天到来后，杜兰特认为他已经找到了足够多的投资者，于是伊瓦和李 - 希金森公司准备完成交易。他们走的程序与其他募集资金者的一样。首先，他们创立了一家公司，名为“国际火柴公司”（International Match Corporation），选择在特拉华州登记注册。从 19 世纪后期开始，各州就开始在公司注册方面展开竞争，正式的公司文件从定稿开始就要求被存档备案。最近，作为公司成立地点的选择，特拉华州受欢迎的程度已经超过了新泽西州。越来越多的公司选择在特拉华州注册备案，即使他们的主营业务在其他州。特拉华州的法官对企业采取的是一种不干涉的态度，也不会一而再再而三地对伊瓦的决定进行揣测。选择在特拉华州成立国际火柴公司给李 - 希金森公司和伊瓦创造了最大的灵活性。

接下来，杜兰特和伊瓦为国际火柴公司选择了原始股东和管理层。国际火柴公司的两个原始股持股股东分别是瑞典火柴公司以及一个由瑞典的一些银行组成的财团，它们将提供 300 万美元的初始资本，同时得到相应价值的股权。作为公司股东，瑞典火柴公司以及瑞典银行财团将拥有对公司董事会的选举权以及对重大商业决策的投票权。

股东们将选出 5 位董事会成员来监督国际火柴公司的业务：伊瓦；克里斯特·利托林，伊瓦来自斯德哥尔摩工程学校的同学；唐纳德·杜兰特；弗雷德里克·艾伦，李 - 希金森公司的元老级发言人以及纽约办事处的负责人；珀西 ·A. 洛克菲勒（Percy A. Rockefeller），他是约翰 ·D. 洛克菲勒的一个侄子。珀西·洛克菲勒拥有加拿大安大略省沃克维尔（Walkerville）的世界火柴公司（World Match Company）。最近，就在商谈出售一家加拿大火柴制造厂相关事宜时，珀西结识了伊瓦，两人都给对方留下了深刻的印象。伊瓦认为，这位还在其他 6 家企业的董事会任职的洛克菲勒家族成员是国际火柴公司董事会董事的理想人选：他掌握着极丰富的人脉，非常富有，对火柴行业有基本了解，但又过于忙碌，没空去关心任何具体细节。还是个卡尔玛少年时，伊瓦就十分崇拜洛克菲勒；然而现在，洛克菲勒家族的一位成员却即将在他的公司董事会任职。

当这些细节都已被安排妥当之后，伊瓦和杜兰特必须决定国际火柴公司应该向这些新加入的投资者发行哪一种金融工具了。伊瓦想发行一种定制化的金融工具，它对投资态度谨慎的投资者们比较有吸引力，同时也能为他们提供一个投资价值大幅上升的空间。然而，伊瓦又不想放弃对国际火柴公司的控制权。伊瓦曾有设计房地产和建筑行业创新型合约条款的经验，现在，他要为投资者们量身定做一款能满足他们需求的金融工具，并在同时维护自己的利益。

伊瓦和李 - 希金森公司决定让国际火柴公司发行一种名为“可转换黄金信用债券”的新证券。“信用债券”仅仅是“债券”的另一个花哨的叫法而已——信用债券包括公司支付的固定利息加上于债券到期日偿还的本金。这次发行的债券期限为 20 年。信用债券的上涨空间有限，但是比股票更安全。这些“黄金”信用债券具有更高的保险系数，因为它们可以根据投资者的选择，用美元或者黄金来进行兑付。如果国际火柴公司破产了，信用债券的持有者将在股东拿到任何赔偿之前先得到赔偿。这些信用债券可以使投资者从国际火柴公司处获得 6.5% 的年收益率，这在当时高得非常诱人。

这些信用债券还可以转换，也就是说，它们可以被转换为股票。如果国际火柴公司表现出色，它的股票价格上涨了，那么投资者就可以把手里的信用债券转换成价值更高的股票。可转换的特性使这些证券更具有吸引力：它们既能防止证券的市场价格下跌，又能保留投资者从上涨的股价中获利的可能性，从两方面来说都再好不过了。就这样，伊瓦和李 - 希金森公司设计好了他们的第一个金融陷阱。

在国际火柴公司即将发行的黄金信用债券的招募说明书中，这种新型证券被描述成一种保守的投资方式，尽管它潜在的上升空间有限，但这同时也是博人眼球的一处亮点。说明书上陈述的发行目的非常宽泛：“为了得到额外的投资以及提供运营资金。”换句话说，投资者们将现金投资给伊瓦，他们信任他，希望他能用这些资金赚到更多的收益。这是一个非常直接的命题，尽管它需要建立在互信的基础上。

投资者们听说这种黄金信用债券之后，伊瓦几乎被见面会的请求以及社交活动的邀请淹没了。伊瓦在李 - 希金森公司所做的传奇性演讲被人四处传播，全美的老百姓都想通过当时台下的那些听众与伊瓦联系，亲耳听听伊瓦对这些话题所持的观点。他整个星期天都待在 T. L. 希金森位于充满历史气息的小镇文翰（Wenham）的一处房产中，文翰是马萨诸塞州北岸的一个小镇，希金森家族拥有这里的土地已经长达 3 个世纪之久。他被邀请出席在沃尔多夫 - 阿斯托里亚（Waldorf-Astoria）酒店举行的第五大道协会（Fifth Avenue Association）的年度晚宴、在丽思 - 卡尔顿酒店举行的美国对外关系委员会（Council on Foreign Relations）年度晚宴以及唐纳德 · 杜兰特为了表达对伊瓦的敬意而在位于公园大道（Park Avenue）的网球俱乐部举行的一场活动。伊瓦接受邀请时，杜兰特脱口而出："您能给我这个机会让我的朋友们和您见面，我真的感到非常高兴。"

伊瓦还收到了很多来自普通民众的表达崇拜的信件，送来的信件数量是如此之多，这是因为在那艘邮轮上，他让一些美国人的妻子和女儿们着了迷。昌西 ·P. 科威尔（Chauncey P. Colwell）向伊瓦表达了祝贺，并力邀他前往费城与他们共进午餐，伊瓦曾经在伯伦加莉亚号上见过科威尔夫人。爱德华 ·B. 罗比内特（Edward B. Robinette）非常急迫地寄给伊瓦一个装满水果的篮子，他想伊瓦可以将其带回欧洲，好在圣诞节期间享用。当他的猜测没有成真之时，他在圣诞节前夕给伊瓦寄了一封道歉信，只是希望还有机会能让自己的女儿见见他。

伊瓦的个人魅力帮助李 - 希金森公司卖出了 1 500 万美元的国际火柴公司的债券。每份债券的面值为 100 美元，其售价为 94.50 美元。投资者支付了 94.50 美元，相应地得到了每年 6.50 美元的回报，这种回报将一直持续 20 年（100 美元面值的 6.5%）。20 年之后，国际火柴公司将退还投资者 100 美元的本金。投资者如果在到期日之前出售债券，那么他们得到的收益有可能比 94.50 美元高，也可能比这个数字低，这取决于国际火柴公司的业绩表现。这桩交易总共募集了 1 417.5 万美元（1 500 万美元的 94.5%）。

金融媒体上关于伊瓦以及他发明的新型黄金信用债券的报道铺天盖地。1923 年 10 月 26 日，《华尔街日报》在报道中称，这次国际火柴公司发行的新证券“得到了债券公司的高度赞扬，这也许是我们近几年中见过的最好的债券销售成绩了”。

这个项目成了当年规模最大的证券发行项目之一，无疑也是最炙手可热的首次公开发行，一位分析师后来如此描述这次与众不同的 IPO：“就像用一根火柴点燃了一桶汽油。”

被装错的大鱼

国际火柴公司募集到资金之后，伊瓦立即去找他最信赖的三个人：安德斯·乔达、克里斯特·利托林以及他的弟弟托尔斯滕。这三人中的任何一人在他向美国扩张的计划中都扮演着极为关键的角色。

安德斯·乔达将继续负责伊瓦在美国的公司的业务，他更重要的任务可能是为伊瓦安排在纽约期间的社交活动。克里斯特·利托林是伊瓦在斯德哥尔摩的得力助手，他将成为瑞典火柴公司的董事长。伊瓦的弟弟托尔斯滕·克鲁格将扮演公司大使的角色。当兄弟俩还是孩子的时候，伊瓦和托尔斯滕就一起精心地设计了诸多计划，伊瓦曾向托尔斯滕许诺，有一天他将为他们设计一套真实的人生规划。最终，伊瓦找到机会实现他的承诺了。

尽管在 1923 年，托尔斯滕还只有 30 多岁，但他却可以轻松地乔装成比自己实际年龄大上 20 岁的杰出商人。他已经谢顶，穿着考究，为人彬彬有礼。当伊瓦邀请他乘坐摩托艇去芬兰商讨国际火柴公司的计划时，托尔斯滕在出席时身着一套灰色的三件套西服，领口上钉着硬质纽扣，打着一条黑色的领带。对于伊瓦的使者这个新职位来说，托尔斯滕选择这样的正式着装是非常重要的。

伊瓦及时向托尔斯滕讲述了他与美国人合作所取得的成功。伊瓦强调了至少与一个国家的政府达成一项交易的重要性，因为这样一来就可以给“通过发放贷款获取火柴经营垄断权”的伟大计划增加可信度。以这个商业计划为基础，李 - 希金森公司已经帮伊瓦募集到了上千万美元。如果伊瓦无法让美国的投资者们相信他真的可以用贷款换取火柴经营垄断权，那么国际火柴公司第一次发行的信用债券将变成他从美国人处募集资金的谢幕演出。与利用预付邮资券做投机生意的查尔斯·庞兹不同的是，为了募集到更多的资金，伊瓦必须向人们展示他的真实业绩。

伊瓦派托尔斯滕负责寻找一个政府贷款项目。第一站将是波兰，伊瓦认为他们在波兰谈成这桩交易的可能性是最大的。伊瓦和波兰的政府官员们打了许多年的交道，并且也在波兰做过一些火柴生意。他做好了安排，将托尔斯滕介绍给了财政部长及其手下的工作人员。

伊瓦将协助托尔斯滕进行所有的谈判，但他必须首先解决一个更为紧迫的问题。仅仅通过一场演讲，伊瓦就钓到了美国投资领域里的一条大鱼，也就是李 - 希金森公司。国际火柴公司现在持有 1 000 多万美元的现金，如果他真能促成一笔外国政府贷款的话，那么这笔资金可以供他随时使用。

尽管如此，还有另外一个问题需要他去解决——这些现金如今还存在一家美国银行里。这条大鱼虽然已经被装进了桶，但这是一个错误的桶，因为钱依然被困在美国境内。这个窘境是伊瓦亟须解决这个重要问题的根源。问题非常简单，但却令人十分头疼，甚至只要有人提出这个问题，伊瓦的新投资者们都会警惕起来。

这个问题就是：伊瓦该如何将李 - 希金森公司刚刚为国际火柴公司募集的 1 000 多万美元带出美国呢？

THE
MATCH
KING

“别出心裁”的金融发明

伊瓦把公司实际盈亏的所有详细数据都记得一清二楚，所以他知道合法的数据是多少，但他就是不愿意把这些信息与任何人分享。他当然明白，他的那些公司需要创造更多的利润来支付他的投资者们期待的巨额分红。那些现金债务是实实在在的，不过用来支付的钱到底是来自纽约还是瓦杜兹并没有多大区别。为了兑付这些债务，伊瓦需要募集到更多资金，他得说服投资者，为这个伟大计划赌一把是很值得的。为了做到这一切，伊瓦必须在欧洲获得几项火柴生意的垄断经营权。

伊瓦将他特别信赖的为数不多的人分成了两类。第一类是那个只包括托尔斯滕、克里斯特·利托林以及安德斯·乔达在内的小圈子，伊瓦比任何人都了解这三个人。唯一与这个小圈子走得很近的人是伊瓦的私人秘书卡琳·博克曼（Karin Bökman），她是一位颇具魅力的红发女人，和伊瓦待在一起的时间甚至超过了其他三个人。这些人之所以对伊瓦死心塌地，都有他们认为正确的原因：他们热爱他，尊敬他，并相信他的使命感和野心。他们是伊瓦的生活中不可或缺的一部分，伊瓦也在他们的生活中占据着重要的一席之地。

不过，还有另一类人，他们对伊瓦来说更值得信赖。1922 年，伊瓦已经秘密地雇用了一些与他本人及其公司从来没有任何交集的人。这些人对伊瓦的信任则是出于一些所谓错误的原因：伊瓦曾经把他们从监狱里弄出来，或是曾经向他们行贿，或是曾经支付给他们的实际报酬相当于应得的 5 倍。有些事伊瓦永远也不会让自己的朋友去做，却可以吩咐这些人去做。有时候，伊瓦需要这样一个值得他信任的人，不仅仅是因为这个人热爱或者尊敬自己，也是因为他对这个人的信赖就好比主人对训练有素的猎狗的信赖一样。所以，如果伊瓦的计划失败，他可以将所有的责任都推给这只失去控制的动物。

把国际火柴公司的钱转移出美国是一件很难的事情，这种事就得依赖上述第二类人去完成。伊瓦需要雇用一个新面孔，一个没人认识、默默无闻的人。于是，他采用的方法与以往每次需要寻找一个信得过的新人时一样：在纽约的报纸上刊登一则广告。

伊瓦没有把这则招聘广告的事告诉他的朋友们，也没有在广告里使用自己或名下任何一家公司的名字。他亲自与应聘者面谈，仅凭直觉做出判断。伊瓦通常可以通过直视一个人的眼睛来简单地判断出他能否胜任这份工作。

这时，一个名叫厄恩斯特·奥古斯特（Ernst August）的人前来应聘，他和伊瓦的父亲同名，这件事马上引起了伊瓦的注意。这只是个巧合呢，还是命中注定？如果说在40年之后，一个名叫厄恩斯特·奥古斯特的人将在伊瓦的人生中扮演一个具有重要影响且充满正能量的角色，这看上去多有讽刺味道。伊瓦的父亲，那个仍然在伊瓦手下的一家火柴厂担任中层管理干部，而且最高只能做到中层管理者的人，是不可能来应聘的。

厄恩斯特·奥古斯特·霍夫曼的申请书非常符合招聘启事上的要求：他是瑞士裔美国人，担任过秘书，并在纽约银行工作过几个月，能说几国语言。他接受过教育，但并不是太多；他聪明，但也不会太过聪明。伊瓦安排了一次面试，他非常高兴地看到，在他的注视下，奥古斯特的眼神并没有躲闪。伊瓦凭直觉认为自己能够信任这个年轻人，于是当场决定雇用他。

最初，霍夫曼除了一些收取和兑现支票的事务之外并没有其他工作。伊瓦交给他一些任务，以此来测试他值得信任的程度。伊瓦说这时候没必要让霍夫曼做更多其他事，他只要耐心等待就好了。伊瓦正在酝酿一个大计划。

最终，在觉得时机已经成熟时，伊瓦派这个新招募的员工去苏黎世研究瑞士的金融市场与税法。他把国际火柴公司的一个减税计划告诉了霍夫曼，并说这个计划必须被严格保密。无论何时何地，霍夫曼都不能向任何人提起伊瓦以及他名下任何一家公司的名字。

到 1923 年的晚些时候，想要摸清伊瓦一手构建的跨国网络中相互关联的子公司已经成了一件极其困难的事，大部分子公司都以某种形式和克鲁格与托尔公司以及瑞典火柴公司有关联。现在，伊瓦也把国际火柴公司加了进来，瑞典火柴公司拥有其一半的控制权。伊瓦持有多家公司的股份，他就像一只长有许多条腿的蜘蛛，通过金融的触角，将业务扩张到了越来越多的行业和国家。

对伊瓦来说，在这张用人网络中增加一个下属是件很简单的事，他也经常这么做。建立一家新公司和填满一张纸一样容易。接下来，伊瓦轻而易举地将资本从现有的公司转移到了这家新公司——这同样像填一张表格那么简单。在安排新公司的董事会成员或管理层时，伊瓦就从自己手下那些默默无闻的人中选择一个或几个安插进去。他手里握着不少牌，可选择的余地很大。公司结构和人员配置都不是问题。一直以来，有一点都非常明确，那就是伊瓦始终掌控着局面。

伊瓦决定建立一家新的瑞士公司，名叫大陆投资公司（Continental Investment Corporation），这个时候，他只把这个消息告诉了厄恩斯特·奥古斯特·霍夫曼一个人。两人在伦敦见了一面，伊瓦将霍夫曼需要知道的有关这个计划的所有事情全部告诉了他。当霍夫曼的调研得到证实后，他得出的结论是，瑞士依旧是银行业和避税者的天堂。如果一个商人想要为其交易保密，在瑞士创立一家公司是一个很不错的选择。

两人登上一列火车前往苏黎世时，伊瓦对霍夫曼赞赏有加。他需要一个他信得过的人，这个人能够对秘密守口如瓶，而且精于计算。霍夫曼的工作开始渐入佳境。当伊瓦说他已经决定任命霍夫曼为大陆投资公司唯一的董事时，这个年轻人惊呆了，但与此同时，他也倍感荣耀。当霍夫曼问“这家公司将拥有多少资本”时，伊瓦简单地指了指他带上火车的那只随身手提袋。

当他们抵达苏黎世，准备去参加计划好的会议的时候，伊瓦拿出了手提袋里的东西：100 万瑞士法郎，900 万支票和一纸文件，他把这份文件拿给厄恩斯特·奥古斯特看。这是瑞典火柴公司价值5 000万美元的担保，伊瓦在上面签了字。这份担保中的资金在大陆投资公司的初始资本中占了绝大部分。

伊瓦大笔一挥，落实了计划走的下一步棋：他用价值6 000万瑞士法郎的资本建立了一家瑞士公司。随后，钱就会源源不断地流进来。瑞典火柴公司持有大陆投资公司的股权，伊瓦将通过这家公司唯一的董事会成员、首席执行官、秘书以及会计厄恩斯特·奥古斯特·霍夫曼来实现对它的控制。

大陆投资公司，神秘的金钱黑洞

回到斯德哥尔摩的时候，伊瓦和弟弟托尔斯滕见了面，托尔斯滕向他汇报了最近到列支敦士登出差时了解到的情况。同样，托尔斯滕也在为一家子公司寻找一个秘密的公司注册地，这家公司将持有伊瓦在柏林的一些房地产资产。托尔斯滕认为列支敦士登是一个理想的选择：这里的法律很宽松，他可以直接和其首都瓦杜兹（Vaduz）的财政大臣协商出一个税负方案。伊瓦听到这个消息之后心花怒放，他说他“一直很喜欢这种法律滑稽又可笑的古怪国家”。

尽管瑞典的税负也非常低，但伊瓦总是希望能够找到更好的选择。在托尔斯滕的帮助下，伊瓦对瓦杜兹有了更深层次的了解，他秘密派厄恩斯特·奥古斯特去列支敦士登重新整合大陆投资公司。现在，大陆投资公司的隐秘性像上了双重保险一样——没有一个人会为了追踪一条信息而从苏黎世跑到瓦杜兹。列支敦士登的财政大臣同意，无论大陆投资公司每年赚多少钱，它都只需支付一笔固定的税金，前4年为每年6万瑞士法郎，此后为每年3万。这样的税负安排实在是太完美了。国际火柴公司的收入本来应该在美国纳税，如果伊瓦可以将这些收入都转移到大陆投资公司，那么就相当于规避了美国境内的所有税负。此外，伊瓦会见了列支敦士登议会的全体13位成员，说服他们签订了一项协议，对大陆投资公司只实施最低限度的监督与管理，而这项权力将由瑞典火柴公司和伊瓦控制，由厄恩斯特·奥古斯特·霍夫曼管理。

大陆投资公司本身不会经营任何业务；它的主要任务是帮助伊瓦在不需要借助国际火柴公司与瑞典火柴公司进行现金兑换的情况下秘密地将资金从美国转出，转移到自己需要的地方。钱一旦被汇到瓦杜兹，就像掉进一个黑洞。美国的审计人员也许会通过国际火柴公司的支票以及电汇单来监控资金流向，但他们无法看到关于大陆投资公司交易的任何证据。事实上，他们甚至根本不知道大陆投资公司的存在。伊瓦或者他的任何一个亲信需要钱来实施贿赂或者其他秘密活动的时候，大可通过大陆投资公司而不是国际火柴公司来规避美国审计人员的审查。

大陆投资公司的成立使伊瓦有效地控制了国际火柴公司。瑞典火柴公司持有国际火柴公司一半的股份，另一半由伊瓦的另一个崇拜者奥斯卡·吕德贝克管理的瑞典银行财团持有。美国投资者拥有的是信用债券而不是股票，也就是说，他们没有投票权。国际火柴公司的董事会成员以及投资银行家们应允了伊瓦提出的任何要求。相较这家公司内部正在发生的事以及这些相关细节，李-希金森更感兴趣的是国际火柴公司的下一笔买卖将是什么。

流动性，唯一的救命稻草

伊瓦明白，这个离岸计划非常冒险，即使有厄恩斯特·奥古斯特和大陆投资公司做挡箭牌，他还是很担心会被逮个正着。就在黄金信用债券的发行事宜最终被敲定的前几天，伊瓦还在考虑直接电汇是不是风险太大。他提醒奥斯卡·吕德贝克："太快把钱从美国转移出来的做法也许不大妥当。"

1923 年 11 月，国际火柴公司完成了这次信用债券的发行，投资者支付给这家公司大约 1 420 万美元的现金，这些钱被用于何处几乎是由伊瓦一人决定的。在这些资金中，大约有 200 万美元被划拨出来，用以支付国际火柴公司应付的利息以及其他费用，包括付给李-希金森公司的一大笔费用。还剩下 1 200 多万美元——准确地说，还有 12 244 792 美元。

作为国际火柴公司的领导者，伊瓦从借方账户中扣除了 200 万美元的现金，然后记入了一笔金额相同、支付给大陆投资公司的款项。转眼间，国际火柴公司的主要资产就成了大陆投资公司的一张借据，而不再是现金。于是，在美国人似乎都没有在意或者根本就没有注意到的情况下，伊瓦就将这 12 244 792 美元——本年度最大的证券发行项目之一、国际火柴公司信用债券发行所筹集的资金中余下的全部——转到了大陆投资公司在瓦杜兹开立的账户上。

伊瓦并不是第二个查尔斯·庞兹，他没打算卷款逃跑。他的目标只是灵活地按照自己的意愿使用这笔资金，当事情并未像当初设计的那样顺利进行时，这些钱也可以用来拖延时间。在业绩不佳的年份里，他可以捏造些数字，用大陆投资公司的资产来支付分红；在业绩优异的年份里，他则可以故意少申报公司盈利，这样一来就可以通过把多余的收入藏在大陆投资公司处来节约资金，以备不时之需。尽管伊瓦需要美国投资者为他的贷款交换垄断经营权计划提供资金，但他不愿意就此成为他们的奴隶。大陆投资公司正是伊瓦用来将他的财产转移到美国人看不到的海外所使用的工具。这能让伊瓦保持自由之身。

伊瓦把公司实际盈亏的所有详细数据都记得一清二楚，所以他知道合法的数据是多少，但他就是不愿意把这些信息与任何人分享。他当然明白，他的那些公司需要创造更多的利润来支付他的投资者们期待的巨额分红。那些现金债务是实实在在的，不过用来支付的钱到底是来自纽约还是瓦杜兹并没有多大区别。为了兑付这些债务，伊瓦需要募集到更多资金，他得说服投资者，为这个伟大计划赌一把是很值得的。为了做到这一切，伊瓦必须在欧洲获得几项火柴生意的垄断经营权。

唐纳德·杜兰特和他的合伙人压根不知道李 - 希金森公司刚刚为国际火柴公司募集的这笔资金对伊瓦来说简直就是雪中送炭。尽管伊瓦的公司的业务似乎都在蒸蒸日上，但是他对之前的投资者们承诺的回报实在是太高了。他已经向瑞典的那些大银行借了几千万美元，而且克鲁格与托尔公司以及瑞典火柴公司每年支付给投资者的分红的比例都有两位数。如果仅仅依靠公司的盈利，这两家企业是无法长期承担这笔巨额债务的。如果没有每年新吸收进来的资金，这些公司马上就会入不敷出。

如果伊瓦的企业想持续不断地取得成功，就必须不断发展。如果企业停止发展，那么伊瓦就将无法偿还之前的债务，就不可能一直支付给投资者如此高的股息额。这并不是什么高深莫测的事情：为了每年都能支付高达 25% 的股息，你要么每年必须创造出 25% 的利润，要么就得另想办法筹集资金。为了让公司的发展速度超过股息支付率，公司必须创造出更多利润或者筹集到数额更大的资金。事实上，这个数字大得令人望而却步。

对伊瓦来说，幸运的是，他那精明商人的好名声让他每年都能筹集到更多资金。投资者们相信伊瓦有一种挑选投资项目的特殊能力，他擅长低买高卖。好像无论参与什么买卖，伊瓦都能赚到钱，看起来似乎从电影业到外汇投机，再到房地产买卖，他无所不能。

他能做到这些，至少看起来都是因为他响亮的名声，然而真实的情况却复杂得多。最近，在瑞典火柴公司与克鲁格与托尔公司支付给投资者的股息中，相当大的一部分来自国际火柴公司在美国募集的资金。换句话说，前面的投资者拿到的股息是用新加入的投资者投入的本金来支付的。这种金字塔式的策略，也就是庞氏骗局中使用的伎俩，肯定无法长久维持，伊瓦对此心知肚明。

然而，伊瓦确实一直在赚钱，这其中大部分利润来源于伊瓦遍布全世界的火柴生意。和查尔斯·庞兹的预付邮资券骗局有所不同的是，伊瓦的利润是实实在在的。每年，瑞典火柴公司都能生产并销售数十亿盒火柴。克鲁格与托尔公司在整个欧洲地区建造了多座地标性的建筑。伊瓦切切实实地把钱投资于实业，从火柴生意、房地产到电影制作无一不是如此。没有人可以否认这一切。

伊瓦相信，即便他的公司要继续支付如此高的股息，只要他能不断募集到资金来偿还之前的债务，那么他的公司就会以足够高的增长速度存续。这种信念并非毫无根据。如果伊瓦真的能控制全世界的火柴生产和销售，那么瑞典火柴公司和国际火柴公司必定会变得价值连城。

但是，在偿还任何一项债务之前，伊瓦首先得敲定几桩火柴垄断经营交易。他明白流动性至关重要：如果一家公司缺乏现金，那么即使它拥有最好的商业头脑，也得接受失败的结局。即使伊瓦把通过在美国发行新型黄金信用债券募集来的全部资金都投入公司的日常运营，他的公司还是会在一年之内把那些现金全部用光。

期权和账面价值，资产状况的神秘面纱

现在亟须解决的问题是：伊瓦到底是应该用这 1 200 万从美国新募集到的资金来支持企业的运转，还是用这些钱来偿还瑞典银行的贷款？奥斯卡·吕德贝克这位来自瑞典信贷银行的银行家发放给伊瓦的贷款数额非常惊人，基本上没有任何人负担得起。当时，吕德贝克已经位居瑞典最杰出的银行家之列，而在很大程度上，他的事业都建立在伊瓦成功的基础之上。

吕德贝克不像大多数银行家那么保守，尤其不像瑞典的那些。不过，他看起来就是个地地道道的银行家，有着圆润的双下巴和刮得干干净净的胡子，打扮得也和真正意义上的银行家别无二致：传统的格莱斯顿式立领、黄金袖扣以及一块插在胸前口袋里的叠得整整齐齐的手帕。但吕德贝克和伊瓦一样，也是懂得统筹兼顾的人，同时也是一个梦想家。他与银行业的监管者交往甚密，他们因此同意让他以这样一种非常规的方式把钱借给伊瓦。

伊瓦挖到的第一桶金的原始资本大部分来自瑞典银行发放的贷款，吕德贝克是帮助伊瓦成功获得贷款的关键人物。尽管吕德贝克为伊瓦提供贷款的时间持续了约有 20 年之久，但他仍不确定自己是否该把伊瓦当作朋友。尽管在伊瓦的成功经历中扮演着无可取代的角色，吕德贝克却仍然没有进入伊瓦最亲密的朋友圈。

伊瓦和吕德贝克开创性地发明了早期的“表外融资”贷款，通过这种贷款方式，企业可以在资产负债表上不列出任何负债的情况下借到钱。这些债务是真实存在的，但是由于它们都没有被反映在资产负债表上，因此与把这些债务记为直接借款相比，企业的财务状况看起来要健康许多。

两人将贷款放在资产负债表外的方式经常变化，但是他们通常会通过一些与克鲁格与托尔公司以及与瑞典火柴公司的关联较为松散的子公司来达到这个目的。他们的想法是，那些债务确实属于那些关联公司而非伊瓦的公司，因此不需要被记录在伊瓦公司的资产负债表上。瑞典火柴公司是第一批通过错综复杂的关联公司和合伙企业的网络借到数百万瑞典克朗贷款，却不用把这些贷款记录在资产负债表上的负债项下的企业之一。

在 1919 年下半年，伊瓦和吕德贝克向一群银行家推销了一个被称为“从瑞典火柴公司剥离出去的财团”的概念。这个概念中的关键词是“剥离”。瑞典火柴公司将和几家银行通过私下交易获得资金，伊瓦将用这些钱来实现一系列目标：支付红利和股息、扩大火柴出口、收购新的火柴厂以及购买原材料，还有对新行业进行投资。然后，瑞典火柴公司就可以把这些经营活动创造出的利润全部记录到财务报表中，然而却不用对相应的债务做任何记录。换句话说，银行将钱“借给”瑞典火柴公司，但是这些借款却不会以贷款的名义出现在瑞典火柴公司的财务报表中。瑞典火柴公司不用付出任何代价，就可以获得潜在的收益。

为了使这些交易顺利进行，伊瓦和吕德贝克使用了一种名为“期权”的金融衍生品，它的持有者有权按照事先约定好的时间和价格买入股票。瑞典火柴公司期权交易的关键在于，它们是独立于公司本身而存在的：它们被剥离出了瑞典火柴公司，因此在法律上完全独立于瑞典火柴公司。

具体说来，伊瓦和瑞典银行签署了一份 3 年期的辛迪加协议，同意为伊瓦的投资专门“分离出”6 000 万克朗。在第一年，瑞典火柴公司有权（即期权）

得到这个财团的全部资产，也就是初始资金的125%。从那时开始，这些银行就有权（同样，这也是一种期权）要求伊瓦以同样的价格买入资产。

与此同时，就像他经常做的那样，伊瓦仍然保留着控制权，他以这个财团的名义用这些钱来进行投资。他同时还负责记账。按照他的解释，因为财团在法律上是独立的，所以瑞典火柴公司的财务报表不需要公布财团的任何损失或是负债——这些数字不会出现在瑞典火柴公司的损益表或资产负债表中。

在第一年里，伊瓦和吕德贝克创建的这个财团的损失就超过了400万克朗，但是瑞典火柴公司找到了一个隐藏其早期损失的办法。在1920年9月末，在一份写给财团的报告中，伊瓦向他的银行家们保证，这些损失已经被其他投资所获得的盈利抵消了，卖掉那些投资是不明智的，因为这样就得为这些盈利缴税。因此，现在最好是把所有的钱都放在财团的账目上。他非常自信地写道：“可以肯定地说，公司拥有的股票的内在价值在不断增加，这完全能够弥补年度报表上的损失，因此调高公司的账面价值是完全合理的。”

伊瓦知道，作为一种传统的会计方法，“账面价值”的会计处理方法通常要求根据成本来计算公司的资产价值。假如公司花1万美元买了一块地，财务报表上记录的这块地的价值就是1万美元。根据这个简单的会计准则，无论这块地的价值是上涨还是下跌，记录的账面价值始终是不变的。换句话说，即使这块地的市场价值发生了变化，伊瓦也不会将账面上的价值调整为市场价值。

在1920年的财务报表中，伊瓦主张财团应该摒弃这种账面价值不变的传统会计方法，他的理由非常有说服力：如果你知道这块地现在已经价值1.5万美元了，为什么还要把它的价值记为1万美元呢？对其他投资项目来说，情况也是一样的。如果这项投资的真实价值增加了，为什么报表上记录的价值不该相应增加呢？因此，伊瓦建议：“完全有理由调高账面价值。”他直接把那些资产的账目价值都调整到了市价水平。

举例来说，财团买进一家公司的股票花了 440 万克朗多一点，伊瓦认为这些股票的价值已经增长到了 680 万克朗。既然大家都知道这些股票的价值已经上涨了 50% 甚至更多，为什么财务报表上显示的这项投资的价值仍然只有 440 万克朗呢？伊瓦没等吕德贝克和财团成员对他“调整到市价”的推理表示认可，就直接把这些股票的入账价值调高了，或者说是“调整”到了能反映出盈利的水平。一年后，他再次将这项投资按市价进行了调整，增加到了 1 140 万克朗。他反复强调说，因为这个投资项目的价值已经上涨，所以在财务报表上应当有所体现。

伊瓦同时还用银行提供的资金做外汇投机交易，他似乎对影响汇率的各种因素有着深刻的了解。如果事情并非如此，那就是因为他的运气太好。伊瓦在外汇上下的赌注是瑞典火柴公司和他个人账户的主要利润来源。在一次交易中，伊瓦赚到了 250% 的利润，他以 2.34 克朗兑换 1 美元的低汇率购入了价值为 100 万克朗的美元，3 年后将它们卖出，这时的汇率已经高达 5.70 克朗兑换 1 美元。奥斯卡·吕德贝克和财团成员们很显然相信，伊瓦确实具备特殊的技能和知识以及能够打赢这些投机交易之战的特殊本领。

“瑞典最伟大的投机企业”

1920 年，瑞典银行监管委员会（Swedish Bank Inspection Board）发现了伊瓦和吕德贝克在银行财团的财务中采用的这种创造性的会计方法。财团的一家成员瑞典商业银行（Svenska Handelsbanken）委托斯德哥尔摩商学院的一位公共会计教授奥斯卡·西伦（Oscar Silleìn）去调查伊瓦的投资情况，银行监管委员会的成员们从这次调查中获得了一些详细的信息。瑞典的监管机构还发现，伊瓦曾经说服银行仅凭他的个人担保或者借款偿还保证就向他发放了贷款。尤为引人注目的是，很多银行贷款的唯一担保仅为伊瓦在瑞典火柴公司持有的个人股份。

1921 年 12 月，西伦发布了一份初步的调查报告，称他此次调查的目的是要

“揭开伊瓦公司的神秘面纱”。1922 年 4 月，在撰写第二份报告时，西伦发现很多本该属于瑞典火柴公司财务报表中一部分的项目被列在了其他公司的财务报表中。他发现那些重要的资产“没有出现在资产负债表上”。甚至当西伦从银行财团的财务报表中把所有他认为属于瑞典火柴公司的资产和负债项目都分离出来时，他还是无法估算整个瑞典火柴公司的价值到底是多少，这在很大程度上是因为在估值时，这家公司涉及不同国家的外汇汇率敞口实在太过复杂。

换句话说，在 1922 年下半年，也就是伊瓦刚从美国投资者处募集到资金时，一位精明的公共会计师就发现瑞典火柴公司的财务状况实在过于复杂，他根本无法理解。这家财团中的瑞典银行也并不真的了解他们对伊瓦的敞口有多大。西伦总结说，瑞典火柴公司下属的多个子公司构成的企业财团应该被称为“瑞典最伟大的投机企业”。

西伦还发现“克鲁格一个人要承担的责任太多”，他写道：

> 克鲁格是真正掌控所有事务的人，我并没有理由质疑此人的资质。无论出于什么原因，一旦这家公司失去了他的权威，在我看来，其巨大的企业价值将面临风险。因此，为了整个集团的切身利益着想，应该在克鲁格身边安排一个合适的人选，这个人必须有能力在克鲁格出国期间代表他管理公司。

瑞典当局对此感到十分震惊。他们的职责是保护银行系统，因此批评了银行在没有足够担保的情况下给伊瓦发放数额如此之高的贷款的行为。监管机构的结论非常简单：这家财团让银行面临的风险太高，因此它应该被解散。这些银行需要将风险分散给伊瓦。一位银行巡视员报告说：“这个火柴企业的领导者向各家银行贷了大约 2 200 万克朗，而他提供的担保基本上都是火柴厂的股份，除此之外，他还背负着总额高达 4 260 万克朗的或有负债。”1922 年 12 月，瑞典银行业督查组给出了一个结论：“因此，很显然，现在是时候让各家银行对整个公司进行一场完全公正的特别调查了。”

只有像吕德贝克这样的人出马，才能通过其影响力让这些监管者的愤怒情绪得以平息。吕德贝克凭借自己与监管委员会的密切关系说服他们不要马上干涉银行业的内部事务，他认为自我监管的方法更加灵活和安全。监管机构应该充分相信银行会做出正确的行为，吕德贝克申辩道，毕竟如何行事关系到各家银行自身的生死存亡，因此完全没有必要采取这种费时费力的新办法。

监督委员会的最终报告体现了吕德贝克的影响力。监管者的结论是："我们应该允许银行探索所有能将他们从信贷业当前的枷锁中解放出来的途径，例如将这些贷款转换为股份或债券，或者转移给国外的金融机构。"然而，这份报告中的措辞仅仅是建议而已，监管机构最终并没有要求解散财团，也没有让银行采取任何行动以减少对伊瓦以及瑞典火柴公司的风险敞口。相反，他们接受了自我监管的建议。

在吕德贝克的帮助下，这个财团一直坚持到了 1922 年，也就是伊瓦和杜兰特会面的那一年。实际上，各家银行都迫切地希望它能继续存在。虽然伊瓦采用的会计方法确实有点问题，但财团却给各家银行带来了源源不断的财富。这些银行不仅向伊瓦提供贷款，它们同时也是伊瓦公司的大股东。当瑞典火柴公司披露其年度盈利为资本金的 1/5，并将向投资者支付高额股息时，大部分钱都进了银行的口袋。甚至在第一次世界大战后，当国际经济萧条抑制了其他企业的发展势头时，瑞典火柴公司的财务报表仍然扛住了这次严峻考验。伊瓦公布了公司的利润数据，这些利润来自各种投资项目、货币投机以及全球范围内的火柴销售业务。

1922 年，瑞典火柴公司的财务报表显示，公司利润达到了 900 万克朗，股息支付率为 12%。伊瓦的母公司克鲁格与托尔公司向投资者支付了 25% 的股息。在财团成立的最初 3 年里，各家银行的资产都翻了一番，因此银行家们都特别崇拜伊瓦，这一点并不令人意外。他们有充分的理由称伊瓦为"火柴大王"。

不过，监管机构还是让银行家们感到有些紧张，他们提出的问题是银行家们无法回答的。比如，当战后瑞典的经济陷入严重的危机时，伊瓦的公司怎么能赚到这么多钱呢？伊瓦的战略是可持续的吗？他能继续募集到资金吗？银行家们知道，瑞典火柴公司的财务报表很可疑，但到底哪里可疑呢？

吕德贝克估计，当时伊瓦的净资产至少有 2 500 万克朗，这完全可以让他位居于欧洲最富有的人物之列。然而，吕德贝克并不确定伊瓦的个人担保以及新募集的资金是否足以支撑其公司的发展。瑞典的金融市场规模相对较小，而且伊瓦在这里募集的资金已经到了极限。吕德贝克知道，伊瓦必须寻找一个新的资金来源。

吕德贝克开始建议放慢财团前进的步伐。瑞典的两家大银行瑞典商业银行和瑞典信贷银行要求伊瓦了结他们的债务，还清所有贷款，但这并不是迫在眉睫的事，两家银行同意在短时间内继续对伊瓦的公司进行投资。不过，瑞典银行家们希望变得更加谨慎，他们不能把手头全部资金借给伊瓦，而且退一步讲，瑞典的金融体系中也不存在足够多的资金可以支持伊瓦的宏伟计划。他们和颜悦色地对伊瓦说，他或许该考虑到其他地方去筹集资金了。

一位令伊瓦满意的审计师

伊瓦觉得自己受到了莫大的侮辱。就在这时，他的注意力开始渐渐转向美国银行家，并让他的经纪人拉格克兰茨安排了一次与杜兰特的会面。伊瓦将那些瑞典人称为“脑袋进水的笨蛋”，他对一位瑞典银行家说：“你们还和我讨价还价，我在纽约下船的时候，码头上的人都在求我收下他们手里的钱。”

杜兰特和李 - 希金森公司都不知道西伦的报告以及瑞典的银行业监管机构的担忧，也没有意识到伊瓦已经吸光了瑞典市场上的资金。与伊瓦之前的资金来源相比，他们更关心他未来的火柴垄断事业。

就像以前对待新交易那样，李 - 希金森公司的确用不着操什么心，到目前为止，什么都没有发生。要等伊瓦最终把钱借给一个国家的政府之后，他们才会开始认真关注这桩交易。到那时，国际火柴公司持有的现金又可能发生什么事呢？

和美国其他投资银行家一样，杜兰特和他的合伙人需要审计人员来告诉他们一项生意存在哪些问题。杜兰特认为，一家顶级会计师事务所会发现一切重要的事情，并会在第一时间通知他。

在20世纪20年代早期，法律并没有要求在美国进行融资的外国企业必须聘请会计，但李-希金森公司和其他顶级银行一样，不会和没有聘请大型事务所进行独立审计的公司做交易。他们甚至会对那些只是对这种审计的必要性提出质疑的客户失去信任。

伊瓦明白李-希金森公司的立场，因此他已经开始积极着手准备聘请一名审计人员。他最关心的是避开普华永道，因为这家公司对他与钻石火柴公司的交易知道得太多，而那笔交易让伊瓦十分难堪。伊瓦担心的是普华永道的员工会把他之前和他们周旋的那段往事告诉杜兰特及其合伙人。伊瓦决定绝不重蹈1921年的覆辙。当时，在与钻石火柴公司谈判的过程中，伊瓦的老伙计艾瑞克·兰德格伦篡改了财务数据，这一行为被普华永道的W. E. 希特瑞逮了个正着。伊瓦已经从这次惨败中吸取了教训，他必须亲自与他的会计师保持直接的个人联系，因此，他需要找一个他信得过且能被他控制的美国会计师。

于是，伊瓦推荐了厄恩斯特与厄恩斯特会计师事务所。这家会计师事务所就是之前在与钻石火柴公司的第一次谈判陷入困境时，他让他的挪威助手安德斯·乔达找来协助他们的。伊瓦并不喜欢让外人干涉自己公司的事务，但是选择厄恩斯特与厄恩斯特已经是两害相权取其轻的结果了。此外，坚持为国际火柴公司聘请一家顶级的会计师事务所能让伊瓦给美国的银行家和投资者们留下正直可靠的印象。

唐纳德·杜兰特也对这个选择表示赞同。厄恩斯特与厄恩斯特会计师事务

所和李 - 希金森公司一样有着无懈可击的好名声。厄恩斯特兄弟为可口可乐、火石公司（Fire-stone）以及克莱斯勒公司（Chrysler）做过审计，他们的声誉和普华永道旗鼓相当。与杜兰特和伊瓦一样，厄恩斯特兄弟也是白手起家，和其他几家会计师事务所相比，他们的事务所的出身更加草根。厄恩斯特兄弟来自克利夫兰（Cleveland）而非波士顿，也没有上过哈佛大学或是耶鲁大学。阿尔文·厄恩斯特（Alwin Ernst）和伊瓦年龄相仿，他在高中毕业后做了 4 年图书管理员，直到 1903 年才和兄长一起创办了这家公司。

但是，厄恩斯特与厄恩斯特会计师事务所是一家很有创新精神的公司，它是第一家进行广告宣传的会计师事务所，厄恩斯特兄弟还独创了同时提供审计和咨询服务的经营模式。厄恩斯特兄弟明白，无论是对投资者还是管理者来说，财务信息都非常有价值，管理者可以利用这些数据提升其进行商业决策的能力。

厄恩斯特兄弟还看到了提供联合审计和税务咨询业务的好处。1913 年联邦所得税开始实施时，厄恩斯特与厄恩斯特会计师事务所就迅速成立了一个税务部门。如果厄恩斯特兄弟注意到审计与税务、策略以及信息披露之间同时存在潜在的利益冲突，他们是不会把这件事告诉其他人的。厄恩斯特兄弟很有远见，没时间理会那些假装正经的老会计师们，当美国注册会计师协会（American Institute of Certified Public Accountants，缩写为 AICPA，这是一个历史久远的会计行业组织）指控厄恩斯特兄弟违反了其关于招揽顾客以及做广告宣传的规定时，厄恩斯特兄弟直接放弃了自己的 AICPA 会员资格。

厄恩斯特兄弟只聘用名校毕业、最优秀的学生，他们必须对数字非常敏感，而且能小心谨慎地处理数字。事务所以这些有远见卓识的聪明员工为中流砥柱，其盈利能力与李 - 希金森公司基本相当。阿尔文·厄恩斯特最终留下了一项价值为 1 260 万美元的不动产（尽管具有讽刺意义的是，由于理财计划太糟，阿尔文的不动产在税负以及成本方面的损失超过了 700 万美元）。

国际火柴公司聘请了厄恩斯特与厄恩斯特会计师事务所后，厄恩斯特兄弟派公司里最年轻的几位审计人员去完成这个新项目。他们知道，尽管伊瓦在欧洲的业务规模庞大，但他在美国的公司还是一家规模相对较小的初创型公司，至少一开始如此。他们负责的只是国际火柴公司，而不是克鲁格与托尔公司或者瑞典火柴公司的审计工作。这样一个难度有限的审计工作并不需要太高的专业水准。

被派来为伊瓦工作的初级审计人员名叫阿尔伯特·D. 伯宁（Albert D. Berning）。然而，厄恩斯特与厄恩斯特会计师事务所的很多人并不知道他的全名。阿尔伯特不喜欢自己的姓，只有直系亲属才知道他姓什么，同事们只知道他叫“A. D.”。

伊瓦会见了阿尔伯特·D. 伯宁，他们只对视了一眼，伊瓦便已对他感到无比满意。

THE MATCH KING

“提线木偶”式审计服务

伊瓦非常欣赏伯宁在兰德格伦一事上的尽职，但是他并不打算结交一位新朋友。虽然伊瓦对公司账目的所有细节都非常在意，但他几乎完全不了解伯宁，而且看起来对此毫不关心。伯宁每天都会花很多时间为伊瓦及其公司做打算，但伊瓦发现自己甚至连他的名字都记不住，有近一年的时间，伊瓦都错把伯宁的名字 A.D. 叫成 A.L.。

伊瓦创立国际火柴公司时，伯宁已经在厄恩斯特与厄恩斯特会计师事务所度过了两年平淡的日子。他毕业于曼哈顿的柯柏高等科学艺术联盟学院（Cooper Union for the Advancement of Science and Art），最近刚刚通过了注册会计师考试，并加入了联邦与所在州的注册会计师协会。伯宁在厄恩斯特与厄恩斯特会计师事务所拥有初级助理经理的头衔，这是一个手上权限十分有限的低级职位。

伯宁是一个安静保守的已婚男士，不像伊瓦，他没有在世界各地摸爬滚打的经验，甚至没怎么出过差，更不要说坐在豪华邮轮的头等舱里出海或是与电影明星们一起寻欢作乐了。当伊瓦与道格拉斯·费尔班克斯、葛丽泰·嘉宝还有玛丽·碧克馥在纽约外出聚会，或是与政客和银行家们在欧洲最好的餐厅里聚餐的时候，伯宁却在家里和妻子一起吃饭。

伊瓦知道，伯宁是自己可以掌控的那一种人。和厄恩斯特与厄恩斯特会计师事务所其他的那些低级职员一样，伯宁视每位新客户为一个契机，一个向厄恩斯特兄弟证实自己的才能堪当合伙人的机会。而负责国际火柴公司的账目这项工作令人兴奋,这是伯宁遇到的第一个能让他从公司底层得到晋升的好机会。虽然伯宁具备一个良好的审计员必需的素质，但他毕竟不是一个商人。他坚持不懈，对细节有着敏锐的观察力，但同时也非常小心谨慎。你只需看看伯宁一丝不苟的小字，便能从中了解他的个性。他在书写时绝不会出现诸如数字“2”与“7”难以区分的情况，他总会在“7”上整洁地划上一道，让它看起来就像一个小小的字母“t”。

让伯宁负责为刚刚诞生的国际火柴公司的账目做审计这件事听上去简单，但仔细想一下，又让人感觉不太可能，总之有些古怪。一方面，厄恩斯特与厄恩斯特会计师事务所只打算根据伊瓦的海外公司提供的一些数据来提供审计意见，这样一来，伯宁的主要工作就变得非常简单，与看管火柴分类与打包的机械化流程没什么区别。伊瓦雇用的瑞士本地的会计师已经处理完所有艰难的工作，即确定国际火柴公司对伊瓦名下其他公司的资产拥有多高比例的所有权及其价值如何，并计算这些公司的收益中有多少要归国际火柴公司所有。

伊瓦的大多数资产、负债和收入都在其他那些子公司的财务报表上，而这些公司都不位于美国境内。伯宁的工作就是简单地核对一下数字，确保瑞典那边提供的每个公司单独的数据在汇总以后与瑞典提供的总数一致。任何需要判断的决定都已经做好了。这样看来，国际火柴公司的财务报表只是冰山一角，但伯宁负责的也只是这一角而已。

另一方面，对国际火柴公司的账目进行实际的审计是不可能完成的工作。伯宁怎么知道瑞典那边提供的数据是否准确呢？他该怎么做才能保护美国的投资者不会因为国际火柴公司的财务报表存在错误而遭受损失呢？这样看来，他的工作与火柴分类员和包装员没什么两样。谁能确保每一根火柴都是安全的、毫无瑕疵的呢？不付出极大的努力，绝不可能达到这个目标。站在纽约厄恩斯特与厄恩斯特会计师事务所提供的有利位置上，伯宁甚至不可能估计出国际火柴公司未露出水面的冰山到底有多大，更不用说它的具体成分或可能造成的危险了。

因此，伊瓦和伯宁意识到，国际火柴公司将会是厄恩斯特与厄恩斯特会计师事务所的一个小项目，一个不需要太多监管的账户，其财务报表只需保持简明直观就够了。既然瑞典当地的会计师已经对公司的账目进行了审计，厄恩斯特与厄恩斯特会计师事务所只需承担有限的审计责任。从本质上看，美国人可以轻而易举的核实瑞典那边所做的加加减减是否正确，在对国际火柴公司的财务报表提供可靠性担保时必须依赖瑞典提供的数据的准确性。如果伯宁想在伊瓦那里产生其他附加费用，这些费用是不会因为在审计上多花时间而产生的，而是会来自税务筹划或咨询。

从一开始，伊瓦就亲自控制着国际火柴公司和厄恩斯特与厄恩斯特会计师事务所的关系。他直接与伯宁对话，而不是通过伯宁的老板传达信息，并明确表示伯宁应该直接与他联系。在整个 1923 年，就是国际火柴公司发行黄金债券的那年，伊瓦和伯宁通过信件和电报的方式直接交流了很多问题，其中包括国际火柴公司财务报表上的一些非常普通的细节。一开始时,对这两个人来说，没有哪个细节是不重要的。1923 年的 6 月 8 日，伊瓦给伯宁写信确认了一些关于小额工作费用的小建议，包括印花税和注册费。能得到伊瓦的关注，伯宁一定感到非常兴奋，毕竟助理经理通常只能与其他公司的助理经理进行直接对话，而往往无法与那些著名的国际商业领导者直接交流。

伊瓦也向唐纳德·杜兰特交代清楚，任何企图彻底评估国际火柴公司财务报表细节的尝试都毫无意义。伊瓦说过，国际火柴公司就像一条管道，一条让美国资金流入自己名下其他子公司，尤其是瑞典火柴公司和克鲁格与托尔公司的管道。与其他公司不同的是，国际火柴公司不会开展任何实质业务，也不需要雇用太多员工。就像大陆投资公司（伊瓦设在列支敦士登的那家秘密子公司）一样，国际火柴公司不会从事任何实质性的业务经营活动。

伊瓦告诉杜兰特和伯宁，他的计划是利用新的政府火柴垄断权交易大赚一笔，而且利润要“在国际火柴公司与瑞典火柴公司之间平分”。然而，没人签署过一份有关利润平分的协议。实际上，期限为 20 年、息票利率为 6.5% 的黄金信用债券的发行文件甚至没有规定国际火柴公司必须可以从伊瓦的其他公司处分配到利润。于是，到底如何向国际火柴公司分配利润，这件事完全控制在伊瓦手中。

伯宁对这个安排感到很困惑，他无法破译伊瓦寄给他的财务报表。国际火柴公司的利润计算是否精确？公司资产负债表上的各个条目是否包括瑞典火柴公司下属的各家子公司的资产和负债？这些问题他完全无从判断，只能完全依靠伊瓦提供的数据来看，然而伊瓦提供的数据经常发生变化，其频率远远超过一个认真的会计师所希望看到的次数。1923 年 10 月，就在黄金信用债券发行之前，伯宁寄给李 - 希金森公司一份基于伊瓦提供的信息编制的财务报表，但就在投资者们购买了信用债券后不久，由于伊瓦再次修改了自己提供的数据，伯宁再次给李 - 希金森公司寄去了一份修改后的财务报表。幸运的是，虽然这样做有些令人惊讶，但结果是积极的：数据都增加了。

虽然伊瓦总是把数据改来改去，严重缺乏准确性，这点让伯宁感到有些沮丧，但他没有让伊瓦知道这一点，反而希望建立一段更亲近的工作关系甚至是友谊。他与伊瓦分享自己的私人生活，还会打听伊瓦的私生活。伯宁尤其对伊瓦的旅行有着极大的兴趣，他曾询问伊瓦最近一次到加拿大旅行的情况，并祝伊瓦能在芝加哥玩得开心。伯宁从没有外出旅行过，虽然他和妻子曾计划将来要找机会出门旅行。

伯宁也密切关注着国际火柴公司在美国的支付状况，一旦发现可疑的资金转移，他便可以适时为伊瓦提供帮助。当伯宁证实艾瑞克·兰德格伦，这个造成伊瓦与钻石火柴公司谈判失败的叛徒，正在将伊瓦公司的钱中饱私囊时，伊瓦开除了兰德格伦，并要求伯宁上交一份详细的报告。

伊瓦非常欣赏伯宁在兰德格伦一事上的尽职，但是他并不打算结交一位新朋友。虽然伊瓦对公司账目的所有细节都非常在意,但他几乎完全不了解伯宁，而且看起来对此毫不关心。伯宁每天都会花很多时间为伊瓦及其公司做打算，但伊瓦发现自己甚至连他的名字都记不住，有近一年的时间，伊瓦都错把伯宁的名字 A. D. 叫成 A. L.。

威斯康星州的烦恼

当伯宁试图用一份威斯康星州铁路委员会的证券部门针对国际火柴公司发行的黄金信用债券所提出的质询来缩短与伊瓦之间的距离时，伊瓦根本没有理睬他。威斯康星州？铁路委员会？伯宁肯定不是认真的。

但伯宁是认真的。在20世纪20年代的美国，正是各州的监管部门而非联邦政府在证券交易监管领域发挥着最积极的作用，而威斯康星州的监管部门是表现最主动的州立机构之一。

各大公司都被要求遵守各州的“蓝天法”（“Blue sky” Laws），该法案之所以有这样一个名称，是由于堪萨斯州立法会议员担心投资者在购买债券时所获得的担保只有头顶的天空。许多州的铁路委员会负责对投资工具进行监管，这种做法已经延续了数十年，因为起初绝大多数出售给投资者的证券都是以铁路作为担保的，但伊瓦觉得这种管理模式陈旧并且令人厌恶。

因为威斯康星州的许多居民购买了国际火柴公司发行的黄金债券，威斯康星州的证券监管部门希望确保这些购买者得到一点实质性的担保，而不只是口头承诺。鉴于伊瓦在瑞典曾经与负责颁发建筑许可证的官员以及银行监管机构打过交道，威斯康星州铁路委员会的一个证券监管部门似乎对他构不成什么威胁。

当伯宁寄给伊瓦一份来自铁路委员会证券监管部门的专员海玛（O. Hibma）提出的问题列表时，伊瓦的反应是置之不理。威斯康星州的那些官僚们又能对伊瓦做些什么呢？而且，表上所列的这些问题都是不合理的，海玛想向伊瓦索取的那些企业信息，伊瓦从未给过任何人。

但是，海玛专员很讨厌被人忽视。于是，伯宁立刻通知伊瓦，海玛专员想得到更多信息：

> 最近，来自威斯康星州的文件要求我们提供1921年和1922年所有子公司的支出明细以及所有子公司在1922年12月31日的合并资产负债表。我今天会再写封信，尝试着去安抚一下他们。他们已经提过要求了，毫无疑问会再要求得到一份子公司在1923年整理合并后的收入、剩余和资产负债表。不过，等你抵达美国后，我们可以再进行商讨，然后再想出一个应付他们的最佳方案。

伊瓦对讨论这些细节毫无兴趣，他也不希望自己在纽约时伯宁来找他。厄恩斯特与厄恩斯特会计师事务所无权过分插手国际火柴公司的生意，而伯宁的工作就是解决一些麻烦的琐事，比如威斯康星州的证券监管专员。

伊瓦给他的审计师开了一张空头支票，他邀请伯宁与他一起出海旅行，从加拿大直到远东，所有的费用都已付清。伊瓦明显感觉到伯宁对自己能出国四处旅行非常嫉妒。伯宁向妻子讲述伊瓦的种种旅行经历，尤其是伊瓦在五星级酒店、饭店和一些奢华邮轮上的快乐时光时，她也流露出了非常渴望的神情。伯宁的妻子对伊瓦的邀请表示非常高兴，夫妇俩毫不犹豫地答应了。到了下个月，当伯宁委婉地提醒伊瓦威斯康星州证券监管专员那件事还没有了结时，伊瓦建议他们直接寄给证券监管专员一份最新版的财务报表，不过这份报表并没有提供任何新信息。伯宁同意了，但很明显，威斯康星州那边想要的更多。

确实，监管员海玛立刻回复道：“这些报表没有提供我们需要的信息。”伊瓦对伯宁无法应付这些监管机构感到非常惊讶。他不理解为什么他们需要这么多详细信息。伊瓦回复伯宁：“我非常遗憾地意识到，你仍旧在被监管部门要求提供各种各样的信息与数据的指令所困扰，近期我将努力为你整理一些财务报表。”那时已经是5月，距离黄金信用债券的发行已经过了6个月，除了出国旅行的承诺，伊瓦仍旧什么都没有给过伯宁。

在6月和7月，随着伯宁不断向伊瓦提出一些细节问题，李-希金森公司听说国际火柴公司迟迟没有按照威斯康星州监管部门的要求提供信息，便开始向厄恩斯特与厄恩斯特会计师事务所施压，要求他们尽快回复威斯康星州。杜兰特想知道国际火柴公司什么时候才会遵循各州的蓝天法。考虑到这方面的压力，伯宁对伊瓦的请求变得更加具体化："威斯康星州要求我们提供销售成本与支出费用的明细，并要求财务报表在每一类成本项目下分别列示 6 个主要项目，同时利息税要单独列示。"

几个星期后，伊瓦终于把一些额外的新资料寄给了威斯康星州的监管机构，这些财务报表显然是在匆忙之间被赶制出来的，而且并没有经过非常认真的检查。例如，伊瓦寄出的国际火柴公司 1921 年和 1922 年的资产负债表显示，公司已发行的股票为 100 万股，但在 1921—1922 年那段时间，国际火柴公司尚未成立，这个错误无疑会被威斯康星州的一位监管专员抓个正着。当然，伯宁也发现了这个问题，他标注道："鉴于该公司成立于 1923 年 7 月，我们认为很有必要在随报表附上的信件中将该问题解释清楚。"

伯宁还注意到，国际火柴公司资产负债表中的外汇汇率假设也发生了变化。因为伊瓦主要在美国以外的其他国家经营业务，因此他的大部分现金流都是用外汇计价的。因为要将外汇转换为美元，汇率高低将直接影响国际火柴公司的经营业绩。

例如，伊瓦先前使用的汇率为 26.8 瑞典克朗兑换 1 美元，这意味着国际火柴公司持有的价值为 2 680 万瑞典克朗的资产换算后价值为 1 000 万美元。但是现在，伊瓦突然间就把汇率改成了 26.55。若是按新汇率计算，同样价值为 2 680 瑞典克朗的资本所对应的美元价值突然增加了 1%——大约多出了 10 万美元。

伯宁想弄清楚，财务报表所覆盖的时间段都是相同的，为什么要做这样的调整？伊瓦没有对此给出任何解释。1% 看起来似乎不算什么特别大的差别，但由于伯宁想要尽量准确地回答威斯康星州证券监管部门提出的问题，于是发生这 1% 变化的原因就变得重要起来。

伯宁的选择是，他自己直接对该变化进行了调整，而没有去问伊瓦为什么突然让国际火柴公司增加了1%的资产。他向伊瓦解释道：“这个差别非常小，我在这份报告所附的财务报表里在这一项上做了改动，希望能得到你的批准。如果你不同意，那么再修改一下也是非常容易的。”他希望监管专员海玛注意不到这个差别。无论怎样，厄恩斯特与厄恩斯特会计师事务所会持续向投资者寄送国际火柴公司财务报表的缩简版，所以他们根本看不到关于外汇汇率的任何一点细节。伯宁把修改后的文件寄到威斯康星州，然后开始计划他们的旅行。

伊瓦对伯宁在其中起的调停作用很满意。厄恩斯特与厄恩斯特会计师事务所传来消息称，如果伊瓦不喜欢某些数字，可以随时轻松地做出修改。正如以前的老笑话讲的那样，一位会计在参加工作面试时被问到：“2 加 2 等于多少？”最好的答案不是“4”，而是：“你想让它等于多少？”

在他的下一封电报中，伊瓦提议：“我计划 9 月 25 号从温哥华出发，乘坐亚洲女皇号（Empress of Asia）去日本，你和你的太太在那天是否方便？”伯宁夫妇一定把这封电报反复读了几百遍。伯宁回信道：“你提出的这个日期完全没问题，我们十分满意。”

然而，当伯宁夫妇兴奋地憧憬着厄恩斯特与厄恩斯特会计师事务所的新客户向他们慷慨馈赠的旅行时，他们还不知道自己马上就要失望了。在伯宁面前开出海外旅行的空头支票后，伊瓦又收回了自己的承诺，他似乎要因为威斯康星州的麻烦而惩罚伯宁。1924 年 8 月 21 日，就在国际火柴公司最终遵照蓝天法行动之后，伊瓦发电报给伯宁：“考虑到这边有一个非常重要且紧急的商业交易，我需要推迟去日本的旅行。”伯宁夫妇只能继续等待。

一张漏洞百出的资产负债表

1924 年年末，国际火柴公司是一个看起来很奇怪的公司。伊瓦为公司制作了两份财务报表：一张“资产与负债报表”（Statement of Assets and Liabilities）和一张“合并损益表”（Consolidated Profit and Loss Account）。这两张表实际上相当于投资者们一般认识中的资产负债表与利润表。资产负债表反映的是在某个特定的时点（例如年末或季度末）某家公司所持有的资产与负债的价值。一般说来，资产的价值会按照其原始的购买成本被计入资产负债表。例如，假设一家公司花 100 万美元买下了一幢大楼，那么在当前这个会计周期结束时，无论这幢大楼的市场价值是上升还是下降，其价值都会被计为 100 万美元。

如果资产负债表像一张快照的话，那么利润表就像一段电影，它描述的是这个公司在特定的一年或某个季度里赚了多少，同时又花了多少。通常情况下，利润表包括公司创造的多个利润来源以及各种费用支出项目，例如职员的薪资、房租、利息支出与税金。

国际火柴公司 1924 年 9 月的资产与负债报表（也就是资产负债表）简短到可被直接塞进钱包，表上没有任何详细的分录。公司最主要的资产——3 300 万美元总资产中的 2 600 万美元只对应着一个条目，那就是“土地、房屋，机器与设备”。报表根本没有提及李 - 希金森公司一年前就从投资者手中筹集到的现金，也没有提到这些资金到底去了哪里。

1924 年的合并损益表——也就是利润表——是一段更模糊不清的影片。整张表甚至不是打印的，而是直接手写的。所有信息都来自伊瓦。整个公司的收入分为两部分，“销售收入”与“其他来源所得收入”。大部分收入来自外国公司，但对于“其他来源”指的到底是什么，或者这些收入来自哪些公司，伊瓦没有给出任何解释。的确，这些部分根本就没办法解释。

国际火柴公司在 1924 年的支出费用非常少，只略微超过 100 万美元，而且其中绝大部分（97.5 万美元）是美元黄金债券应支付的利息。而剩下的费用构成则非常琐碎：几千美元的员工工资，几千美元的房租费以及 100 美元的办公费。

几乎没有人注意到，这些信息是不完整的。事实上，在那个年代，国际火柴公司粗糙的财务报表是公司常用的信息披露方式，甚至连那些在纽约证券交易所上市的公司也会以同样缺乏细节的方式来披露信息。不到 1/3 的交易所上市公司公布了季度报告，这些报告都非常简洁。另外 1/3 的交易所上市公司根本没有公布任何财务报表。而在场外市场上交易的公司，比如国际火柴公司，披露的信息就更少了。任何想投资于这些场外交易公司的人只能凭感觉甚至在毫不知情的情况下进行投资。

即使没有详细数据，任何仔细检查过国际火柴公司利润表所提供的有限信息的人都能发现一些奇怪的苗头。1924 年，国际火柴公司的报表净利润为 220 万美元，而该公司 1923 年的报表净利润只比 1924 年少一点点：210 万美元。1922 年是 200 万美元，1921 年则是 190 万美元。

上面这些数据反映出了两个问题。第一，稳定的盈利增长暗示着国际火柴公司从事着盈余管理，也就是说，只有人为对利润进行操纵才能让各年份之间的盈利水平始终保持平稳。火柴生意的波动性极大，尤其是在第一次世界大战进行中以及结束后。物价水平经常波动，在伊瓦已获得压倒性份额的火柴原料市场上，价格水平持续上涨；而在竞争仍然激烈的火柴市场上，价格水平在持续下降。但即使是在这段物价水平极其不稳定的时期，国际火柴公司的报表利润仍然能保持稳定的增长。当然，伊瓦并不是一个人。在 20 世纪 20 年代，盈余管理是非常普遍的现象，即使投资者们注意到报表利润的平稳增长不太正常，他们也不会对此感到困扰。

国际火柴公司的财务报表还反映了另一个虽然没那么重要但涉及了本质问题的预警信号。如果国际火柴公司在 1923 年前还没有成立，那它在 1921 年和 1922 年之间怎么会有收入呢？也许伊瓦把国际火柴公司的前身创造的一部分收入包括在内了。也许这些收入来自美国克鲁格与托尔公司，这是一家由安德斯·乔达领导的企业，它已经失败了，原因是乔达过于关注把公司的办公地点安排得靠近百老汇剧院，而没有努力与美国火柴产业内的企业协商合作。投资者们无法判断，国际火柴公司所谓的收入到底来自伊瓦名下的哪些子公司。相反，有人故意引导他们相信国际火柴公司从1921年开始就一直在持续不断地盈利，而1921年距离伊瓦坐船到纽约来会见唐纳德·杜兰特尚有一年多的时间。任何一个核查过日期的人都会发现，这些数字是错误的。

重要的不是风险，是钱

与国际火柴公司的投资者一样，李-希金森公司的合伙人不会被这些小细节困扰。1924年10月29日，国际火柴公司的董事，包括唐纳德·杜兰特、珀西·洛克菲勒和弗雷德里克·艾伦（艾伦是李-希金森公司的合伙人，同时也是战争储蓄公司的董事以及耶鲁大学赛艇运动委员会的主席）聚在一起召开了特殊会议。他们并没有质问或是控制伊瓦，而是通过投票赋予了伊瓦一些新的特殊权力。他们正式授予伊瓦从国际火柴公司向外转移任何数额的资金的权力，同时还允许他将一定限额的资金转入国际火柴公司，但这些资金的用途仅仅是满足公司每季度的股息分配要求。伊瓦在辩解中称，他们应该持续不断地将剩余利润从国际火柴公司转出并转离美国，从而逃避这些利润所需支付的税费。董事们接受了伊瓦的说法，并给了他授权。他们看起来对这些资金将被投入何处或者伊瓦将如何使用这些资金的问题毫不关心。

1924年12月，李-希金森公司为国际火柴公司做好了筹集更多资金的准备，这一次，他们要销售一种创新型的金融工具：参与型优先股（participating preferred shares）。像黄金信用债券一样，参与型优先股是一种混合型投资产品，一半保守，一半积极。名称中“优先”一词表示相对于“普通”股（仍由瑞典火柴公司以及瑞典银行财团持有）的投资者来说，优先股的投资者享有优先的特权。这个优先权意味着如果国际火柴公司破产倒闭，优先股会先于普通股得到偿付。因此，优先股的风险要小于普通股。

然而，这些是“参与型”优先股，这就意味着它们会与普通股一起参与股息分红。与黄金信用债券不同的是，参与型优先股实际得到的利息支付额有可能超过 6.5% 的股息率。如果普通股获得的股息率是 12%，那么优先股的股息率也将是 12%——这就是“参与”的含义。这种全新的混合型投资产品一问世，市场价格便迅速攀升。

大多数投资者根本不了解什么是参与型优先股。他们也意识不到有人可以使用新发行的参与型优先股进行再融资或资产重组，然后将先前已发行的信用债券全部还清。这种新发行的证券并没有改变伊瓦的企业的本质，或是帮助它们赚到更多的钱。相反，它只不过重新分配了企业未来利润的要求权，这给投资者带去了更多的风险，虽然对公司资产的要求权有可能增值，但是担保变得更少了。

1923 年，伊瓦和李 - 希金森公司刚刚结束黄金信用债券交易时，许多投资者仍旧非常保守，尤其是因为考虑到了伊瓦在美国市场上第一次发行证券的经历。他们仍然十分固执地只向信用债券投资，因为国际火柴公司有义务在固定的时间段内按照固定的利率水平偿还信用债券的本金。然而一年后，甚至连保守派的投资者也都加入了市场上狂热的投机浪潮。看到投资者们如此乐观，伊瓦可以通过再融资让公司的资本结构变得更加灵活有弹性。与信用债券不同，这批总价值为 1 570 万美元的参与型优先股并不要求借款人在某个特定的日期将其全部还清。实际上，国际火柴公司已经将一笔要求更严格的债务欠款转换为更加灵活的股权投资。

最终，李 - 希金森公司以每股 35 美元的价格卖出了将近 50 万股参与型优先股，总共筹集到 1 570 万美元，不过这一次，伊瓦把这些资金都留在了美国境内。国际火柴公司利用这笔资金赎回了市场上大部分已发行的黄金信用债券，赎回价格为 105 美元。原先买入黄金信用债券的投资者本来以为国际火柴公司要在 20 年后（而非 1 年后）以 100 美元（而不是 105 美元）的价格赎回债券。他们不仅获得了约定好的利息收益，这笔投资还带来了额外 5% 的回报率。这些投资者欣喜若狂，他们就像那些早前陷入预付邮资券骗局的投资者到处宣传查尔斯·庞兹那样，用同样的方式满世界地宣传伊瓦。

既然伊瓦已经将他的信用债券转化为另一种更灵活的债务，那么接下来他就可以随心所欲地规划未来“以贷款换取垄断权”的交易。他在其个人履历上还增加了一笔令投资者印象深刻的功绩——他让美国黄金信用债券的持有人获得了 5% 的额外收益率，而且远远早于投资者预期的时间。他也已经向李 - 希金森公司及其他银行家证明了自己是一个非常有经验的金融家，那些银行家对其全新的资本重组技术印象深刻。

当然，伊瓦仍需要筹集一些新资金，不仅是为了偿还国际火柴公司之前发行的债务凭证，而且还要交给欧洲的多家子公司用于向投资者支付极其庞大的股息分红。瑞典火柴公司计划向它的投资者支付高达两位数的股息红利。克鲁格与托尔公司承诺向投资者支付 25% 的股息率。尽管如此，随着美国市场上融资灵活性的提高，伊瓦对自己筹到足够多的钱来履行上述支付义务的能力很有信心。

他对这些钱的去向也非常有信心，他的弟弟托尔斯滕已在波兰居住了一年多，而且波兰政府似乎很有意愿达成交易。

THE MATCH KING

IVAR KREUGER, THE FINANCIAL GENIUS BEHIND A CENTURY OF WALL STREET SCANDALS

第二部分

创新不断的金融巨子

THE MATCH KING

波兰，希望之地

与波兰的垄断权交易在美国产生了巨大的反响。李-希金森公司和国际火柴公司的投资者都对伊瓦取得的进展表示十分满意，杜兰特开始为国际火柴公司筹划一笔新交易，他感觉到公众对国际火柴公司的兴趣日渐浓厚。杜兰特在信中对伊瓦说："在这3年里，你每次走向公众，问他们是否愿意向你的公司投资并坐享一夜间翻倍的投资额时，每一次都获得了成功，而这是第三次，我们记得其他任何一家公司都没有这样的记录。"

欧洲政府允许它忠实的臣民在各个产品领域或行业进行垄断经营，这一行为已有数个世纪的历史。这些做法并不意味着免费的午餐，政府需要得到一定的报酬，报酬的形式可以是现金、利息或是分享一部分利润。这种“财政垄断”是国家控制的替代品：产业仍然由私人控制，但政府能拿到稳定的收入现金流，就像一种只在特定范围内征收的选择税。早期的财政垄断产业包括香烟、亚麻、火药、酒、汽油、扑克牌、食盐以及烟草。对很多国家来说，从财政垄断企业那里获取的税收收入所占比重很大，相当于政府预算总额的 1/3 甚至是全部。

1872 年，可以在火柴盒上点火的火柴发明后不久，法国就率先完成了第一笔火柴垄断权交易，这笔交易的做法非常简单：法国政府直接将在法国境内生产和销售火柴的权力租给私人企业。随后的其他一些国家迅速效仿了法国的做法，比利时、保加利亚、希腊、葡萄牙、罗马尼亚、塞尔维亚以及西班牙都在 19 世纪后期进行了火柴财政垄断权交易。在法国，政府官员终于意识到私营部门利用火柴垄断企业赚到了多少利润以后，就把火柴产业国有化了。但在别的国家，垄断权的转让交易仍在进行中。

作为欧洲的两大重要经济体，德国和意大利在这场垄断游戏中落后了。德国对火柴的销售收入征税，但是直到世界大战结束，魏玛共和国的恶性通货膨胀问题得到解决，外汇市场终于稳定下来以后，他们才意识到应对火柴产业实施垄断经营政策。德国的火柴产业停滞不前，火柴工厂损失严重，机器已经荒废，而例如山杨树以及化学制剂的那些原材料也十分稀缺。1924 年，伊瓦和牵头的银行家奥斯卡·吕德贝克会见了德国中央银行（Reichsbank）行长希尔玛·沙赫特博士（Dr Hjalmar Schacht）。沙赫特博士要求他提供一份具体的建议报告。伊瓦同意与中央银行一起准备一份报告，但是他正确的预料到，只有德国国内的经济复苏、消费者的需求重新恢复以后，自己与德国政府的谈判才会有新进展。

由于太过于官僚主义，意大利也在这方面落后了。政府推出了火柴垄断政策，但他们拒绝向私营部门转让任何控制权。意大利的财政部长负责确定火柴价格，政府机关负责控制产量以及出口量。然而，政府管制的成本过高，于是它不得不在 1923 年取消了火柴垄断政策。等伊瓦派托尔斯滕去波兰办理业务时，他与意大利政府之间的谈判还没有任何进展。

尽管竞争、税费以及对外国投资的限制都对瑞典火柴公司的出口业务造成了一定的负面影响，但是伊瓦与西班牙政府的协商在一定程度上有了更大的进展。当时西班牙政府为当地的产业制定了严格的优先顺序，伊瓦想出了一些富有创造性的方法克服了这些障碍。1922 年之前，西班牙政府控制了火柴的垄断经营，但仍然允许瑞典火柴公司向西班牙出口火柴。随后，西班牙政府改变了做法，与一家西班牙公司——西班牙铁道车辆制造公司（Compañia Arrendataria de Fosforos，缩写为 CAF）签署了一份为期 15 年的租约。同时，西班牙政府开始强制执行一项法令，要求火柴公司的股权必须由西班牙公民或西班牙公民所有的公司持有。从那时起，CAF 公司就开始控制西班牙境内全部的火柴生产和销售活动。作为一个外国人，伊瓦无权拥有 CAF 公司的股权。

然而，伊瓦拒绝被排斥在西班牙市场以外。他开始通过西班牙的中介机构购买 CAF 公司的股权，甚至在西班牙建立了一个名叫西班牙工业金融协会（Sociedad Financiera de la Industria Española，缩写为 SAFIE）的前台公司。股权的收购过程非常耗时，而且成本极其高昂，直到 1924 年，伊瓦距离掌握西班牙火柴市场的控制权这一目标还差得远。SAFIE 公司是伊瓦设在西班牙的基地，因此瑞典火柴公司可以把火柴出口到西班牙并从中获利，但西班牙的火柴垄断权交易似乎不可能在短时间内迅速达成。与德国和意大利一样，西班牙的这笔交易还需要慢慢等待。

截至 1924 年，伊瓦与十几个国家的政府进行了协商，但是基本上没有任何一笔交易最终达成。伊瓦尝试购买土耳其的一家垄断企业，但在投标中输给了另一家来自比利时的小企业。他与玻利维亚总统的协商也进入了僵局，此外，匈牙利政府也推迟了谈判日期。伊瓦还在不停地四处奔波，然而即使把他走过的路程全部记录下来，他还是没能找到通往火柴垄断权的道路。

伊瓦需要巩固与政府官员之间的联系。就像他在瑞典时那样，只顾着收购火柴厂是不够的。在瑞典以外的其他国家，火柴行业的竞争激烈程度迅速升级，还要面对来自四面八方的竞争对手。每当伊瓦买下一家工厂，另一家具有竞争力的工厂就会在其他地方如雨后春笋般崭露头角。例如，截至 1920 年，伊瓦成功地将比利时境内的每一家火柴生产厂都纳入自己掌握。然而就在几年后，比利时国内又出现了 13 家新成立的火柴厂。

商人们意识到，建立火柴厂的手续简单，成本低廉；而各国政府也意识到，采取一些措施保护当地的火柴产业操作起来更容易，成本更低。立法者为火柴制定了进口关税来刺激本地的火柴生产。许多国家紧随西班牙的步伐，极力阻止外国商人购买当地的火柴生产厂。现在，政府推行的政策与私人企业带来的竞争压力对瑞典火柴公司的主导统治地位来说都是威胁。

瑞典火柴公司的经济优势也在恶化，山杨树的木材是最合适生产火柴的原料，不过其产量在德国境内相对不足，但是在东欧地区资源却十分丰富。在瑞典以外的其他地区，市场对火柴的需求不断增长。也许最重要的是，随着多种货币的贬值，尤其在东欧地区，出口商品变得更加便宜，而进口商品变得更加昂贵。如果伊瓦的公司不克服这些困难，它们是无法持续支付这么高的股息分配率的。

考虑到其他国家的竞争态势，波兰是伊瓦最好的选择。波兰有3 000万人口，人民都受过良好的教育，并愿意努力工作。经济部长刚刚宣布将兹罗提（Zloty）用作波兰全国的统一货币。波兰拥有活跃的港口，曾经位居贸易量较大的国家之列，历史上也有过繁荣的时代。

在第一次世界大战爆发之前，波兰的火柴工业规模非常小：在全国所有的行政区域（这几个行政区域后来合并并建立了波兰）内只有5个火柴厂。1921年，这5个火柴厂一个月只生产了2 000盒火柴，勉强满足波兰全境1/3的需求。当时，瑞典火柴公司在该地区找到了一个克服困难的方法，即将火柴出口到波兰以满足剩下那部分市场需求。

然而，突然之间，没有依靠任何外部投资的刺激，波兰本土新成立的火柴加工厂变得越来越多，与之前比利时国内的情形别无二致。1922年，这种单性生殖导致波兰本土出现了7家新成立的火柴加工厂，一年后又增加了7家。托尔斯滕到波兰以后，火柴的年产量已经增长到接近12.5万盒，而此时波兰本地的火柴加工厂的数量相当于第一次世界大战爆发时的4倍。事实上，几乎就在一夜之间，波兰可以向其他国家出口火柴了。

第一笔贷款换取垄断权交易

伊瓦密切关注着这些发展变化。这些新成立的火柴加工厂不仅使市场价格走低，而且抢走了瑞典火柴公司的出口生意。伊瓦雇用了几个新员工跟进波兰那边的情况，并让他们定期把报告寄给他。波兰本土的竞争态势经常发生变化，给瑞典火柴公司带来的威胁非常严峻。一位专家称，这种情况“令人担忧”。

波兰本土独立的火柴加工厂太多，但是政府提供的支持很少。伊瓦试着用自己在瑞典国内市场上已练习得炉火纯青的手段大幅压低了波兰国内火柴的市场价格，目的是对有竞争力的本土工厂造成压力。于是，一些新成立的火柴加工厂被迫破产，伊瓦出价收购了其中的一些。但他和托尔斯滕仍然需要得到波兰政府官员的协助和信任，只有那样，他们才可以和本土的制造商组成一个销售垄断联盟，才能维持高价并限制产量。

波兰的政治多变性使得它对谋求垄断权交易的伊瓦更具吸引力。托尔斯滕来到波兰时，波兰的政府官员面临着许多危机，若能找到合适的接洽人，便能在没有监管的情况下轻易地将火柴垄断权转让给国际火柴公司。当时的政府正处于混乱之中。波兰第二共和国的最后边界在两年前确定，而新宪法刚刚在一年前颁布。这个在两次世界大战之间重生的波兰被分成了几个竞争激烈的派别。总统加布里埃尔·纳鲁图维奇（Gabriel Narutowicz）于 1922 年末被暗杀，而在那一年，这个国家的首相总共更换了 4 届（而在接下来的 1923 年里政府又更换了两届）。一开始，托尔斯滕并不知道自己应该去与哪位官员套近乎，或者说现在到底是谁在台上任职。

于是，在混乱中，托尔斯滕遇到了马吉姆·格洛瓦基（Marjam Glowacki）博士，他是财政部的高级官员。两人迅速结识并成了好友。托尔斯滕看上去是个成就斐然的商人，在国际金融领域经验十分丰富，他们的谈话进展得非常迅速。格洛瓦基博士发现，若能从国际火柴公司那里获得一笔巨额贷款，便可以解决波兰国内的人道主义问题以及财政方面的需求。哪怕只是几百万美元，都能为波兰进行战后重建提供极大的帮助。

而且，托尔斯滕还提出了一个让人很感兴趣的交易方式。国际火柴公司将从其火柴销售收入中提取一部分，作为一笔固定的特许权费用支付给波兰国库，这笔特许权费用还能为波兰政府的贷款提供担保。而波兰政府每年的贷款偿还额会经过仔细计算，确保这笔支付给政府的特许权费用既能涵盖每年的还款额，还能给政府留下 25%~50% 的利润空间。最坏的情况是，这笔“贷款换取垄断权”的交易所产生的特许权费用刚好能抵消波兰政府每年的贷款还款额；而最好的情况是，这笔交易将产生巨大的利润。正如伊瓦在提出这个建议时所说的那样：“可以说，这笔贷款本身就是把未来应支付的特许权使用费提前付给了波兰政府。”这是一个格洛瓦基博士无法拒绝的请求。对托尔斯滕和伊瓦来说幸运的是，格洛瓦基博士就是那个合适的接洽人。

只要格洛瓦基博士答应做这笔交易，那接下来对细节的讨论就没有花费太多时间。国际火柴公司同意以 7% 的利率向波兰政府提供 600 万美元的贷款。现有的波兰火柴加工厂是国有企业或公私合营企业，波兰政府同意将其出租给国际火柴公司，租期长达 20 年，到期后，工厂的所有权会重新回到波兰政府手中。在拥有垄断权的这 20 年时间里，这些火柴加工厂的收入会在瑞典火柴公司、国际火柴公司和波兰政府之间进行分配。波兰政府将用这笔利润分红为遭受毁灭性洪灾的上西里西亚（Upper Silesia）地区的救援工作提供资金支持，更常见的做法是用这笔钱支援国家财政。

格洛瓦基博士签署了这份协议，并通过努力让这份协议在波兰政府内部也得到了批准。从技术层面上看，国际火柴公司距离拥有其首个可以直接生产火柴的公共垄断企业还有几个月的时间，从 1925 年 10 月协议生效时起。但这挡不住伊瓦立即向美国国内的投资者大肆宣扬这笔交易的热情。

伊瓦开始向李 - 希金森公司和厄恩斯特与厄恩斯特会计师事务所暗示，除了托尔斯滕与波兰之间的“公共垄断权”交易以外，伊瓦也在与格洛瓦基博士协商一个“私人”合约，这个合约旨在让国际火柴公司拥有在波兰高价出售火柴的额外权力。没人准备谈论这项私人协议，因为双方才刚刚开始协商，需要保密，即使是对托尔斯滕。

在收到一份已签署的文件复印件时，伊瓦做了一些相当不寻常的事。很明显，他想的是如果自己能模仿格洛瓦基博士的签名，那么在未来肯定会非常有用。于是，他拿着这份已署名的合同复印件去了一家图章商店，并预定了一个橡皮图章用来临摹签名。伊瓦像个孩子一样练习着伪造签名，但他现在对自己的成果还是不太满意。从那时开始，他几乎收集了所有与火柴垄断权交易有关的官员签名。格洛瓦基博士的签名是伊瓦的第一个收藏品。

与波兰的垄断权交易在美国产生了巨大的反响。李 - 希金森公司和国际火柴公司的投资者都对伊瓦取得的进展表示十分满意，杜兰特开始为国际火柴公司筹划一笔新交易，他感觉到公众对国际火柴公司的兴趣日渐浓厚。杜兰特在信中对伊瓦说："在这 3 年里，你每次走向公众，问他们是否愿意向你的公司投资并坐享一夜间翻倍的投资额时，每一次都获得了成功，而这是第三次，我们记得其他任何一家公司都没有这样的记录。"李 - 希金森公司曾在 1923 年用保守的黄金信用债券向美国的投资者介绍过国际火柴公司，并在 1924 年将这批债券转化为另一种风险更大的参与型优先股。而现在，投资者们大声叫喊着，想加大投资。

B 股份，伊瓦的新型债券

国际火柴公司的第一笔交易中仍有一些已发行的黄金信用债券尚未偿还，并不是所有债券都已在 1924 年被赎回。而且，这种信用债券的市场需求十分旺盛，因为它们可以被转换为国际火柴公司的股份。伯宁兴奋地致电伊瓦，称李 - 希金森公司找到了一个买家，他有意大量购买国际火柴公司发行的债券。这里存在一个问题：这位买家希望了解在过去 6 年里，国际火柴公司从它的子公司处获得了多少股息收入，这正是伊瓦之前拒绝回答的那种细节问题。

伊瓦再次拒绝回答这一问题，他回复道："在世界大战刚刚结束的这些年里，工作环境非常特别，交易所的环境也非常混乱，因此我们的会计人员认为，要整理好 1921 年之前的利润数据是不可能的，而且我们已经把 1921 年的利润数据交给您了。"即使遭到了这样的直接拒绝，这位客户还是买入了国际火柴公司的债券。国际火柴公司信用债券的市场报价是 129 美元，对一个 18 年后到期时偿还 100 美元的债券来说，这样的价格确实有些高了。这种债券价格之所以如此之高，是因为它具有转换权。据伯宁所说，“几乎所有的信用债券持有人”都将债券转换成了普通股。

伊瓦的下一个挑战是如何以最佳的方式从那些乐观的美国投资者手中筹集资金。他仍然反对出售国际火柴公司的普通股，因为持有普通股就意味着有了投票权。而他很警惕，不愿放松对公司的任何控制权。同时，他对出售瑞典火柴公司的普通股也持相同的态度，而瑞典火柴公司正是国际火柴公司的母公司。伊瓦声称，瑞典法律禁止在瑞典拥有不动产的外国企业持有瑞典本土公司的股份，但瑞典火柴公司就是这样做的。实际上，瑞典法律只是阻止外国投资者获得控股权，并不限制其持有少数股份，但法律是一个很好的借口，伊瓦可以借助这个理由在不给予投票权的前提下继续向美国投资者兜售国际火柴公司发行的证券，这也是防止美国人拥有国际火柴公司控股权的一项保护措施。

伊瓦面临着一个难题：他一方面想从那些希望借助国际火柴公司的发展赚取投资收益的投资者手中获得资金，另一方面又不想给他们太多的权力去干涉公司的经营管理，那么他该怎么办呢？伊瓦不希望外国人介入他的瑞典公司，但他想得到他们的资金。他该如何在不赋予投资者控制权的前提下获得更多资金呢？

从历史上看，公司针对这个问题已经尝试过各种解决方式，但几乎没有成功的先例。在 19 世纪后期，许多公司不得不向现实妥协，他们只能让所有投资者都享有投票权。甚至那些主要的工业托拉斯企业（例如美国钢铁企业、美国毛织品公司以及美国造船公司）的规定优先股都配有表决权。几乎每一家企业都赋予了所有股东投票权，包括普通股和优先股的持有人。

早些年前，可口可乐公司设计过一个不合适的解决方案。它是一家市场占有率很高的上市公司，但是它 50 万股份中的 25.1 万是由可口可乐国际公司持有的，而该公司属于一群拥有控制权的内部人员。一些公司效仿了可口可乐两家公司的方法：联合气电证券公司（Associated Gas and Electric Securities Corporation）持有联合气电公司（Associated Gas and Electric Company）的控股权；特拉华州的阿穆尔公司（Armour and Company of Delaware）被伊利诺伊州的阿穆尔公司（Armour and Company of Illinois）控股。但这种控股结构有些尾大不掉，而且母公司与子公司之间的关系在法律层面上的不确定性也被放大了。

伊瓦设计了一种应对此类问题的更好的解决方案。这是一种以金融工程的方式被创造出来的非常有独创性的新工具，它经受得住时间的考验。

伊瓦决定发行一种新型债券，他称之为“B 股份”。他首先从瑞典火柴公司开始尝试。他把普通股分为两个等级，每个等级的股票都有获得股息收益以及分享企业利润的权力，但与 A 股份每股对应一张选票的情况相比，1 000 股 B 股份才能享有一张选票，而非一股就有一张选票。这个充满洞察力的行动看上去简单，但意义深远。企业可以在不影响控制权的情况下将 B 股份出售给投资者，伊瓦这样做可以让公司的资本金翻倍，同时仅会让自己对公司的控制权被略微稀释一点儿。

投资者会愿意购买不附有投票权的股票吗？伊瓦非常确定他们会。1924 年，伊瓦和李 - 希金森公司安排将瑞典火柴公司的 90 万股 B 股份出售，主要在英国市场上发行。B 股份的发行筹集到了 9 000 万瑞典克朗，让瑞士火柴公司的总股本翻了一倍。一些美国人也通过英国中介在这次发行中买入了一些股票。伊瓦的银行家们对他的金融才能大加赞赏。

在伊瓦首次发行 B 股份之后，在瑞典火柴公司的带领下，许多其他公司也开始纷纷发行 B 股份。那些大型上市公司的投资者们已经意识到自己持有的比例较低的股东投票权是没什么用的，即使他们买了 A 股份，情况也一样。几乎没有哪个投资者手上所持有的股票多到足以让他们有资格参加公司的年会，或是烦恼到底该投赞成还是反对票。而且对个人来说，1% 的投票权已经意味着投资金额巨大，但这也起不了什么作用。这使得投资者们产生了一种不再在意投票权的倾向。不投票的选择是种发自理性的淡漠。

很快，像道奇兄弟股份有限公司（Dodge Brothers, Inc.）、工业人造纤维公司（Industrial Rayon Corporation）、环球连锁剧院公司（Universal Chain Theaters Corporation）和南方气电公司（Southern Gas and Power Corporation）一样，一些来自各行各业的公司都发行了B股份。实际上，拥有千分之一的投票权的B股份进一步自然延伸下去，便是没有任何投票权的B股份。这种没有投票权的股票在20世纪20年代中期开始变得普遍。这种做法越来越常见，哈佛教授威廉·Z. 里普利（William Z. Ripley）将1924年称为“股东消失的一年”。

取消股东的投票权导致了一些轻微的反弹，但并不足以使得各州或联邦政府修改法律，甚至连纽约股市交易所也不要求这些上市公司让每一位股东享受平等的投票权。一首题为《徒劳等待新公民们废除无投票权股票》（*On Waiting in Vain for the New Masses to Denounce Nonvoting Stocks*）的诗刊登在《纽约世界报》（*New York World*）上，以示抗议。这首诗的水平不高，但鉴于当时没有几首关于公司法问题的诗，在这里贴出它的完整版还是有意义的：

那些敲下铁钉的人们，
那些铺下铁轨的人们，
那些挑着饭桶的人们，
和每天上下工打卡的人们，
该说你们的心也坚硬如石吗？
他们是你们的兄弟！他们正在痛苦地呻吟！
啊，为那些持有无投票权公司股份的人们，洒下一滴泪吧！

进行过B股份交易后，伊瓦开始让李-希金森公司推荐投资者购买国际火柴公司发行的另一批参与型优先股。先前发行的优先股虽然没有投票权，但可以和普通股一样参与利润分红，1924年年底以每股35美元的价格出售。唐纳德·杜兰特亲眼见证了这些股票的市场价格得到了大幅上涨，他也认为在发行新股票时至少应当把发行价格提高到每股40美元。

他们遇到的第一个问题是，新发行的优先股是否能在纽约证券交易所或场外市场上挂牌交易。国际火柴公司之前都是在名气相对较小的场外市场上发行证券的，因为场外市场的上市标准较为宽松，而且对财务报表和财务审计的要求也比较低。李 - 希金森公司在纽约证券交易所一直保持着良好的声誉，因此它想进一步增强自己对国际火柴公司的信任度，然后再向纽约证券交易所提出上市申请。

包括李 - 希金森公司的唐纳德·杜兰特和弗雷德克里·艾伦等人在内的国际火柴公司的董事们都对公司的财务状况存在疑问。他们在 1925 年初就计划好要开会宣布发放股息一事，但后来因为得知伊瓦和会计人员无法及时准备好资产负债表与利润表，不得不推迟了这次会议。李 - 希金森公司直接把问题抛给了厄恩斯特与厄恩斯特会计师事务所。为什么会推迟？伯宁对那些财务数据有多少信心？

当时，伊瓦和伯宁已经发展出了一段良好的关系。伊瓦已经放弃记住伯宁的姓氏了，但至少他写给伯宁的信充满敬意，比如称伯宁为“我亲爱的伯宁”。伯宁已经从日本之旅被取消后的失望中恢复，并把注意力转向了即将到来的欧洲游——他将与妻子共赴欧洲，而且旅行费用将由伊瓦支付。他写道：“我妻子和我对前往瑞典参观旅游相当期待。”

针对杜兰特提出的各种细节问题，伯宁的态度一开始是含糊的，后来甚至不再做出任何回应。杜兰特想知道的是，在国际火柴公司的损益表上，4 318 827.84 美元的“其他来源的收入”条目代表的是什么？伯宁含糊地解释称，所谓的“其他来源”代表的是除销售以外的所有收入，这包括股息分红、投资获得的利息收益、贷款的应收利息以及应收账款等，还包括外汇折算利润以及杂七杂八的收入项目。不管这个数字到底代表了什么，都绝对无法让希金森公司对国际火柴公司增强信心。

杜兰特同时还问到了资产负债表中所列的“投资”项目，这项下的金额也精确到了分。由于这一项的具体构成并不清楚，那如此精确的金额到底是怎样算出的呢？“投资”一项是否包括国际火柴公司的所有投资项目？

伯宁回复说，“投资”一项“几乎包括对火柴生产以及相关产业内企业的全部投资，但国际火柴公司对上述企业的股权投资金额尚未达到将这些企业的资产和负债与国际火柴公司的财务报表合并申报的地步”。显然，伊瓦仍然在使用几年前就用过的小伎俩，当时他就是用这种方法将其拖欠瑞典银行财团的大笔负债“放在资产负债表外”的。

如果一家公司并不持有下属子公司的大部分股份，那么将两家公司的资产与负债合并起来编制财务报表就变得毫无必要。伯宁将国际火柴公司持有的其他公司的少数股权视为对特殊目的实体的投资，这样便可以不将其列入国际火柴公司的财务报表。国际火柴公司为何要合并申报少数股权投资所产生的债务呢？如果国际火柴公司购买了美国无线电公司的一部分股份，那么是否也需要将美国无线电公司的债务并入国际火柴公司的财务报表呢？伯宁觉得不需要。这些债务肯定属于表外项目。

对于筹划中的新股的发行，杜兰特心情十分矛盾。伊瓦的财务报表非常粗糙，数据也不完整。虽然如此，投资者购买国际火柴公司债券的呼声仍然很高。关于波兰那桩交易的新闻广为流传。虽然国际火柴公司的财务报表上有一些细节含糊不清甚至可疑，但他们与波兰的交易是真实的。波兰政府允许国际火柴公司以 600 万美元的贷款来换取火柴生产经营垄断权，这是一个很容易查证的事实。此外，这笔垄断权交易似乎很可能是国际火柴公司迈出的第一步。因此，即使财务报表漏洞百出，一些敏锐的投资者还是希望能早一点向国际火柴公司投资。他们才不会在意哪些是资产负债表的表内项目，哪些是表外项目。

仔细研究过与波兰那笔交易的协议后，杜兰特意识到这笔交易的协议条款也充满了不确定性。他们甚至不清楚伊瓦是如何将那么大的一笔款项弄到波兰的，还是说，那些钱本来就在波兰？ 600 万美元的贷款是不是伊瓦以个人名义借给波兰政府的？这些钱是否来自瑞典火柴公司？是否可能来自伊瓦那些正在快速地成倍增长的子公司？杜兰特仍然不了解大陆投资公司，这个伊瓦和厄恩斯特·奥古斯特·霍夫曼一起在列支敦士登建立、用来为国际火柴公司的收入来源打掩护的秘密公司。杜兰特想知道，伊瓦名下的这些各式各样叫不上名字的子公司（这些公司的资产负债表均是不对外公布的）在波兰那笔交易中是否起到了非常重要的作用。没有人知道这些问题的答案，并且伊瓦声称，在与波兰的第二笔秘密交易达成之前，他不会泄露任何细节。

不过，伊瓦解释得很清楚，那些新发行的参与型优先股筹措的资金肯定会通过某种方式变成借给波兰政府的贷款。伊瓦还说自己在与波兰政府就第二笔交易进行谈判，而且目前已经取得了较大的进展，这笔交易所需资金超过了他个人以及名下其他公司所能负担的上限。在杜兰特看来非常明显的事实是，如果美国投资者不继续提供新的资金，国际火柴公司便不会有能力负担那笔秘密交易所需要的资金额。

尽管与波兰政府就第二笔交易进行的谈判进展非常缓慢，但是看起来这份合同可以让伊瓦及其公司用 2 500 万美元的现金换取以比当前市场价更高的价格在波兰出售以及分销火柴的垄断权。（托尔斯滕的垄断权协议只包括火柴生产，不包括销售和分销。）伊瓦和财政部官员格洛瓦基博士于 1925 年夏讨论了协议条款，与此同时，杜兰特也为国际火柴公司招募了许多新投资者。

盖伦塔，神秘的子公司

按照伊瓦的说法，就在新的参与型优先股即将出售的几天前，他和格洛瓦基博士最终于 1925 年 7 月 2 日达成了共识。伊瓦的助理卡琳·博克曼说，她亲眼见证了双方在秘密交易合同上签名，还核对了原始合同的翻译文件，一位波兰方面的公证人也做了同样的事。格洛瓦基博士代表“波兰财政部”签署了文件，伊瓦也代表国际火柴公司签了名。伊瓦显然不需要再用那个为临摹格洛瓦基博士签名而做的印章了。

和B股份一样，这个合约也是金融创新带来的奇迹。首先，这份协议直接导致一个名为“N.V. Maatschappij Garanta”的荷兰公司得以成立，该公司也可以被简称为盖伦塔公司（Garanta）。盖伦塔公司创立于阿姆斯特丹，其股份将由格洛瓦基博士指定的波兰公民持有。盖伦塔公司将完全接管波兰国内从生产到销售的整个火柴工业。

盖伦塔公司还将承担的责任包括“国际火柴公司与波兰进行金融交易所产生的某些汇兑损失将由其承担，这一项目将被作为资产计入其资产负债表”。显然，在1925年，伊瓦还在继续就外汇汇率的走势进行赌博。不过这一次，他使用的是国际火柴公司的资金，而且他赌输了。这个秘密协议将这些损失从国际火柴公司转移到了盖伦塔公司。杜兰特和伯宁并不清楚这笔损失额的存在，也不知道它们被转走了。

这份合同还要求国际火柴公司向盖伦塔公司提供2 500万美元贷款，而这笔贷款的年利率简直高得惊人。伊瓦答应让波兰支付24%的利息率，与克鲁格与托尔公司的股息支付率一样高。第一笔1 700万美元将于1925年10月1日到期，另外的800万美元将于1926年7月到期。

这个条款的一个主要问题是，国际火柴公司并没有1 700万美元。事实上，国际火柴公司一分钱都没有。

大家应该还记得，先前伊瓦已经把国际火柴公司发行黄金信用债券时所筹集的所有现金都转移到了大陆投资公司，那个伊瓦设在列支敦士登的子公司。之后，他用发行参与型优先股所筹得的现金偿还了黄金信用债券，这就意味着他用光了所有的钱。为了遵守与波兰的这个秘密合同，国际火柴公司必须立即筹集到1 700万美元。换句话说，伊瓦许下承诺，要向波兰提供1 700万美元的贷款，然而他根本没有这笔钱。

与波兰政府签订的第二份协议包括一些对国际火柴公司的特殊保护政策，如果李 - 希金森公司的银行家们能看到协议文本的话，那些条款足以让他们震惊。例如，伊瓦与波兰政府达成了一致，如果“因为这样或那样的原因”，盖伦塔公司没有赚到足够多的利润，无法替波兰政府支付高达 24% 的利息，那么这笔利息可以用“波兰国内的酒精或烟草垄断权所带来的收入”来支付。换句话说，伊瓦得到了一个支付承诺，一个同时由火柴垄断权、独立的酒精垄断权以及烟草垄断权提供保证的承诺。伊瓦还设计了一种双向的外汇期权，一种衍生工具合约，它在美元贬值的情况下能保护国际火柴公司：国际火柴公司应当有权按照自己的选择获得对方用荷兰盾或美元支付的利息，并在计算利息时均采用 1 美元兑换 2.5 荷兰盾的汇率水平。

考虑到盖伦塔公司的股权持有人是由格洛瓦基博士指定的，伊瓦该如何保持对盖伦塔公司的控制呢？于是，伊瓦再次创造了另一项全新的金融协议条款：

> 在 1929 年 10 月 1 日之前的 4 年里，国际火柴公司应该享有任命盖伦塔公司总经理的权利，这位总经理是唯一有权代表公司签名的人。从 1929 年 10 月 1 日开始，国际火柴公司享有按照票面价格收购盖伦塔公司 60% 股权的权利。

这项条款确保了伊瓦对盖伦塔公司的初步控制，也保证了未来伊瓦能得到盖伦塔公司的大部分股权。无论怎样，盖伦塔公司的控制权都掌握在伊瓦而非格洛瓦基博士手中。

当唐纳德·杜兰特要求看一看盖伦塔公司的那份合同时，伊瓦拒绝了。这笔交易对他来说太敏感了，因此除了披露一些最常见的条款以外，他不愿公布任何细节。伊瓦说，他利用了一家注册地位于荷兰而非波兰的中介公司，是因为“波兰的政局不稳定”。就像瑞士和列支敦士登一样，荷兰并没有实施资金管制政策，所以对伊瓦来说，把资金转入或转出荷兰更容易。此外，荷兰法律并没有规定企业每年都要进行审计，而且未分配的利润不用纳税。杜兰特一直很注重税务问题，所以伊瓦强调了这一点。

伊瓦还向国际火柴公司的董事们解释，他们的公司不用向荷兰公司支付一分钱，而是需要支付 1 700 万美元给瑞典火柴公司，其作用是抹平前一笔债务，接下来再由瑞典火柴公司向荷兰公司支付 1 700 万美元。国际火柴公司仍旧持有从波兰政府那里获得高达 24% 的贷款利息的权力，但它会通过瑞典火柴公司来直接行使这项权力。伊瓦辩称，国际火柴公司只需把波兰的贷款当作资产一样列在资产负债表上即可。负债可以不出现在资产负债表上，但资产出现在上面看起来会比较好。

这个安排对股东来说似乎有点奇怪，并且 24% 的贷款利率看起来简直就是高利贷，虽然就像伊瓦说的那样，一切运转良好。国际火柴公司开始收取每季度的贷款利息，按照与波兰政府签订的协议，公司每季度大概能获得 100 万美元的利息收益。随着越来越多的现金流入国际火柴公司，董事们的疑问烟消云散了。

1925 年 7 月底，国际火柴公司以每股 45 美元的价格发行了新一批 45 万股优先股——发行价格比 8 个月之前发行的那批优先股整整高出了 10 美元。包括股息在内，先前发行的那批优先股已经给投资者创造了 30% 的投资收益率。既然有这么辉煌的纪录，李 - 希金森公司轻松地为国际火柴公司再次募集到了 1 960 万美元的资金。

在支付了费用和其他一些债务后，国际火柴公司账面上还剩下 1 700 万美元，那正好等于伊瓦承诺向波兰政府提供的第一批贷款的金额。在伊瓦的指导下，已存入银行的现金像个台球一样从国际火柴公司滑到了瑞典火柴公司，然后又滑向盖伦塔公司，最终到了波兰——从纽约到斯德哥尔摩，再到阿姆斯特丹，最后来到华沙。这是一项复杂的交易，但是环环相扣。

事实果真如此吗？这笔钱真的是经过这么多步骤，最终才到了最后一站的吗？一开始，伊瓦是否只是把托尔斯滕承诺借出的600万美元支付给了波兰政府？抑或按照他和格洛瓦基博士秘密签订的协议，又将另一笔额外资金同样汇入波兰，但还没有得到波兰政府的认可呢？在美国，没有一个人知道其中的细节，而伊瓦也在故意隐瞒。

事实上，伊瓦一直坚称，那些钱之所以会被首先转给位于斯德哥尔摩的瑞典火柴公司，主要原因是他不想回答有关波兰那笔交易的诸多问题。他不想让他的银行家和审计师知道自己名下的荷兰子公司盖伦塔公司的存在。就像大陆投资公司和伊瓦设在瓦杜兹的子公司一样，盖伦塔公司也是一家秘密的子公司。

尽管伊瓦和伯宁的关系在不断改善，但在这个节骨眼上，他无法将审计工作安心托付给伯宁，甚至不能让伯宁知道盖伦塔公司的存在。如果伯宁发现这家公司，他可以用书面记录将一些细节展示给伯宁看。但是，伊瓦还需要重新雇用一个新人来完成对盖伦塔公司的审计。

“圣诞老人”的签名

第一眼见到卡尔·朗格（Karl Lange）的时候，伊瓦不得不承认，这个人长得确实很像圣诞老人。朗格有些上了年纪，有着浓密的白色胡须和仪表堂堂的身姿。但不太像圣诞老人的一点是，他最近因为挪用公款为自己提供个人贷款而被斯德哥尔摩的一家银行开除了。伊瓦是这个银行的股东之一，但在听闻朗格被开除和秘密贷款的事情时，他立刻给了朗格一份新工作。有点像大陆投资公司那个不合格的领导者厄恩斯特·奥古斯特·霍夫曼的情况，这个男人似乎也属于伊瓦信任的那一类人。

与霍夫曼一样，一开始，伊瓦交给朗格一些简单的杂活作为测试。对伊瓦给出的任何任务，朗格都欣然接受：去柏林出差，帮助推销股票，并为伊瓦在斯德哥尔摩的某位经纪人提供帮助。伊瓦在阿姆斯特丹设了一个有两个房间的办公室，并安排朗格担任新一任财务总监和盖伦塔公司的审计员。一连几个月，朗格的主要工作就是守在阿姆斯特丹以及托收支票，他还没有做好准备对伊瓦新成立的荷兰公司进行“审计”。

终于，在1925年秋，当资金通过盖伦塔公司这个渠道汇入波兰以完成贷款承诺后，伊瓦要求朗格去瑞典出差，并在伊瓦位于斯德哥尔摩的公寓里碰面。伊瓦的公寓是一个极其私密的空间，除了几名女性以外，基本禁止外人进入。伊瓦始终与大部分同事，尤其是那些银行家和会计们，保持着一定的安全距离。朗格即将得到一个进入伊瓦私生活的难得的机会。

伊瓦住在别墅街（Villagatan）13号，这里是斯德哥尔摩最有名的街区之一，步行几分钟就能到达瑞典皇家理工学院（Tekniska Hogskolan），而伊瓦19世纪90年代时曾在这里读书。克鲁格与托尔公司是这幢公寓大楼的建筑公司，伊瓦小心仔细地跟进了这个计划。6年前，在公司的工人们建好整幢大楼后，伊瓦立即将西侧的阁楼公寓套房据为己有。从各种意义上说，整个别墅街都是伊瓦创造的。他设计了花圃，并用船运来一些雕塑作为装饰。他甚至还安排英厄堡·埃伯斯（Ingeborg Eberth）——一位深色头发、富有魅力的女性，也是他相交已久的女伴，在大楼东侧买了一套格局一模一样的公寓来陪他。在步行距离内就能见到这位朋友对伊瓦来说实在很方便，人们甚至经常能听到她的钢琴声在大厅里回响。

朗格这位稀客走进伊瓦公寓的客厅，它就在大楼的第4层。客厅的前门对着餐厅，客厅里有一段通往楼上私人房间的宽大的木制楼梯。伊瓦绝大部分时间都待在楼上，要么是在他的图书室里，要么是在屋顶那个需要爬上一个曲折窄小的楼梯才能到达的冬季花园里。楼上的房间装饰得非常正式，简直无可挑剔。他的卧室和浴室里都铺设了意大利产的大理石。楼上还有一个小一些的餐厅，伊瓦经常独自在那里吃饭。

虽然伊瓦雇用了一些佣人，但是他不喜欢被人服侍。他依然自己提行李，自己接电话和迎接访客，自己整理数量众多的来信与电报。在大部分时间里，伊瓦更喜欢一个人在斯德哥尔摩隐居。他从小就拥有的超凡记忆力始终没有褪色，他花了很多时间来牢记关于自己的公司、政治以及全球经济的各种信息，这些信息永久地刻在了他的心里。

现在，他已经年过40，开始严格控制自己的生活规律与习惯。他非常担心自己会发胖，因此每天吃得很少。伊瓦更爱吃素食，特别是水果。他几乎不喝酒，并且从不在午饭时喝酒，尽管他能在喝下大量伏特加后还毫无醉意。伊瓦也从不在公寓里抽烟。他是一个严格守纪的人，只有一个弱点，那就是喜欢吃甜食，特别是果酱、橘子酱以及各式各样的甜点，所以他几乎从不在家里准备这一类食物。

伊瓦还养成了一个新习惯：给公寓里所有他喜欢的物件来一次“幸运一拍”。在走过客厅里的一张带有雕刻花纹、文艺复兴风格的桌子时，他会说“这是世界上最可爱的桌子”，同时用手轻轻拍打桌面。他在其他方面也如此迷信——至少他喜欢让别人这样看待他。有一个广为流传的小故事，大意是说伊瓦相信用一根火柴点燃两根香烟没问题，但如果点燃第三根便会招致厄运。这件小事让很多人以为伊瓦比较迷信。不管这桩轶事出自何处，这种说法流传开来后，火柴的销售量便提高了。但是，就算伊瓦真的迷信，他也是有选择性的。例如，他在别墅街的地址是13号，但他曾说：“对我来说，连‘13’这个数字都是幸运的。”

如果朗格到达的那个早上与往常一样，那么伊瓦会在6点钟醒来，然后立即到浴室里的秤上称体重。他会吃几颗樱桃当早餐，那是他从小就喜欢的水果，或许他还会吃一片吐司。走下楼时，他会在最后一个台阶上停下，就像往常一样，他会在最后一个台阶扶手上的熊木雕的脚后跟上拍一下。那只熊的脚爪因为经常被伊瓦拍打而变得光滑闪亮。

伊瓦本人，而不是他的某个仆人，会亲自为朗格开门，然后将他带到位于楼下的正式会客厅里，这个会客厅与餐厅相连。这两个人很可能会坐在那张面对着一架巨大钢琴的直背椅上，伊瓦经常坐在这里会见那些稀客。伊瓦也许会提及墙上挂的瑞典当代艺术品：现实主义画家安德斯·佐恩（Anders Zorn）的蚀刻版画，还有布鲁诺·利耶夫什（Bruno Liljefors）关于野外生活的绘画。佐恩和利耶夫什是瑞典最有名的两位艺术家，但伊瓦在介绍这些收藏时是非常谦虚的。无论怎样，除非有偷窃之心，否则朗格可能不会很欣赏这些作品。

二人马上开始了关于盖伦塔公司审计业务的讨论。伊瓦先拿出一张资产负债表，上面列出了金额高达几百万甚至上千万美元的资产与负债项目，他突兀地提出了让朗格签名以证明表上全部数据属实的要求。他想让朗格做的就是这件事，后者签完就可以离开了。

朗格该怎么办呢？他告诉伊瓦，自己想先检查一下这份资产负债表，毕竟涉及金额如此之大。根据某个人的描述，伊瓦的反应是石化般紧紧盯着朗格看。当朗格含糊地表示，自己希望知道所有的钱都去了哪里时，伊瓦告诉他，这些钱都在波兰被秘密地花掉了，并且不应再被提起。伊瓦告诉朗格："如果你不相信我，可以自己去波兰看看。"朗格点了点头，在报表上签了名。伊瓦一向对他很好，这一次又会有什么不一样呢？

接着，伊瓦告诉朗格，他准备关闭盖伦塔公司设在阿姆斯特丹的办公室，这在表面上是为了节省成本，不过实际上的一部分原因是为了让别人更难追查到盖伦塔公司及其经营记录。伊瓦要求朗格把公司的账本放在家里，如果能随身携带就更好了。即便是最多疑的调查员也想不到，盖伦塔公司的财务报表就在一个长得像圣诞老人的小职员的公文包里。

朗格从未接触过伊瓦的任何现金，他也永远不会有这个机会。当那笔1 700 万美元的资金从瑞典火柴公司流向盖伦塔公司时，朗格不知道该如何调整账目。伊瓦告诉他，"把它记入我的借方"。朗格就按照伊瓦所说的做了。最终，盖伦塔公司的账目显示，该公司总共从国际火柴公司和瑞典火柴公司处获得了 2 540 万美元的资金转入，随后盖伦塔公司又把这些钱全部转给了伊瓦。有一部分资金流向了波兰，但是没人能追踪到它的最终下落。

对朗格下达完所有指令以后，伊瓦把这位高大壮硕的男人送出门去。在整个会客期间，他们应当是一直待在楼下的，没有任何一名男性访客进入过伊瓦楼上的房间。

朗格离开后，伊瓦继续保持着晚上的习惯，在楼上一边吃着少量晚餐，一边读信。如果英厄堡·埃伯斯在城里的话，他会停下来倾听她弹奏鸣曲或一段爵士乐，或是仅仅从她的笑容和深邃神秘的眼中得到一点安慰。埃伯斯夫人为他带来了一丝心灵的宁静，这种单纯的宁静是他很少能从其他女人处获得的。

在公寓里喝完一杯茶或咖啡以后，伊瓦会开始他的夜间散步，散步是他主要的锻炼方式，他从年轻时起就喜欢这种运动。有时候，当克里斯特·利托林在城里时，他们会一起散步，但伊瓦一个人散步的情况更常见。在别墅街度过的每一个夜晚，他都会从院子里卡尔·米勒斯（Carl Milles）的雕塑旁走过，把领子立起来，这样就没人能认得出他，他便会在斯德哥尔摩的街道上和公园里漫步几个小时。

一条跟丢了主人的狗

1925 年，伯宁夫妇终于踏上了伊瓦承诺的夏日之旅。伊瓦将他们的旅行安排在国际火柴公司的新融资项目和波兰政府与盖伦塔公司的交易结束之后。伯宁与厄恩斯特兄弟讨论了一下这次旅行，并在参与型优先股的所有发行工作全部结束后被准许请假。伯宁写道：“厄恩斯特先生认为，对那些最基本的事实要有非常清楚的认识，这一点相当重要，只有这样才能确保国际火柴公司财务报表的方方面面都正确合理，尤其是考虑到您经常向我提及的公司未来发展计划。我的妻子对即将到来的旅行感到由衷开心。”

伊瓦安排伯宁夫妇于 6 月 9 日从英国南安普顿出发乘船旅行。他为他们预订了阿基塔尼亚号（Aquitania）的船票，这艘邮轮在丘纳德公司服务的时间最长，是伯伦加莉亚号的“姐姐”，而 1922 年伊瓦就是乘坐伯伦加莉亚号前往美国的。轮船的墙上以英式海港的图片和皇室的肖像作为装饰，会客室的房间则呈现出大型博物馆画廊的风格：主餐厅采用了路易十四风格，小餐厅采用了詹姆士一世风格，头等舱的会客厅则采用了新古典主义中的亚当风格，直接复制了伦敦的兰斯登庄园（Lansdowne House）的装饰风格，甚至连吸烟室也是模仿格林威治医院设计的，里面布置了橡木镶板与横梁。伯宁夫人一定对丈夫感到非常满意。

伯宁是个非常细心的人，他仔细安排了从南安普顿出发后的行程。他并没有查找地图或是翻阅有关欧洲旅游的书籍，而是直接去询问他的新朋友伊瓦："由于我不太熟悉前往斯德哥尔摩的最佳路线，如果您能给我一些建议，我将非常感激您。”伊瓦也许对会计师事务所的一个小小助理竟敢向他询问旅行路线的问题而感到非常惊讶，但他不会把这种情绪表露出来。他向伯宁提供了几种路线选择，并建议说“从伦敦或巴黎出发前往斯德哥尔摩的最好、最便利的路线应该是从柏林到萨斯尼茨（Sassnitz）再到特雷勒堡（Trälleborg）”，伊瓦预计，走这条路线大概要花 48 小时。

伯宁夫妇到达伦敦后，伯宁收到了一封来自伊瓦的电报，伊瓦提议与他们见上一面。听起来，波兰那边似乎有什么非常令人兴奋的进展。伊瓦让伯宁去萨沃伊饭店，他在那里给这对夫妇定了一个套间，并表示他会尽快从斯德哥尔摩出发。与此同时，说不定伯宁夫妇会在伊瓦支付费用的情况下在伦敦玩得非常开心。

几天后，伊瓦通过电报告知伯宁，他去伦敦的旅程取消了，并要求伯宁改变路线去巴黎。伊瓦写道：“我每天都在期待波兰那边的信息，如果你方便的话，我非常希望你能待在巴黎，一旦我们准备好达成交易，便可以立即动身返回斯德哥尔摩。”在这段时间里，说不定伯宁夫妇会在伊瓦支付费用的情况下在巴黎玩得非常开心。

终于，到了7月23号，在伯宁夫妇坐船离开纽约6个星期以后，伊瓦和克里斯特·利托林，也就是伊瓦在瑞典皇家理工学院的同学，给住在巴黎大陆酒店的伯宁发来了电报。既然国际火柴公司最近这批优先股的发行工作已经全部结束，那么伯宁夫妇接下来应当前往斯德哥尔摩。伊瓦在电报中写道：“在上一个星期二，优先股以每股45美元的价格发行，在股市中深受好评。我们感谢你深具价值的合作，并祝愿你们夫妻二人旅途愉快。”

伊瓦为伯宁夫妇的旅行负担的费用花得非常的值得。新一批优先股的发行工作正在收尾，而伊瓦雇用的审计师——那个可能对这笔交易的财务细节提出尖锐质疑的人，正在伊瓦希望他在的地方：在伦敦与巴黎的街上和妻子一起散步。

伊瓦说他希望伯宁和克里斯特·利托林在斯德哥尔摩碰头，他还希望能照顾好伯宁夫人。伊瓦建议道：“利托林小姐想知道伯宁夫人是否愿意和她在瑞典南部待几天，随后她可以在马尔摩和你汇合。”伯宁夫人高兴地接受了如此盛情的款待。

在斯德哥尔摩，伊瓦甚至还邀请伯宁夫妇拜访了他的公寓，伯宁夫妇在那里的体验与卡尔·朗格的如出一辙：入口处有一座米勒斯的月神狄安娜雕塑，一把直背椅，一架巨大的钢琴，还有佐恩和利耶夫什的画作。他们能看到朗格看到的一切，当然，他们没见到朗格本人，伯宁也不会看到朗格签了名并随身携带的盖伦塔公司的财务报表。事实上，在这次会面中，伊瓦和伯宁几乎没有讨论生意上的事，因此当伯宁离开斯德哥尔摩时，他对伊瓦公司的了解并未加深。他甚至仍然不知道伊瓦名下两家最重要的子公司大陆投资公司与盖伦塔公司的存在。

伊瓦日程表上唯一的新项目就是向厄恩斯特与厄恩斯特会计师事务所和伯

宁支付一些额外的费用。伊瓦同意，除了他已经付清的其他费用，每年还会额外付给厄恩斯特与厄恩斯特会计师事务所 6 000 美元的咨询费。他同时还答应额外支付给伯宁 3 000 美元，作为伯宁夫妇欧洲游的“特殊费用”，单这笔费用就比伯宁一年的收入还要高。支付了这笔额外费用的伊瓦成了伯宁夫妇眼中的大善人。

伯宁夫妇离开了瑞典，并在瑞士待了一个礼拜，在伊瓦将盖伦塔公司搬到瓦杜兹之前，它本来在瑞士，那里是其发源地。最后，他们乘坐伯伦加莉亚号回了家。在没有了伊瓦以后，这艘船变得非常安静，在伊瓦 1922 年的那次旅行之后，无线电广播室就很少被人使用了，但头等客舱还是那样奢华。8 月，伯宁夫妇到达纽约时，整个客舱都在熠熠生辉。伯宁与杜兰特见了面，了解了一下参与型优先股的最新发行情况，然后给伊瓦写了信：

> 尊敬的先生，看到公众如此追捧这批新发行的债券，而且市场反响极佳，李 - 希金森公司自然感到非常高兴。每个人看起来都很激动。我与妻子充分享受了开心的返航旅程，并在瑞典留下了很多美好回忆。

重返工作岗位后，伯宁惊讶地发现之前自己与威斯康星州监管部门的信函往来并没有让他们知难而退。与之相反的是，海玛专员还在持续不断地索要各种详细信息，想看看国际火柴公司的实际经营情况是否与公司的财务报表相符，这意味着伯宁需要从伊瓦处获取更多信息。他非常不愿给伊瓦写信，而伊瓦更不愿回信，只是简要地总结了国际火柴公司 1925 年上半年的经营与财务状况，以此回复了伯宁的来信。伯宁以为，他应该把这个简要总结包装一下，也许能让威斯康星州的监管机构感到满意。他对伊瓦表示了感谢，并写信称：“我们希望你不会再被他们打扰了。”

这一次，伯宁又猜错了。威斯康星州当即拒绝接受这份总结，并要求获得国际火柴公司 1925 年前 6 个月更详细的收入报表。当时是 12 月初，伊瓦正在纽约，因此伯宁向伊瓦报告了这个坏消息，并要求亲自见伊瓦一面。伊瓦同意见面，但又说现在无法立刻见面，于是他们约好了见面日期，与此同时，伊瓦把5条更详细的财务分录信息寄给伯宁，让他好好在上面下工夫。其中，收入类型的划分太过宽泛，并且每一个项目都精确到了美分：

贷款与银行账户等项目的利息收益	\$2 763 463.57
外汇收益	\$1 129 568.16
投资利息收益与其他收入	\$323 449.19
股息收入	\$102 346.92
合计	\$4 318 827.84

在将修改后的信息寄给威斯康星州之前，伯宁把伊瓦提供的新数据与李-希金森公司在几个月前寄给投资者的数据做了对比。伯宁也给李-希金森公司提出了请求，希望能确认一下国际火柴公司1925年前6个月的详细财务数据。在发给投资者的传单上，李-希金森公司指出（当然，明显是基于伊瓦提供的信息），国际火柴公司1925年前6个月的收入“超过了440万美元”。然而，当伯宁核对了伊瓦提供的那5项条目后，收入总额变成了431.882784万美元。任何人都能看出，这个数额少于440万美元。两者间的差额是一个很严重的问题，这暗示着之前那些数据被夸大了。

这一差额将让威斯康星州的监管人员产生怀疑，那边的监管部门必然会注意到，1925年前6个月的修改后的报告收入明显少于之前散发给投资者的宣传单中所宣称的收入。如果海玛专员注意到了这一差额，他会立即对国际火柴公司是否故意没有如实报告收入金额展开调查。他有没有可能注意不到？伊瓦以为一个威斯康星州的证券监管专员不会拥有敏锐的金融头脑，但海玛专员是唯一不受伯宁和伊瓦动摇的人。

伯宁得出的结论是，他不能冒风险使用伊瓦提供的新数据。他不得不想办法让寄给威斯康星州监管机构的报告数据在相加后总额至少达到440万美元，因为李-希金森公司已经告诉投资者，1925年上半年国际火柴公司的收入就是这么多。

12月11日，在一封与一般的审计员写给客户的信不同的信件中，伯宁告诉伊瓦："鉴于之前宣传册已经说明，公司前6个月的收入'超过了440万美元'，我觉得最好的办法是让这个数字略微增加一点。"略微增加一点？是的，在伯宁的请求下，厄恩斯特与厄恩斯特会计师事务所发布的国际火柴公司的净收入为447.5万美元，这个漂亮的整数略高于伊瓦和李-希金森公司之前向投资者宣传的收入。在一封寄给李-希金森公司的信中，伯宁并没有强调他曾修改收入数据这一事实。相反，他只是含糊地提了一下："当会计年度结束时，我们要对所有公司的账目进行最终的整理核对，到时如有必要，可以对所附报表中的任何数据进行调整。"

与此同时，伯宁和伊瓦仍然没有在纽约成功见面。伯宁在一封寄给伊瓦的信中总结了自己最近的工作情况："所以，我真诚地希望这封信是讨论关于威斯康星州的问题的最后一次。"确实，有了这些"调整过的"数据，结局肯定如此。

伊瓦在登上去往欧洲的新年巡航邮轮前收到了伯宁传来的好消息。伯宁的表现正是伊瓦所期待的，伊瓦决定每年都自费让伯宁夫妇去欧洲旅游。然而，当伯宁期盼与伊瓦会面时，伊瓦并没有相同的感受。既然伯宁已经解决了来自威斯康星州的质询这个问题，伊瓦也就不再需要与他见面了，他取消了两人在纽约见面的约定。就像一条狗跟丢了主人一样，伯宁写道："我为自己不能在您出海之前亲自为您送上新年的祝福而感到非常遗憾。"

THE MATCH KING

07 富足表面下的空虚

波兰的火柴垄断交易是真实的，伊瓦的名声也是无懈可击的，人们只要翻开报纸或随便找个商人问一问就能明白这一点。伊瓦正在和厄瓜多尔、爱沙尼亚、希腊、匈牙利、拉脱维亚、秘鲁、葡萄牙以及南斯拉夫商谈火柴市场垄断权的交易事项，最近他刚刚见过法国总理雷蒙德·庞加莱。鉴于这些事实，伯宁不愿意以任何理由对这样一位名誉卓著的商界名流提出指控。他告诉自己，盖伦塔公司的债务根本不重要——它不可能重要。

20世纪20年代中期的美国充满了欢笑与进步，直到总统沃伦·哈定去世与大萧条危机爆发，一切戛然而止。1923—1929年，伊瓦从美国投资者手里拿到的投资金额翻了3倍；他成功地说服了纽约证券交易所接受其公司的股票上市；他和J. P. 摩根公司一起担任银团组织的牵头人，向欧洲多国提供高额贷款，以确保在包括法国的多个国家享有制造火柴的垄断权；他在斯德哥尔摩建造了拥有125个房间的火柴宫殿。简言之，他变得非常非常富有。伊瓦到底是怎样在1929年前的6年里赚到这么多钱的，已经无法详细考证，不过伊瓦的成功经历从侧面反映了美国这个全新的国家正变得越来越繁荣、强大。在这短短的6年里，伊瓦成功地进入了美国的主流文化圈。

在伍德罗·威尔逊（Woodrow Wilson）主政白宫期间，战争让美国民众在痛苦与不安中颇受煎熬，等到哈定上台时，大家终于可以喘口气休息一下了。哈定颁布的第一项政令是打开白宫紧锁的大门，允许观光客进入白宫的庭院参观。如果游客们把脸紧贴在窗户玻璃上向内看，也许刚好能看到哈定正在从事某项他个人喜爱的活动：打扑克、练习高尔夫的挥杆动作、抽雪茄甚至是违反禁酒令偷偷喝酒。哈定有着美国中西部典型的英俊相貌与小城镇出身的好脾气——“公正的民众”，他喜欢说这句话。为石油业以及银行业说好话的说客们抽着雪茄，在哈定及其内阁成员的身边挤得满满当当，这个内阁简直可以被称作由安德鲁·梅隆（Andrew Mellon）与赫伯特·胡佛（Herbert Hoover）领导的信奉自由主义的商人兄弟会。

哈定在任期内留下了一连串的丑闻，但是他大力促进了美国经济的发展，点燃了美国投资者的热情。1923 年，在他的葬礼上，人们更关注的是美国的未来而非过去。工业企业新发行的股票快速增加，自 1923 年哈定去世时的 690 只迅速增长到 1929 年的将近 2 000 只。截至 1929 年，股票经纪人向投资者提供的贷款额和被市场参与者持有的股票资产总额均翻了 4 番。同时，年收入达到了 100 万美元、需要缴纳大笔所得税的人数也增加了 4 倍。

人们对未来的乐观情绪使得消费行业一片欣欣向荣。1923 年，收音机的销售量翻了一番，并于 1924 年进一步增长了两倍。几乎每家都有一辆小汽车，驾驶员们忙于在福特 T 型车以及雨后春笋般涌现的新品牌之间做出选择，车身的颜色也多种多样，从“佛罗伦萨奶油色”到“凡尔赛紫罗兰色”应有尽有。普通民众买下了很多几年前他们根本想象不到自己有能力消费的商品：从李斯特林漱口水、纵横字谜游戏书、真空吸尘器、绞肉机到全新的高尔夫球杆，甚至还有佛罗里达的房产。

经济繁荣改变了文化。突然间，大街上有了交通信号灯，车站里挤满了人，新修的水泥公路还配备了可以提供鸡肉晚餐的餐厅和游客的休息站。巨大的无线电广播基站遍布全国，每三个家庭当中至少有一个能收听到格雷厄姆·麦克纳米（Graham McNamee）的比赛实况报道、《欢乐男孩》（*The Happiness Boys*）节目或“斯科普斯猴子案”（Scopes Monkey Trial）[①] 的相关报道。更多的美国人开始关心政治，包括在麦迪逊广场花园现场直播的总统提名大会。

富有传奇色彩的报纸撰稿人威廉·艾伦·怀特（William Allen White）发现哈定“孤陋寡闻的程度几乎令人难以置信”。不过，他也发现自己很难找到理

① 1925 年，田纳西州的一名中学老师因违反该州禁止教授达尔文进化论的法律而被捕并被判有罪。——编者注

由批评哈定的继任者——副总统卡尔文·柯立芝（Calvin Coolidge），后者在1924年的总统大选中不费吹灰之力便成功获得连任。柯立芝奉行放任自流主义，认为政府没有太多的事情需要插手，连他的朋友都称他为“沉默的卡尔”。有人批评说，冷漠的柯立芝看上去似乎总是“低头看着自己的鼻子，像是在寻找自己总能闻到的臭味到底来自何方”。当然，对于这样的批评，白宫完全应付得了。即使是女作家多萝西·帕克（Dorothy Parker）这位创办阿尔冈琴圆桌会(Algonquin Round Table)[①]的聪明人也搞不定总统大人。据说在一次晚宴上，多萝西问道：“柯立芝先生，我和某人打了一个赌，他说你不可能一次说出两个词。”结果，柯立芝的经典回答是：“你输了。”（You Lose.）按多萝西平时的个性，她总要占到上风才罢休。1933年，当别人告诉她柯立芝去世的消息时，她嘲弄地说：“你怎么确定他真的去世了？”

与安德鲁·梅隆和赫伯特·胡佛（这两人分别继续担任财政部长与商务部长）一样，柯立芝相信政府应当对市场与个人放手不管，它们自然能做出最佳的决策并创造最多的财富。于是，这三个人在商量后决定降低所得税，对行业放松管制，鼓励借贷与消费。柯立芝的一句名言经常被错误引用：“美国人的当务之急就是做买卖。”在1923—1929年，他说得很对。

随着美国人积累的财富越来越多，人们对技术水平的要求也越来越高。高校主导的新发明和国际旅游像井喷一样出现。当时最流行的非小说类书籍包括《科学大纲》(*Outline of Science*)、《哲学的故事》(*The Story of Philosophy*)、《为什么我们的行为像人类》(*Why We Behave Like Human Beings*)以及艾米丽·波斯特（Emily Post）的《礼仪》(*Book of Etiquette*，这是最畅销的图书)。在这段时期内，社会大众突然对文学非常热衷，涌现出了一大批惊人的新作品：F·斯科特·菲茨杰拉德的《了不起的盖茨比》、欧内斯特·海明威的《永别了，武器》、赫尔曼·黑塞的《悉达多》(*Siddhartha*)、弗朗茨·卡夫卡的

① 20世纪20年代纽约的一些文艺界人士组成的非正式团体，他们常在阿尔冈琴饭店聚会，讨论时事。——编者注

《审判》(*The Trial*)以及弗吉尼亚·伍尔夫的《达洛维夫人》(*Mrs Dalloway*)。新冒头的各种文艺界人士还试图解析詹姆斯·乔伊斯的《尤利西斯》(*Ulysses*)或 T. S. 艾略特的诗歌《荒原》(*The Waste Land*)。一夜之间开始喜爱艺术的新粉丝们认真聆听乔治·格什温(George Gershwin)的名曲《蓝色狂想曲》(*Rhapsody in Blue*),观看尤金·奥尼尔(Eugene O'Neill)的戏剧——奥尼尔在 20 世纪 20 年代共获得 3 次普利策奖。

没有财务报表的上市公司

男人和女人若想让自己看上去聪明又时髦,最保险的做法便是吸烟。广告公司聘请年轻漂亮的女孩做模特,她们手里拿着香烟,让男人们帮忙点火。烟草制造商宣称"现在女人可以和她们的丈夫或兄弟一起享受吸烟的美好时光"。妇女们赢得投票权并进入职场后,各个年龄段的上千万女性又开始享受吸烟的权利。1926—1927 年(当时有声电影刚刚开始在影院里亮相),在葛丽泰·嘉宝最著名的几部默片《肉体与魔鬼》(*Flesh and the Devil*)、《妖妇》(*The Temptress*)、《激流》(*The Torrent*)与《爱情》(*Love*)上映期间,蓝色的烟雾一直在剧院的休息室里飘来荡去。体育爱好者们一边抽烟一边观看贝比·鲁斯的比赛。鲁斯本人也是个烟民,1927 年,他为纽约洋基队击出了 60 记全垒打。他绰号为"杀手队"(Murderers' row)的队友们在同一年吸着烟轻而易举地杀入了世界职业棒球大赛并捧得桂冠。禁酒令对这股吸烟的风潮也起到了推波助澜的作用,就像它导致非法酒精饮料消费量大增一样,喝酒的人越多,想吸烟的人也就越多。而对于伊瓦·克鲁格来说更重要的是,人们抽的烟越多,需要的火柴就越多,就越能想到火柴这种物品。

在 1929 年来临前的这 10 年里,美国的香烟生产量翻了一番。伊瓦没有垄断美国国内的火柴销售市场,不过瑞典火柴公司占据了美国火柴进口量的大部分份额。美国人每划亮一根火柴,就相当于在为国际火柴公司做广告。随着美国人的吸烟量越来越高,全球其他国家也呈现出同样的趋势,尤其是欧洲。对于眼下这些变得越来越精明的美国投资者来说，没有比投资于垄断海外火柴销售市场的公司的股票更合算的生意了。

1924 年，哈佛教授威廉 ·Z. 雷普利（William Z. Ripley）最先提出了警告，他认为虽然股票市场还在持续上涨，但是危机的苗头已经时隐时现。他最初关注的是房地产价格的飞快上涨以及抵押贷款总额的迅速增加。虽然土地的市场价格在上涨，但是土地交易的利润在不断下降，农场土地（那时农用是土地的主要用途）的交易利润下降得尤为厉害。即使是在 20 世纪 20 年代中期市场最繁荣的时候，很多农场也出现了债务违约的现象，而这些违约事件导致一些地区性银行爆发了小规模的危机。在 1929 年之前，美国 7 个州州内从 20 世纪 20 年代开始营业的银行差不多有一半破产了。雷普利认为这种抵押贷款市场的地区性、局部性危机将会迅速对股票市场造成不利的溢出效应。

雷普利还指出，虽然投资者们蜂拥而至抢购股票，甚至还抢购没有投票权的股票，但是这种行为并不是建立在投资者已掌握大量信息的基础之上的，他们几乎不了解企业的信息。根据雷普利的说法，国际火柴公司过于粗略的财务信息披露方法是当时市场领先企业的惯常做法。1925 年，全国饼干公司（National Biscuit Company）的损益表的长度只有 2 厘米，甚至都用不了那么长，因为表上只有一个项目："收入，1925 年度"。皇家发酵粉公司（The Royal Baking Powder Company）根本就没有公布任何财务报表。很多公司公布的财务报表都附带有一份免责声明，称官方披露的损益表"绝不可能清楚地反映公司每年的盈利能力"或者是"损益表绝不可能准确地反映公司持有的固定资产的真实价值"。

1926 年，在纽约证券交易所上市的 957 家企业中，只有 242 家公布了季度财务报表。大概有 1/3 的上市公司根本没有发布任何财务报表，这主要是因为它们在多年以前便已是交易所的会员，当初加入会员时与交易所签订了无须披露财务报表的协议，于是这一特权便被继任者继承了下来。新上市的公司提交了季度报表，但这些报表都缺乏详细的数据或信息。各家公司面临的上市要求并不统一，而且竟然还可以协商。

对很多公司来说，即使是纽约证券交易所最低的上市要求也极难达到，于是它们把自己的股票放到场外市场上交易。一些大型企业的股票，比如胜家衣车公司（Singer Manufacturing），是在场外市场上交易的，而这些企业同样不会公布季度财务报表。由于国际火柴公司达不到纽约证券交易所的最低上市要求，因此它的股票也在场外市场进行交易。

按照雷普利教授的说法，股票市场的繁荣不可能以事实为基础，因为投资者根本不了解企业的基本信息。在 1929 年之前，几乎每个人都认为雷普利的观点是错误的。全国饼干公司、皇家发酵粉公司和胜家衣车公司都是实实在在的企业，生产的也是实实在在的实体商品。RCA 与通用汽车公司也是如此。股票的市场价格之所以上涨，是因为这些企业和大多数美国人一样生意兴隆，财源广进。而且，这些企业还得到了知名的投资银行与会计师事务所的担保。如果像李 - 希金森公司或厄恩斯特与厄恩斯特会计师事务所这样的著名企业已经为公司提供了担保或保证，投资者为什么还要去看详细的财务报表呢？普通投资者根本就看不懂那些详细的财务数据。

与此同时，李 - 希金森公司与厄恩斯特与厄恩斯特会计师事务所一直忙于为现有的客户提供服务以及招揽新客户，根本没有时间去思考某个哈佛教授提出的“末日审判”言论，也根本没有想过是不是应该向投资者提供更多的信息。事实上，李 - 希金森公司甚至忘记披露伊瓦曾向该公司支付佣金的事实。1926 年 3 月初，伯宁发电报给伊瓦告知其这个错误。李 - 希金森公司已经收到了佣金，但是伯宁没有把这笔款项从国际火柴公司的账面收益里扣除。伊瓦建议厄恩斯特与厄恩斯特会计师事务所在接下来的几年里慢慢地从每年的收益里挪用一部分钱，把这笔未入账的佣金款项轧平。“这种方式可以让递延费用在相对较短的时间内消失。”这听上去是每个人都能接受的合理解决方案，而投资者不会知道其中有何差别。

股东大会，形式重于内容

银行家与会计师对国际火柴公司的年会都抱着相似的散漫态度。绝大多数公司每年召开一次股东大会，会议通常在早春时节举行，因为要对一些重要的经营事项履行投票程序，例如董事的选举。在股东大会召开之前，公司通常会先向股东和董事提供年报（不管这报告有多简单，总是要提供一份），总结一下过去一年公司的经营状况，只有这样，股东才能在开会时做出明智的决定。

不过，一直到 1926 年 4 月，国际火柴公司年会的具体时间还没有确定下来，财务报表也没有准备好，于是唐纳德·杜兰特给伯宁发电报询问能否很快拿到报告，不管什么类型的报告都行。4 月 21 日这天，伊瓦说他已经为股东们准备了一份总结信。然而，年报直到 5 月才印好。

总而言之，国际火柴公司那一年的年会非常敷衍。伊瓦依旧控制着公司的普通股。美国投资者没有投票权，所以不管怎样，伊瓦和其他董事会成员都能轻而易举地连任。会上，董事会只讨论了两个议题。第一个议题是国际火柴公司的财务报表故意只提供一些摘要或概括性的信息，所有具体数据都不会被列在资产负债表上。至于年报中不提及其他一切债务的做法，伯宁向董事们解释了其背后隐藏的目的。他声称："只有当母公司持有大部分已发行股票时，公司的资产与负债才会被合并列在资产负债表上，这只不过是一种习惯做法。如果母公司持有的股份比例不多，那么这部分股份会被计为投资。"每个人都认为这种表外处理的方式很不错。

然后，杜兰特与弗雷德里克·艾伦让伊瓦修改报告中的某一行——这是一项价值为 5 293 113.38 美元的资产，伊瓦将其标注为"向政府以及政府垄断部门提供的贷款"。他们既不是对这项资产的金额有异议，也不是在质疑为什么这一囊括多个贷款项目的资产条目的价值竟然能精确到美分。当然，董事们也不想知道为什么这笔"贷款"被当作资产入账，却又未提供其他任何详细信息。每个人都以为这笔钱与波兰政府以及当地的火柴垄断事务有关。

事实上，这些董事们真正反对的是伊瓦用的“政府垄断部门”一词。在美国，“垄断”是个危险而敏感的词语，李-希金森合伙公司担心它会吸引一些对反托拉斯拥有异常热情的检察官的关注，这与这个词是否正确或这笔资产是否确实与垄断部门有关毫无关系。在他们的要求下，财务报表在场外市场上正式公布时，“垄断”这个词被删掉了。

名誉比债务更可信

伯宁认为现在自己与伊瓦的关系更亲近了，虽然他还是经常见不到这个男人的面。在写给伊瓦的信件中，伯宁仍然保持着一定程度的拘谨与礼节，称伊瓦为“我亲爱的克鲁格先生”，但是伊瓦的回应与行为暗示着他允许伯宁进一步靠近自己的小圈子。伊瓦让克里斯特·利托林在国际火柴公司的年会结束后继续留在纽约，和伯宁一起度过几天美好的夏日假期。伯宁给利托林看了一份《鲍尔街日报》的复制品，这是唐纳德·杜兰特无意中看到的滑稽报纸，报纸上的专栏对两人熟悉的金融界人士极尽嘲讽之能事，让这两人大笑不止。利托林坚持让伯宁给伊瓦寄一份报纸的复印件，伯宁确实这样做了，还注明“这上面有一些对您朋友的有趣评价”。伊瓦回信说，他发现“《鲍尔街日报》很是引人发笑，读起来很有趣”。

伯宁和利托林还讨论了未来的业务发展问题，包括是否有可能在除波兰以外的其他欧洲国家建立垄断企业。伯宁的未来看上去一片光明。除了向国际火柴公司提供审计服务外，伯宁还提供了一些咨询服务，伊瓦同意伯宁为这项新服务单独向国际火柴公司收取佣金。伯宁准备给伊瓦寄去一份单独的账单，名目是“向国际火柴公司提供一般性咨询服务的费用 6 000 美元”。

伯宁把利托林介绍给了厄恩斯特兄弟，厄恩斯特兄弟允许伯宁陪伴利托林去德国旅游。伯宁夫妇期待着能有更多的旅游机会，但不巧的是，伯宁夫人生病了。再加上厄恩斯特与厄恩斯特会计师事务所的工作非常繁忙，伯宁夫妇没能在 1926 年重回欧洲故地。厄恩斯特兄弟要求每位副经理都必须留在雪松街

（Cedar Street）27 号随时待命，这是公司设在纽约的办公室的地址。

这个夏天快结束时，过去一整年才见过伊瓦一次面的伯宁写信说："持续宽松的资金市场催生了更多的贷款、并购以及重组。"所有这些交易都需要会计师协助达成，因此和其他人一样，伯宁和他所在的企业生意十分兴隆。伯宁留给国际火柴公司的时间更少了，但是伊瓦对此并不在意。

到了第二年，国际火柴公司出售了另一批 45 万股参与型优先股，这一次的发行价为每股 50 美元，可谓再创新高。伊瓦写信称，这笔钱"要被用于在希腊、葡萄牙、阿尔及尔、挪威以及马尼拉的交易中"。同样，除此之外他没有提供其他任何细节，资金很快被人从美国转走。这笔融资款项总额超过 1 600 万美元，大部分被直接转入了大陆投资公司（Continental Investment Corporation），这是伊瓦设在列支敦士登的子公司。这一次，一部分资金（300 万美元）被划给了位于斯德哥尔摩的瑞典火柴公司，余下的部分用于支付股息以及其他费用。

正当伯宁在对国际火柴公司的财务报表进行更新、以反映这批新发行的优先股时，他突然发现了一条有关盖伦塔公司的消息，消息称长得像圣诞老人的卡尔·朗格正在对荷兰的盖伦塔公司进行审计。伯宁惊讶地发现，盖伦塔公司竟然欠国际火柴公司 1 700 万美元，这可是一大笔钱。他向伊瓦进一步求证：这家公司是做什么的？这家公司是否有利润或任何资产？它是否真的有能力偿还债务？为什么伊瓦没有告诉他盖伦塔公司欠款这件事？

伊瓦让伯宁放心，说 1925 年盖伦塔公司的经营收入为 4 600 万荷兰盾，而它对国际火柴公司的欠款仅相当于 4 500 万荷兰盾。只需要一年时间，盖伦塔公司就能赚到足够多的钱，把这笔债务全额还清，这之间还有很大的余地。而且，盖伦塔公司只不过是负责把资金输送给伊瓦设在美国境外的其他企业的管道之一。因此，盖伦塔公司的这笔债务完全无足轻重，是小事一桩，根本无须担心。

伯宁该怎么做呢？他是不是应该对伊瓦的话表示怀疑？面对伯宁对盖伦塔

公司以及这笔 1 700 万美元的债务提出的质询，伊瓦表现出了毫不在意的态度，就好像这与之前的讨论中他直接忽略掉的小问题没什么两样。盖伦塔公司的债务是国际火柴公司的主要资产，而伯宁之前甚至不知道还有这么一项资产。当然，这绝对让人有些担忧。但是，难道这件事真的严重到伯宁必须对自己最重要的客户提起诉讼、指控其故意隐瞒重要信息的地步了吗？哪怕只是稍微流露出打算提出指控的意向，都会彻底毁掉伯宁与伊瓦越来越和谐的合作关系，也会让伯宁彻底失去成为公司合伙人的机会。伊瓦一直对伯宁很好，至少确实存在伊瓦真的忘记把盖伦塔公司的事告诉伯宁的可能，对不对？

伊瓦按时支付佣金，而且每年他付给厄恩斯特与厄恩斯特会计师事务所的佣金额在逐步上涨，尤其是现在伯宁还在向他提供税务筹划以及咨询服务。伯宁甚至还推荐了几家美国公司，伊瓦可以从中选择收购的对象。最近，伯宁刚刚给伊瓦寄送了一份国际电话电报公司（AT&T）的年报，上面标注着“你可能会对它感兴趣”。伊瓦正在考虑与国际电话电报公司谈一笔大生意。伯宁真的愿意冒失去参与这笔交易并拿到大笔佣金的风险去指证伊瓦吗？

波兰的火柴垄断交易是真实的，伊瓦的名声也是无懈可击的，人们只要翻开报纸或随便找个商人问一问就能明白这一点。伊瓦正在和厄瓜多尔、爱沙尼亚、希腊、匈牙利、拉脱维亚、秘鲁、葡萄牙以及南斯拉夫商谈火柴市场垄断权的交易事项，这些无疑都是真实发生的事情。伊瓦经常与政要会谈，最近他刚刚见过雷蒙德·庞加莱（Raymond Poincaré），后者是一位杰出的法国政治家，曾在 20 世纪 20 年代初担任法国总理，并于 1926 年再次当选。鉴于这些事实（它们确实是事实）伯宁不愿意以任何理由对这样一位名誉卓著的商界名流提出指控，他告诉自己，盖伦塔公司的债务根本不重要——它不可能重要。

雷声大雨点小的实地考察

伯宁曾经参观过伊瓦的公寓，但是从未参观过他的工厂。杜兰特甚至连伊瓦的公寓都没去过。事实上，在李 - 希金森公司或厄恩斯特与厄恩斯特会计师事务所，没有人去实地考察过伊瓦的工厂，没有人去了解一下伊瓦的工厂生产效率高不高，甚至没有人去亲眼证实一下伊瓦所说的自己拥有的工厂是否真实存在。相反，他们对伊瓦说的话深信不疑，对那张薄薄的纸——伊瓦公司的财务报表——深信不疑。

1927 年伊始，杜兰特要求派个人去参观一下伊瓦设在瑞典的火柴工厂。起初，伊瓦不允许外人参观，他的理由是出于保密考虑。伊瓦担心商业机密被泄露的理由听上去合情合理，但是有时候他的说法太过牵强，听上去与杰克·摩根的阴谋论没什么两样。日本间谍是不是真的跑到延雪平窃取了伊瓦自动火柴生产机器的秘密？在伊瓦的某间工厂里，美国工程师是不是真的“一不小心”把帽子掉进装满化学药品的料槽，就此获取了配料样本，以便分析或复制？伊瓦的竞争对手也许真的很冷酷无情，但是他的某些想法听上去过于多疑偏执了。

伊瓦最终同意派人来参观工厂，但是他坚持让杜兰特指派一名商人而非审计员过来。伊瓦希望能让了解火柴行业的人来参观他的工厂，但是他不希望来人对瑞典公司错综复杂的账目提出令人恼火的问题。伊瓦、厄恩斯特与厄恩斯特会计师事务所以及李 - 希金森公司都认为美国本土的审计存在一定的局限性。伯宁必须依赖伊瓦在瑞典的审计结果做出决策，但是他竟然没有查看过，甚至没有问过瑞典当地的审计员对伊瓦设在瑞典的子公司及其经营状况得出了怎样的审计结果。

伊瓦不想为同样的审计项目支付两次费用，也尤其不想回答那些针对财务报表上各种无关紧要的细节提出的令人生厌的问题——就在几年前，威斯康星州的证券监管机构曾强迫他回答类似的问题。他给伯宁发了电报：“至于国际火柴公司，李 - 希金森公司一直知道你是在瑞典当地的注册会计师安东·温德勒（Anton Wendler）先生向你提供的数据的基础上完成审计报告的，李 - 希金森公司对这样的工作方式表示接受。”厄恩斯特与厄恩斯特会计师事务所也接受这种方式，但是公司里没人见过温德勒或与他说过话，即使公司从 1922 年开始就在使用他提供的书面审计报告了。

由于伊瓦更希望被派来的是一位商人而非审计员，伯宁和杜兰特决定派F. 戈登·布莱克斯通（F. Gordon Blackstone）前来。布莱克斯通是杜兰特的熟人，也是一位对火柴行业比较了解的咨询顾问。伊瓦回应道，他正在忙于和法国的官员谈判，但是过一段时间等他出差去伦敦时，会同杜兰特先生派驻在英国的助手商量一下对布莱克斯通来访的安排。伊瓦还希望能有机会亲自与布莱克斯通会面。他在给伯宁的信中写道，“虽然最终我很可能愿意接受布莱克斯通先生的参观请求，但是我希望在此事决定之前有机会先了解一下这个人，并对其有个整体的评判，看看他是否适合做这项工作，而我是否已经准备好把一些有关企业的机密信息透露给他。”

这封信的样子看上去非常古怪。伊瓦通常会口述信件或电报的内容，由助手负责打字，至少自从他在伯伦加莉亚号上演了一场独霸电报室的表演后便是如此了。然而，这封寄给伯宁的信是他亲手打的。显然，伊瓦甚至不想让他最信任的助手卡琳·博克曼知道美国人正在向他询问一些敏感问题，并且打算去他的工厂实地考察。这封信与伊瓦口述的其他信件相比看上去明显不同，而且这种差异让人感到吃惊。与博克曼小姐一丝不苟的打字风格截然相反，伊瓦打出来的某些字母排列不整齐，不在一条直线上，“m”的位置有点高，而且还用“I”取代了“i”。这封信标注的日期是“1927 年 2 月 15 日”。伯宁肯定觉得这封信看上去有些怪异，就像是个疯子疯狂地敲打每个按键后打出来的一样。

最终，这次实地考察不过是雷声大雨点小。伊瓦会见了布莱克斯通，并同意让他参观工厂。布莱克斯通提交的报告称火柴工厂确实存在，而且经营效率非常高。他还提到伊瓦在瑞典国内家喻户晓，十分受人尊重，没人会怀疑他说过的话。布莱克斯通与伊瓦到底在瑞典干了些什么，现在已无记录可查，不过肯定发生了一些事让这两个人彼此信任。不论如何，布莱克斯通热情洋溢的调查报告让唐纳德·杜兰特颇感满意，至少是暂时感到满意。

“他就是奥林匹亚神一样的人物”

伊瓦决定，他需要向伯宁透露瑞典火柴工厂更多的财务信息，或者说至少表面上要做到更加坦诚公开。他不想失去伯宁对自己的忠诚，甚至不愿冒这个风险，于是他邀请伯宁到瑞典来与安东·温德勒见面，更好地了解一下瑞典当地的审计过程。伯宁在伯伦加莉亚号上预定了一个客舱，但是伊瓦让他上了另一艘船 ——荷马时代号（Homeric），随后两人的第一次碰面发生在伊瓦位于柏林巴黎广场的公寓里。

在柏林见面主要是为了炫耀，同时也是为了让伯宁有机会到欧洲的其他国家游历一下（虽然伯宁的夫人没有陪在他身边）。伊瓦带伯宁参观了自己的公寓以及周围时髦的街区，包括勃兰登堡门、附近的大使馆以及著名的阿德龙酒店。伊瓦想让伯宁亲眼看到德国当地人对自己住在附近这件事有多么激动与骄傲。柏林的一家报纸报道称，只要伊瓦的管家推开公寓的窗户或打开电灯，巴黎广场上伊瓦公寓里的电话铃声就一直响个不停。

在柏林，伊瓦告诉伯宁一个秘密。他能理解伯宁有所怀疑的原因，他透露说国际火柴公司的财务报表确实有问题，存在一些错误，但并非出自之前伯宁设想过的那些原因。这些财务报表之所以存在错误，是因为它们严重低估了伊瓦的利润额。伊瓦告诉伯宁，他正在与多个政府商谈政治上较为敏感的合作项目，其中很多项目能创造非常可观的利润，不得向其他人透露这些情况。伊瓦说,这些公司的财务报表里提都不能提的秘密交易能让伯宁获得更多的安全感。国际火柴公司的财务报表绝对不能真实反映伊瓦公司的实际价值。它们只不过是个底线，暗示着公司的真实价值要高得多。

例如，伊瓦向伯宁展示了一份所谓“西班牙合约”的复印件，看上去这份合约已经得到了米格尔·普里莫·德里维拉（Miguel Primo de Rivera）的签署。在近来的一场政变中，西班牙独裁者德里维拉从国王阿方索手中夺取了政权。伊瓦还提到他曾在 1923 年与阿方索会面，他说德里维拉为斯德哥尔摩的火柴工厂提供了资金，但他并未提及自己获得的数不清的奖项与勋章。正如伊瓦预测的那样，巴黎媒体得知了这一消息。一篇社论举例说，伊瓦获得的某个勋章象征着他在金融界独一无二的高尚地位。这篇文章还说："法国奇迹让伊瓦·克鲁格摇身一变，成了金融界的超人。从今天开始，他就是奥林匹亚之神一样的人物。"

THE MATCH KING

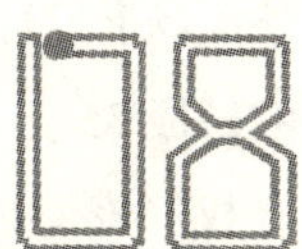

火柴帝国的建立

火柴宫殿让伊瓦多了一重物质上的防护。对伊瓦来说，物质防护增长的速度总是要比心理防御增强的速度快得多，而伊瓦花了一辈子时间为自己建立起心理防御。在这种新堡垒里，不管是身体还是心灵，伊瓦终于感觉安全了。或者说，他希望自己已经安全了。

法国的那笔交易和新发行的5 000万美元债券让伊瓦的社会名望再创高峰，这大大提高了国际火柴公司到纽约证券交易所上市的可能性，也进一步巩固了伊瓦在金融业内的领先地位。在公众面前，他依然保持着谦虚有礼的态度，但是在私底下，他对自己掌控金融市场的能力越发自信。截至1927年年底，伊瓦掌握了近12个国家的火柴销售垄断权。国际火柴公司在场外市场上发行的优先股价格飞快上涨，价位达到了当初发行价的3倍，由原来的每股35美元涨到了每股超过100美元。伊瓦仍然掌握着国际火柴公司的控股权：该公司的普通股仍然由瑞典火柴公司以及几家瑞典本土银行持有。目前，瑞典火柴公司共拥有2.6万名员工，90多个火柴生产厂遍布全球，其中包括设在阿尔及利亚、菲律宾以及遍布南美洲的多个新工厂。伊瓦还在谋求达成更多的火柴垄断权交易，他正在与危地马拉、立陶宛、罗马尼亚以及土耳其等国谈判，甚至还打算与波兰再签订一份火柴垄断权协议。瑞典火柴公司接管了加拿大境内两家规模最大的火柴厂，而国际火柴公司则和布莱恩特与梅公司（Bryant & May）达成了交易——布莱恩特与梅公司控制着英国境内火柴的生产与销售市场。

伊瓦还把自己公司的高价优先股当钱用，在收购火柴行业外的其他企业时，直接把本公司的优先股而不是现金支付给对方。伊瓦买下了几家银行、矿业公司、铁路公司、木材与造纸厂、电影经销公司、不动产，甚至还在瑞典的电话行业里占据着数一数二的位置——只不过后来，第一名被爱立信公司抢走了。他控制着国际市场上铁矿石与纤维膜一半左右的交易量。他在全球各地买下了多个矿场，包括位于瑞典东北部的波利顿（Boliden）矿场，这里有很多金矿床。他在柏林的中央地带买下了好几亩地，还在阿姆斯特丹、奥斯陆、巴黎、斯德哥尔摩以及华沙等地买下了多幢独一无二的建筑物。伊瓦每年支付的所得税超过200万克朗，是斯德哥尔摩纳税额最高的人。不过，他显然没有为自己的所有收入纳税。上述所有资产都是真实存在的，伊瓦本人或他的公司是这些资产的所有者，这一点也确定无疑。因此，伊瓦理应是世界上最富有、最有权势的商人之一。

火柴宫殿，伊瓦的避风港

伊瓦经常到处旅行，很少在一个城市长时间停留。除了公司名下的不动产以外，伊瓦还在欧洲的多个城市拥有宽敞的公寓（其中包括华沙），然而他多年来从未踏足这些城市。在伦敦，他很喜欢萨沃伊酒店的某间套房，于是他预定了这间套房长达几个月的时间，可是他根本没有去英国的计划。在瑞典，伊瓦拥有三幢避暑别墅，他常常乘坐着一长列车队或游艇中的某一辆来这里度假，据说其中一辆汽艇是当时瑞典国内速度最快的汽艇之一。

公寓、跑车、汽艇只能带来转眼即逝的短暂快乐。伊瓦想为自己留下永垂不朽的印迹——建造一幢可历经几个世纪仍屹立不倒的建筑物，就像他的家乡卡尔玛的城堡一样。而且，随着伊瓦公司股价的飞快上涨，他也意识到了市场失控风险的存在。他想维护好自己在瑞典本土的名声，把斯德哥尔摩作为自己的大本营。

由于法国那笔交易赚到了不少钱，现在伊瓦手上有足够的钱来完成大楼的修建工作，而这座大楼将成为他的传奇丰碑：在物质上，它将成为伊瓦企业的办公地点；在精神上，它又是伊瓦企业家精神的象征。他决定把这座大楼起名为“火柴宫殿”（Match Palace），这个称呼非常合适，足以映衬出伊瓦的伟大。

伊瓦聘请的设计师名叫伊瓦·贾斯特斯·滕博姆（Ivar Justus Tengbom），他是20世纪初瑞典国内最杰出的新古典主义建筑师之一。滕博姆是瑞典皇家艺术学院（Royal Swedish College of Art）的教授，曾主持设计斯德哥尔摩市内多幢充满艺术感的建筑物：斯德哥尔摩市政厅、斯德哥尔摩经济学院以及斯德哥尔摩音乐厅。他也曾与克鲁格与托尔公司合作过几个项目，斯德哥尔摩市政厅就是其中之一，因此他很清楚伊瓦对美观与效率这两大因素看得同样重。当然，火柴宫殿必须成为经典的建筑作品，但是与伊瓦主持修建的其他建筑物一样，建造的速度必须要快。就在与法国政府达成交易一年以后，火柴宫殿完工了。

在斯德哥尔摩中心地带的西花园街15号，国王花园（Kungstradgarden park）西侧，沉甸甸的铸铁大门后矗立着一幢四层的高大建筑。站在街道上，访客可以看到在二楼的中央位置，长长的阳台环绕着三扇窗户。到了夜晚，蓝灰色的大理石墙面会被灯光照亮，多个花岗岩柱环绕着整个中庭，庭院里的小路是用颜色相衬的石头铺成的。整个建筑格局是对称的，而且从里到外巧妙地使用了“火”这种象征物。在一部分路面上，人们可以看到镶嵌着印有普罗米修斯（他将火种赐予人间）头像的马赛克图案。

庭院的中央是由卡尔·米勒斯（Carl Milles）设计的喷泉和一座狄安娜女神的雕像，她是一位女猎手，养育并保护了许多弱小动物。这座雕像与伊瓦在斯德哥尔摩的公寓外矗立的由米勒斯设计的小型雕像相互辉映。狄安娜女神身边围绕着被她救活的各种奇异的森林生物，其中有一只用青铜打造而成、长相可爱的小野猪。整座雕像以及野猪的脚都因禁止靠近而保存完好。包括伊瓦在内的任何人都被严禁用手触碰雕像。

这幢大楼的隔壁就是伊瓦与保罗·托尔最初一起工作时的办公室。当火柴宫殿完工时，伊瓦决定，克鲁格与托尔公司及其下属子公司的雇员继续留在旧办公大楼里工作，新建的办公大楼只供瑞典火柴公司使用。就像成功地把保罗·托尔赶出瑞典火柴公司一样，伊瓦坚决不同意把新旧两座大楼之间的屏障打通。如果克鲁格与托尔公司的员工想和瑞典火柴公司的员工说话，他们必须走出大楼，穿过整个中庭，从位于大街的正门进入瑞典火柴公司，反之亦然。

伊瓦并不需要这么大面积的新办公楼，但是拥有它让人感觉是种荣耀。在这幢大楼里办公的行政人员不足 150 人，其中还包括电梯管理员与汽车司机，余下的 2.6 万名员工在其他地方工作。

在 1928 年之前，伊瓦最亲密的事业伙伴——托尔斯滕、克里斯特·利托林以及安德斯·乔达始终在世界各地忙个不停。如今，伊瓦把他们召回斯德哥尔摩庆祝这幢大楼的建成，并建议他们把它当作基地利用。从那时开始，利托林的大部分时间都是在这座大楼里度过的。虽然托尔斯滕还在欧洲各国之间跑来跑去，乔达的工作重心在美国，但是只要他们返回斯德哥尔摩，就一定会回到火柴宫殿相聚。

火柴宫殿建成后不久，这三个人就和伊瓦一起参观了整幢大楼。不管谁来参观，会议室都既是第一站，也是最后一站。滕博姆将会议室安排在整个大楼的弧形前端，中庭的半圆形上弧顶把整个会议室包围起来。为了与弧线完美连接，墙壁由多块扁平板拼接而成。

在墙面的平板上，伊瓦委托斯德哥尔摩的著名印象派画家艾萨克·格鲁内瓦尔德（Isaac Grunewald）绘制了一副名为《破晓》的令人惊叹的巨型画作，这幅画与格鲁内瓦尔德在斯德哥尔摩音乐厅（这个音乐厅堪称瑞典版的西斯廷教堂，同时也是每年诺贝尔奖颁奖典礼的召开地）墙壁与天花板上绘制的作品相呼应，描绘的是骑在一匹飞马上的普罗米修斯穿过彩虹直冲而下，把火种赐予下方陷入黑暗之地的人类。显然，画中的神祇普罗米修斯代表的就是伊瓦，他把火柴以及生产和销售火柴所创造的收益带给了人们。墙壁上的空白处镶嵌着桃花心木与胡桃木。在绘有画作的墙壁平板之间，每个短边处都放置了一个大理石壁炉（这些大理石产自瑞典中部的格洛普托普），而且每个壁炉上都覆盖着厚重的铸铁盘。房间内每个壁炉上方都有几块用46种不同木材制成的平板，有的木板上画的是雷神托尔与巨人打斗，还有的木板上画的是“五大洲”在举行拜火仪式。

会议室的办公桌由香橼木制成，和墙壁一样精美。桌上靠近座椅的地方镶嵌着象牙，每一块象牙都对应着一个成为瑞典火柴公司市场的国家。皮质的桌垫用黄金做装饰。这间会议室看上去非常富丽堂皇，很适合伊瓦与各国政要开会洽谈，不过事实上，类似的会议大多是在斯德哥尔摩以外的地方召开的。

火柴宫殿更像是向世人彰显伊瓦雄厚资本实力的一个实体标志。伊瓦设计了这座宫殿，让自己拥有安全且能隔绝他人的工作场所。在四楼长长的走廊尽头，伊瓦为自己准备了一个小小的私人工作空间，他为其取名为“静室”（Silence Room）。室内有一张书桌和一个沙发，除此之外没有其他家具。这个房间与更衣室相连，而且门是从里锁住的。伊瓦有时会把自己关在静室里一连好几天。这是一个特殊的地方，伊瓦内心深处隐藏的“魔鬼”可以安全地跑出来游荡。只有伊瓦和守卫有这个房间的钥匙。

火柴宫殿的行政套房看上去有些像隐藏在黑暗森林里的军事碉堡。套房正对着会议室高高的窗户，两者之间是等候大厅，大厅对面便是半圆形的中庭。伊瓦与克里斯特·利托林的办公室看起来一模一样，伊瓦的助手卡琳·博克曼的办公室则紧挨着伊瓦的办公室。这种布局就像是在告诉访客，要想见到伊瓦得先越过重重障碍。伊瓦办公室的门外有一个红绿灯，不同颜色的灯表明此时伊瓦是否有空接待访客。客人来到门前时会先看到红灯在闪烁，只有当博克曼小姐打通了伊瓦办公室的某个电话并得到许可后，红灯才会变成绿灯。

对伊瓦来说，这个办公室更多的是为了展示，而非工作。门口处摆放着一件木制镶嵌艺术品，上面描绘的是瑞典最古老的火柴厂和一座山峰，山峰旁边有两根火把和三颗星星作为点缀。在房间内部，墙壁上覆盖着红木以及桃花心木制成的镶板。在靠近门口处，镶板后隐藏着一个嵌入墙壁的保险箱，有时伊瓦会开玩笑般地向客人展示这个保险箱，并表示机密文件也许都存放在这里。这个保险箱通常是打开的，一旦发生紧急情况，卡琳·博克曼知道锁的组合密码。

房间的一侧摆放着一个舒服的沙发、两把扶手椅和一张小圆桌，旁边是一个小型书柜和一个橱柜。沙发后面的墙壁上悬挂着一幅巨大的哥白林壁饰挂毯。整个房间的每一个细节都像伊瓦的公寓一样规规矩矩、煞费苦心，它正确地传递出了伊瓦想表达的信号——这个有钱人心灵高洁，而且品位无可挑剔。那两把扶手椅看上去似乎从未被使用过。

伊瓦的书桌靠近房间左侧的第一扇窗户。当然，这个书桌也主要用于展示。事实上，伊瓦真正做事时会待在火柴宫殿的其他房间里，但是他喜欢从这张书桌后站起身来迎接他的客人。书桌旁边的一张桌子上摆放着三部电话。最右边的电话能直接联系到卡琳·博克曼。最左边的电话是世界上第一批免提扬声电话之一，被称为“首脑的电话”，由爱立信公司制造。

中间那部电话是一部假电话，就像伯伦加莉亚号的第三个烟囱一样。只要伊瓦按动书桌下面的按钮，这部假电话就会响起铃声。如果健谈的访客在办公室里停留的时间过长，伊瓦就会按动这个按钮，于是识趣的客人会尽快离开。伊瓦还用中间这部假电话给他的支持者们留下了深刻印象。在国际火柴公司的董事珀西·洛克菲勒参观火柴宫殿时，伊瓦假装接到了好几个欧洲政要打来的电话，其中包括墨索里尼和斯大林。当天晚上，伊瓦举行了一场豪华宴会，将洛克菲勒引荐给来自各国的多位“大使”，事实上，这些“大使”都是伊瓦为晚宴雇用的群众演员。洛克菲勒从斯德哥尔摩返回后写了一份热情洋溢的报告，他告诉其他董事：“这个男人是社会的栋梁。他与欧洲各国政府首脑关系最为紧密。先生们，我们真的很荣幸能与伊瓦·克鲁格先生共事。”

当伊瓦真正需要工作时，他会在火柴宫殿里挑选一个空房间，然后摆上几张桌子，每张桌子上摆放着一个国家的资料——他的助手负责把同一个国家的图表与统计资料整理好放在一张桌子上，而伊瓦就在这几张桌子之间走来走去，把数字和详细的财务信息全部记下来，以备将来不时之需。埋首在几大堆纸张资料中思考是伊瓦感觉最满意也最舒服的工作方式，他只要求自己的办公室不能有一丝凌乱。

火柴宫殿不仅体现了伊瓦的品位，还反映出了他的心理状态。大概 30 年前，伊瓦第一次来到美国时，为了实现自己的商业野心，他不得不改变自己“公开”的个性。而他的真实个性（如果真有的话）则慢慢遗失了。如今，人们早已无法将眼前这位充满魅力与说服力的火柴大王与当年那个来自瑞典卡尔玛的内向、面无表情的孩子联系到一起。慢慢地，伊瓦把自己童年的悲惨遭遇全部深埋到心底：在学校里嘲弄他摘花的某个男生，在婚礼上推开他手的一个十几岁的挪威少女，不疼爱他的母亲与未给他留下深刻印象的父亲。作为世界上最有权势的男人之一，这样的过去毫无用处。

总的来说，火柴宫殿保护性的环境布局意味着人们很难碰触到伊瓦·克鲁格真正的内心。如今，人们很难见到伊瓦本人，也难以确定他到底是什么样的人。即使是伊瓦最亲密的朋友，亲眼见证了伊瓦个性的转变，也难以弄清现在伊瓦到底是怎样的人。每当被压抑的思绪袭上心头，伊瓦就会跑到静室里，一个人慢慢平复心情。对于他生命中的其他所有人来说，伊瓦是一本晦涩难懂的书。相对而言，向卡琳·博克曼口述电报，与葛丽泰·嘉宝跳舞，或者听他的邻居英厄堡·埃伯斯弹钢琴，是他最放开胸怀的时候。

火柴宫殿让伊瓦多了一重物质上的防护。对伊瓦来说，物质防护增长的速度总是要比心理防御增强的速度快得多，而伊瓦花了一辈子时间为自己建立起心理防御。在这种新堡垒里，不管是身体还是心灵，伊瓦终于感觉安全了，或者说，他希望自己已经安全了。

美梦成真，国际火柴公司成功上市

伊瓦没有请伯宁参观火柴宫殿，至少没有立即邀请他来参观。事实上，虽然伯宁可以说是伊瓦职业生涯中最重要的一个人物，但是在1927年年底至1928年年初这段时间里，伊瓦几乎彻底遗忘了他。在结束了漫长的旅程，返回斯德哥尔摩接待了第一批访客以后，伊瓦终于给伯宁写信了：

> 我已经收到了你在11月10日发来的三封信以及分别于11月23日、12月3日和1月25日发来的信件，我对此表示感谢。在离开差不多半年以后，现在我刚刚回到瑞典，这也正是我没有回复之前你发来的信件的原因。

伊瓦给审计师伯宁寄去的迟到的回信内容有些唐突。他主要询问了几个税务问题，还提到让伯宁去帮他做一件最重要的事情：让国际火柴公司到纽约证券交易所挂牌上市。

就在伊瓦搬进火柴宫殿的同时，伯宁完成了上市的申请工作。早在30年前第一次参观纽约证券交易所时，伊瓦就梦想着有一天自己公司的证券也能在交易所的大厅内进行交易。法国那笔交易谈成以后，伊瓦公司的实力已经累积得足够强劲，杜兰特和李-希金森都同意支持他。接下来的问题便是伯宁能否说服交易所赞同国际火柴公司的财务报表是满足上市要求的。

在安东·温德勒的办公室翻阅了一大堆文件后，伯宁意识到自己根本无法拿到伊瓦所有子公司的详细财务数据。只有伊瓦本人，也许再加上温德勒，才知道到底是怎么回事。伊瓦似乎能记住每一家子公司每个季度的资产、负债、收入与费用的金额，他能随时从脑海里回忆起这些数字。伯宁最终拿定了主意：自己别无选择，只能依赖并信任伊瓦。

伯宁对瑞典当地审计结果的信任程度有所提升，原因是他发现了一个事实：伊瓦间接持有国际火柴公司一半的股份。伯宁正在准备的上市申请是打算把国际火柴公司的参与型优先股而非普通股拿到交易所上市。优先股的优先权排在伊瓦持有的普通股之前，只有在优先股先获得赔偿以后，普通股才能得到赔偿。换言之，如果国际火柴亏损了，会最先感受到痛苦的是伊瓦，随后才是那些持有在交易所挂牌上市证券（即参与型优先股）的投资者。这样一来，伯宁和厄恩斯特与厄恩斯特会计师事务所为伊瓦以及国际火柴公司的财务报表担保就变得容易多了。毕竟，伊瓦持有公司一半的普通股，如果他提供的财务报表是虚假的，这些优先股自然血本无归，不过他也会陷入相同的境地。为什么伊瓦要欺骗自己呢?

伯宁并没有向在瑞典当地负责伊瓦公司审计事务的安东·温德勒要求获得更多的财务数据。伯宁只需要能向纽约证券交易所证明国际火柴公司提交的财务报告中列出的概要数据的准确性。当伯宁搜集到自认为足够多的信息以后，厄恩斯特与厄恩斯特会计师事务所也对国际火柴公司最近的业绩感到很满意，于是他们提交了上市申请。

交易所的股票上市委员会立即要求伯宁提供一些关于国际火柴公司收入来源的更详细的信息。虽然交易所对其他很多企业的上市审核并不是那么严谨，但这次他们肯定是对伊瓦及其设在海外的公司有所怀疑。尤其值得一提的是，委员会要求伯宁将公司的收入条目进一步细分，以便投资者弄清哪些利润来源于火柴的销售，哪些利润来源于其他业务。这是这么多年来所有人一直在问的一个问题，提问者包括唐纳德·杜兰特、威斯康星州的监管部门以及几位大额投资者。但是，伊瓦从未给过任何人问题的答案。

一些审计师也许会催促他们的客户提供更多额外的信息，但是伯宁知道，伊瓦不会向交易所“披露详细信息”的要求妥协。在这个时候，伊瓦甚至有可能不回复伯宁的电报，至少是耽搁一阵后再回复。于是，伯宁决定拒绝纽约证券交易所的要求。如果交易所想让伊瓦·克鲁格公司的证券上市，就必须按照伊瓦开出的条件做。在交易所上市的很多企业都没有提供太多详细的资料，而这些企业是由不持有大量股份的经理人负责经营管理的，因此如果经理们撒谎，他们的损失也不会太大——他们手上持有的公司股份并不多。与之相反，国际火柴公司本质上就是伊瓦自己的公司。伯宁是这样回复的：

我的看法是，国际火柴公司的所有收入来源于火柴的生产与销售以及其他一些相关企业，例如化学制品、木材以及技术服务等等，此外还包括公司在上述各领域的投资所产生的利息收益及其他收入。因此，没有必要将公司的收入进一步细分；而且，一旦细分后，每个收入细分条目都有可能出现波动，所以，这样做或许是不明智的。

伯宁的立场比较激进，但是到目前为止，他所能做的就是为伊瓦全力付出。他还不是厄恩斯特与厄恩斯特会计师事务所的合伙人，如果他能成功地帮助国际火柴公司在纽约证券交易所上市，那么显然很有可能被邀请成为公司的合伙人。现在伯宁只能听伊瓦的话，只能信赖伊瓦记得住多家子公司成千上万笔交易的细节。伯宁无法验证这些数据或信息是否准确，他只能把它们当成事实。他热切地等待着纽约证券交易所的回复，这不会花太长时间。

对美国人来说，1928 年 6 月是令人感到愉快的一个月，对伊瓦来说更是美好的一个月。共和党总统候选人赫伯特·胡佛宣布：

救济院正在慢慢消失。虽然现在我们还没有实现目标，但是只要继续推行过去 8 年间一直执行的政策，我们很快就能迎来贫穷在这个国家被彻底消灭的那一天。

即使股票市场上偶尔出现大幅下跌的情况，价格也很快就会反弹回来，仍在场外市场上交易股票的国际火柴公司与瑞典火柴公司也是如此，它们的股价一直在不停地上涨。伯宁向伊瓦汇报说："在最近几次非常严重的市场下跌中，美国市场上几乎所有的股票都受到了波及，但是这两家公司的股价依然很坚挺。"

考虑到国际火柴公司实际上根本没有钱，几乎难以按时偿还债务，其股价还能有这样的表现，这实在令人瞩目。1928 年 6 月 30 日，伯宁给伊瓦发电报说，国际火柴公司"需要及时准备好现金，7 月 15 日要向股东发放股息"。伊瓦不得不马上把资金电汇到纽约，确保他的公司（当时全球投资者的宠儿）不至于违约。投资者们对国际火柴公司的未来非常乐观，违约简直是不可思议的事。他们不关心公司到底有多少现金，只要能按时收到股息，他们也不愿意费力气去考察公司的经营状况。

对伯宁来说，6月也是个幸运月。就在伯宁拒绝提供国际火柴公司更详细的收入数据以后，纽约证券交易所最终做出了让步。伯宁坚持立场的决定得到了回报，他高兴地告诉伊瓦，交易所已经放弃了之前的反对意见：

> 我以个人名义与纽约证券交易所的股票上市委员会进行了交涉，终于让他们相信这样做根本不具有可行性。因此，国际火柴公司1927年度的年报将会按照之前我们在斯德哥尔摩共同拟定的样式对外公布。

伊瓦在巴黎得知了这一好消息，他和自己的助手卡琳·博克曼在那里待了几天。伊瓦决定下次到纽约时要参观一下交易所，站在高处俯瞰做市商席位上的交易员交易自己名下某家公司证券的经过。在某种意义上，这简直就是童年的梦想成真。每一天，交易所大厅的地上都散落着股票行情自动收录器所用的纸带，其中一些纸带上打印着国际火柴公司发行的参与型优先股的成交价格。

伊瓦马上在自己最喜爱的餐厅之一——帕亚尔餐厅安排了一场庆祝宴会。虽然接到邀请的时间比较迟，还是有几十位宾客应邀出席。整场宴会上，伊瓦和卡琳·博克曼是最忙碌的人。最后，帕亚尔餐厅开出的单据显示，这场晚宴共消费了105瓶红酒。伊瓦肯定尽情享受了每一滴。

和平常一样，伯宁是最后一个收到伊瓦回信的人。那天宴会结束后，伊瓦给厄恩斯特与厄恩斯特会计师事务所发去了电报："得知你成功地让纽约证券交易所审批通过了我们俩在斯德哥尔摩讨论后编制的公司资产负债表，我深感满意，我很感激你在这方面所做的工作。"厄恩斯特兄弟也非常满意，他们开始讨论给年轻的伯宁升职一事。

可疑的 17% 利润

伯宁将继续为伊瓦公司提供财务审计服务，伊瓦对此感到高兴，但他还是不愿意亲自与伯宁会面。而且，现在伊瓦有了一间静室，这让他变得更加离群索居，与会计师和银行家们会面的次数变得更少了。既然国际火柴公司已经在纽约证券交易所成功上市，伊瓦便要求伯宁准备一下瑞典火柴公司的上市申请。在欧洲和纽约时，伊瓦都故意避开了与伯宁碰面的机会。伊瓦可能是不想与伯宁见面，也可能是不想让伯宁有机会当面向他提出一些尖锐的问题，然后亲眼看到自己退缩畏惧不敢回答的样子。

伊瓦还让伯宁为大都会人寿保险公司（Metropolitan Life Insurance）提供帮助。大都会人寿保险公司是全球规模最大、最有经验的机构投资者之一。根据唐纳德·杜兰特的说法，当时大都会人寿保险公司正在考虑大量买入国际火柴公司发行的证券。显然，若是能被大都会人寿保险公司大量买进，就如同在纽约证券交易所上市一样，国际火柴公司的证券将会被盖上“优质投资品”的印章。

不过，大都会人寿保险公司在大量买入之前，要求获得关于国际火柴公司更多的信息，尤其是公司来源于全球多家子公司的收入细分条目。保险公司通常会按照行业与国家对自己的投资进行分类管理，大都会人寿保险公司声称如果不能掌握足够多的信息，就不会买进国际火柴公司的证券。

伊瓦让伯宁准备一些详细数据来满足大都会人寿保险公司的要求。伯宁知道，这些信息必须保密，因为国际火柴公司“很大程度上是在获得了特殊的政府特许权的条件下进行生产经营的，而单纯从政治角度来看，这种特许权很有可能会招来批评”。和以前一样，伊瓦再次重申了自己对竞争对手会趁机窃取宝贵商业机密的担心，一旦细节被公之于众，外国的政府官员可能会因此止步不前。

伊瓦审查了伯宁准备的备忘录，同意授权给杜兰特，将备忘录私下展示给大都会人寿保险公司。备忘录将国际火柴公司的收入来源细分为如下条目：

法国：26%
西班牙：23%
意大利：17%
波兰：11%
德国：6%
其他：17%

这份名单很不寻常。5个国家的收入之和占据了国际火柴公司总收入的83%，但是伊瓦只获得了其中两个国家的火柴特许经营权（而且法国的那笔交易甚至还不是真正的垄断权）。伊瓦曾经向伯宁和杜兰特提到过，他正在与西班牙、意大利和德国的政府官员谈判，但他没有向上述任何一个国家提供过贷款。换言之，伯宁整理的这份备忘录所涵盖的收入不可能包括上述几个国家的政府向国际火柴公司支付的贷款利息。

瑞典火柴公司是国际火柴公司最后一个利润来源，它没有在任何国家进行过垄断权交易。1928年，瑞典火柴公司的报告利润超过了1 300万美元，相比前一年不足1 100万美元的利润额可谓增长迅速。目前，瑞典火柴公司的经营范围涵盖了35个国家。由于1928年公司的经营效益非常好，公司的董事们正打算向股东额外发放一笔10%的特别股息。不过，虽然1928年瑞典火柴公司的突出业绩令人印象深刻，但是它并没有与西班牙、意大利、德国等国家进行过特许权交易。那么，在上述几个国家获得的收入到底来自哪里？难道瑞典火柴公司在这几个国家境内的销售额有那么高吗？可能性是有的，但是人们无法判断真假。

“其他：17%”这一项也很奇怪。1928年，伊瓦交易过的“其他”国家只包括爱沙尼亚、南斯拉夫和匈牙利，这几个国家都太小了，不可能在国际火柴公司的年收入或总资产中占据那么大的比重。伊瓦拿到了拉脱维亚的火柴经营垄断权，交换条件是向该国提供了600万美元的贷款。不过，即使伊瓦曾经几次贿赂拉脱维亚的多个国会议员，这桩垄断权交易也直到1928年12月20日才得到正式批准。而与罗马尼亚总价值为3 000万美元的交易（当时罗马尼亚政府急需大量资金稳定快速下滑的本币币值）直到1929年1月30日才被罗马尼亚官方正式批准。这两笔交易发生的时间太晚了，本不应当被计入向大都会人寿保险公司提供的备忘录，那么，这额外的“其他：17%”到底来自哪里呢？

如果上面这些问题还不够麻烦，至少有一个事实是很清楚的：任何资金，哪怕是向各国政府提供的小额贷款，都绝不可能来自国际火柴公司，原因很简单——国际火柴公司根本没有钱。瑞典火柴公司也同样没有钱。所有资金肯定来自瑞典火柴公司的最大股东——克鲁格与托尔公司。当时，克鲁格与托尔公司的经营利润来源于多项业务，包括建筑项目。但是，如果是克鲁格与托尔公司提供的资金，为什么利润会被计入国际火柴公司细分的各国利润表？

克鲁格与托尔公司和国际火柴公司之间的关系扑朔迷离，但是克鲁格与托尔公司在两者的关系中占据主导地位，这点毋庸置疑。和伊瓦名下的其他公司一样，在整个20世纪20年代，克鲁格与托尔公司一直在到处融资。据说，截至1929年年初，克鲁格与托尔公司发行的证券是全球范围内销售范围最广的证券。其普通股的发行价相当于面值的730%，其可转换债券的发行价相当于面值的863%。克鲁格与托尔公司的投资者赚了不少钱，当然，作为公司最大的投资者，伊瓦也大赚了一笔。克鲁格与托尔公司依然留在场外市场上交易，当纽约的“操作者们”在场外市场上把克鲁格与托尔公司的股价不断炒高时，伊瓦采用低买高卖的交易策略，充分利用了这股投机热潮。

就算伊瓦担心这股狂热的势头会像南海泡沫或荷兰郁金香泡沫一样很快结束，他也完全没有表现出这种担忧。相反，他还进一步提高了公司向股东支付的股息金额。他宣布，计划将克鲁格与托尔公司的股息支付率提高至30%，将瑞典火柴公司的股息支付率提高至16%，不过最终这两个计划都没有得到批准。

只有在有能力在西班牙、意大利以及德国等地赚取丰厚利润之后，如此慷慨的股息支付政策才具有可持续性。显然，投资者们相信，伊瓦正在努力实现这些目标。

不论如何，大都会人寿保险公司都没有对伊瓦提供的收入明细单提出任何质疑。大都会人寿保险公司只是需要拿到这样一份名单，至于名单的内容是否正确，它并不在乎。对伊瓦将多个子公司的资产进行合并记录的做法，大都会人寿保险公司并不反对，也没有仔细询问到底是哪些资产创造了如此多的收入。国际火柴公司并没有介入与拉脱维亚和罗马尼亚政府谈判的过程，它还有更重要的事情要做。如果公司真能获取西班牙国内的火柴垄断经营权，那么其发行的优先股绝对是物美价廉的投资品。像美国无线电公司与通用汽车公司一样，国际火柴公司是成长型的企业。大都会人寿保险公司很高兴可以将自己的投资分成独立的类别进行管理，即使这些类别并不符合现实情况。1928 年年底，大都会人寿保险公司大量买入了国际火柴公司发行的证券。

没有人要求获得更多的信息

大都会人寿保险公司的调查让唐纳德·杜兰特再次意识到，自己并不真正了解伊瓦名下的各家公司，尤其值得一提的是，他对克鲁格与托尔公司一无所知。对杜兰特来说，这个公司就像一个黑洞。与此同时，伊瓦给杜兰特写信说，他计划将克鲁格与托尔公司的国际定位“从原先较为激进的控股公司转变为积极从事金融交易的公司”。这种转变让杜兰特很是担忧。

就在大都会人寿保险公司大量买入国际火柴公司的参与型优先股之后，杜兰特告诉伊瓦，他想在伯宁的帮助下仔细地核查一次克鲁格与托尔公司财务报表上的详细数据。1929 年 2 月中旬，伊瓦的回复是：“对你打算询问伯宁的安排没有任何异议。”

杜兰特并不怀疑伊瓦已经在很多国家取得了火柴的特许专营权，这些国家包括厄瓜多尔、爱沙尼亚、法国、希腊、匈牙利、拉脱维亚、秘鲁、波兰、葡萄牙、罗马尼亚和南斯拉夫。杜兰特也不怀疑瑞典火柴公司一直在带领国际火柴公司扩大规模。最近，瑞典火柴公司进入了巴西市场，收购了巴西本地的几家火柴制造厂，正打算买下巴西的 Phosphoros 公司，该公司控制着余下大部分火柴制造厂。

毫无疑问，这些资产与收入都是真实的，但公司的负债也是真实的。杜兰特想知道伊瓦的公司到底价值几何，他从伯宁处听到的关于伊瓦海外子公司以及表外账目的信息越多，就对这个问题越发困惑。对国际火柴公司来说，1928 年是令人吃惊的一年，但杜兰特不明白为什么会这样。看起来，把伊瓦公司的财务报表弄个水落石出是不可能的。他甚至难以想象 1929 年会发生什么事。

杜兰特非常担心伊瓦把 1928 年的报表利润写得太高，至少比所需水平高。如果投资者并不关心国际火柴公司财务报表上的数据到底是多少，而会像以前一样匆匆看一眼了事，那为什么伊瓦一定要把报表利润写得这么高呢？即使报表利润低一些，投资者也一样会高兴，甚至连最聪明的分析师也不一定会表露对意料之外的高利润的惊讶，因为惊讶会让他们看上去显得无知，就像并没有真正了解过自己的研究对象一样。

在与伯宁谈过以后，杜兰特产生了一个有点激进的想法。为什么不把 1928 年的报表利润调低一些，为 1929 年预留出空间呢？ 1929 年 2 月 22 日，伯宁向伊瓦报告说："杜兰特私下里认为，1928 年的报表利润有些高于必要水平了。"伊瓦愿意把一部分利润结转到下一年吗？

这 3 个人开始考虑国际火柴公司是否应当把 1928 年的一部分利润截留下来，一旦下一年（1929 年）的经营状况不好时，这部分被截留的利润便可以被用作一种"审慎"的缓冲。更具讽刺意味的是，杜兰特建议做些手脚截留利润的财务报表，正是他们为使瑞典火柴公司上市而准备向纽约证券交易所提交的申请材料之一。自从纽约证券交易所同意国际火柴公司的上市请求后，他们便一直在努力也让瑞典火柴公司在那里上市。伯宁在仓促间准备好了申请材料，需要伊瓦审查财务报表。他发给伊瓦的电报长达 9 页，上面到处是新数字。按照杜兰特的建议，伯宁把将近 100 万美元转入了储备账户。伯宁想知道伊瓦能否接受这种调整方式，还是说他会要求他们按照其他方式调整多余的利润，比如将其划定为“盈余资金”。

当时伊瓦人在巴黎，对这些细节调整漠不关心。他回复了电报：

> 我们对你在 3 月 2 日发来的电报中提到的资产负债表以及损益表的内容与形式表示赞同。对我们来说，不管你把这 956 760 美元转入“盈余资金”还是“储备资金”项下，都无关紧要。

伊瓦并不是唯一这样想的，没人注意到了这些细节。纽约证券交易所批准了瑞典火柴公司的上市申请，投资者蜂拥而至，抢购瑞典火柴公司与国际火柴公司发行的证券。杜兰特一改长久以来对伊瓦公司的怀疑态度，承销了伊瓦新发行的一批证券——以在场外市场交易的克鲁格与托尔公司的名义发行的价值为 2 650 万美元的新证券。除 J. P. 摩根公司以外，其他每家大银行都参加了承销这次新证券发行的辛迪加组织，没人要求获得更多信息。不管行事是否谨慎，伊瓦公司报告利润的方式根本不重要。

精神崩溃的“常驻合伙人”

自从与交易所交涉以来，伯宁对自己必须依赖伊瓦这件事变得越来越焦虑。伯宁工作很仔细，他认为每个数字都很重要，但如今很多数据都不清楚。伯宁急切请求伊瓦提供更多信息，但几个月过去了，对方杳无音讯。伊瓦拒绝与伯宁见面，也很少回复伯宁发来的电报，而伯宁只能依靠与伊瓦之间如此稀少的交流来审计国际火柴公司的财务报表。显然，对伯宁来说，伊瓦现在对这些财务数据的态度比以前更散漫，更无所谓。伯宁不清楚是伊瓦变得比以前更随意了，还是事实上他正在隐瞒一些坏消息。当然，也有可能是因为伊瓦太忙，不愿被这些根本无人关注的细节打扰。

伯宁需要（而他的妻子极其需要）度一次假，伊瓦很高兴地应允了。但是自这对夫妇从纽约乘船出行开始，伯宁便无法放松下来，哪怕是在豪华邮轮的头等舱里也是如此。他们到达欧洲时，伯宁无法确定伊瓦到底人在哪里。紧张与不安让伯宁难以承受，最终在1929年，就在伯宁夫妇去往斯德哥尔摩的夏季旅行途中，伯宁精神崩溃了。

伯宁的精神崩溃终于让伊瓦不再躲藏。伊瓦对精神疾病并不陌生，他的父母都有这方面的问题。最近，伊瓦一直把自己锁在安静的房间里，正在与一波波袭来的狂躁与沮丧情绪抗争，因此他对这种精神崩溃有一定了解。

不论如何，伊瓦马上插手，安排了一位合适的医生，让伯宁多休息一段时间。伯宁很感谢伊瓦的好意，最后，出于个人的感激之情，他给伊瓦写了一封信：

> 在尝试与医生们就我近期的“小病”进行沟通之后，我得知您已把一切都安排妥当。您真是太善良了，我感激不尽。一直以来，您对我都太过照顾，我真不知该如何感谢您。

伊瓦希望能从伯宁那里获得感激的报答，他确实得到了。伯宁说服杜兰特撤回了一些在会计账目方面的要求。伯宁对伊瓦说的“感谢您”还包括下面这段充满保护意味的誓言：

> 您提到之前杜兰特先生对克鲁格与托尔公司的审计师有些疑义。如果他对我提及此事，我会回答说我们对本公司的经营状况及其与国际火柴公司、瑞典火柴公司的关系了如指掌，已经与您探讨过所有相关事项；而且，由于克鲁格与托尔公司是一家瑞典公司，所以单纯的审计事务应当和以前一样由瑞典本地的审计人员完成，一旦

出现特殊情况，我们无疑会做出相应安排。我的观点是，这种工作方式将在未来一段时间内持续下去。

作为回应，伊瓦给伯宁寄去了一份非常昂贵的私人礼物——总价值比伯宁的年薪还高的债券。这一回，轮到伯宁一个人悄悄用瑞典产打字机亲自写信给伊瓦了。和伊瓦先前的那封信一样，伯宁的这封信里到处是重新打过的痕迹和划掉的词语。显然，伯宁和伊瓦一样，都不习惯打字。伯宁在信件的结尾处特意注明："请原谅我这糟糕的打字水平：在使用美国产打字机时，我不是一个好打字员；当然，在使用瑞典产打字机时，我同样也好不到哪里去！"

虽然出了一些错误，伯宁的信还是准确地传达出了他的意思：

周一，当您把债券和报表递给我时，我肯定比自己想象的更加虚弱。我记得，若换算成美国的标准，那相当于230份债券。在返回酒店的路上，我发现世界都变得不一样了，我觉得当时自己没有好好地谢谢您。克鲁格先生，您对我总是这么慷慨、体贴和仁慈，我所得的一切早已远远超过了我应得的。我想，我永远也报答不了您的恩情。请您相信我对您深深的感激之情不仅限于工作，还包括对您个人在很多方面给予我的巨大帮助。

当伯宁最终动身从斯德哥尔摩返回家时，他竟然得知了更多好消息。首先，他又收到了一份来自伊瓦的礼物，那是一幅自画像。伯宁发现画中伊瓦的面容非常英俊，他的感觉是："我为自己能成为有特权拥有这样一幅画像的人之一而感到荣幸。"

接下来，厄恩斯特兄弟告诉伯宁，他们有一件重要的事要和伯宁商量。7年过后，伊瓦已经成为厄恩斯特与厄恩斯特会计师事务所最大的客户，伯宁值得奖励。他成功地说服了伊瓦向事务所支付更高的审计费用，同时，伊瓦还为咨询和税务筹划等服务项目支付了费用。厄恩斯特兄弟对伯宁取得的所有成就感到骄傲，他们决定邀请伯宁成为事务所的合伙人。从现在开始，伯宁寄出的信件上会用大写字母标明“常驻合伙人”（RESIDENT PARTNER）。

伯宁夫妇没有在帕亚尔餐厅举办狂欢宴会或是订 105 瓶红酒，但是梅·伯宁衷心为她的丈夫 A. D. 伯宁感到骄傲。现在他们有了足够的钱，买得起位于格林威治村 5 街 40 号的新公寓，也负担得起参加一些新社交团体的费用了。伯宁夫妇加入了纽约市内的几个最有名望的社交组织，其中包括联盟俱乐部（Union League Club）和沉睡谷乡村俱乐部。

但是，不管是成为合伙人还是加入这些俱乐部，都不能让伯宁的神经得到放松。升职给他带来了更多压力，他根本没时间打高尔夫。然而对伯宁来说，不幸的是，这些压力不过刚刚开始。

令人畏惧的冰山一角

在位于格林威治村的公寓里举行了一次朴素的庆祝宴会后，伯宁让瑞典方的会计师安东·温德勒把瑞典火柴公司和大陆投资公司（这是伊瓦设在列支敦士登的子公司）1928 年最终的财务报表寄给他。杜兰特没有接受伯宁的担保，而是要求他将尽可能多的信息汇总。但是，如果杜兰特期望能拿到比过去详细得多的数据，那么他注定会大失所望。

伯宁和杜兰特以为自己知道安东·温德勒和伊瓦用大陆投资公司的名义做了什么，但在看到大陆投资公司 1928 年的财务报表时，他们简直大吃一惊。他们没有想到，大陆投资公司的规模竟有这么大。按照温德勒提供的资料，截至 1928 年年底，大陆投资公司共持有约 1.25 亿美元资产，这使得这家神神秘秘地躲在列支敦士登的企业摇身一变，成为世界上规模最大的企业之一。但是，大陆投资公司的资产负债表上的条目丝毫不比他们两人从伊瓦手中拿到的其他财务数据更详细。温德勒寄来的财务报表是这样的：

大陆投资公司资产负债表

向政府发放的贷款：3 100 万美元

土地、建筑物、机器设备：3 200 万美元

投资于火柴经营特许权的贷款：2 800 万美元

股票与债券：1 500 万美元

应收账款与其他：900 万美元

一切便是如此。这些财务数据不仅没有解开大家的疑惑，反而让人产生了更多疑问，这让杜兰特变得比之前的伯宁更加神经紧张。最近几个月以来，伊瓦一直表现得对杜兰特非常友好与和善。为了能让杜兰特拿到更多收入（杜兰特是国际火柴公司的董事），伊瓦还任命他为克鲁格与托尔公司的董事。5 月，就在国际火柴公司召开年会的那一段时间里，伊瓦和杜兰特一起在纽约度过了几个挥金如土的夜晚。杜兰特喜欢被讨好的感觉，但他想知道伊瓦为什么突然愿意花费大量时间和金钱来讨好自己。

为了打消杜兰特的疑虑，伊瓦邀请伯宁来视察自己遍布全欧洲的企业。虽然伯宁夫人没有陪伴在侧，而且伯宁此次把大部分时间都投入了工作，但这次旅行对伯宁而言可算是最美妙的一次欧洲之旅了。在视察了位于柏林、哥本哈根、伦敦、纽伦堡、巴黎、布拉格、维也纳、苏黎世和斯德哥尔摩等地的工厂与生产设施以后，伯宁写了一份长达 4 页纸、没有空行的备忘录，详细说明了个人对上述工厂的视察情况。

显然，在这次旅行中，伯宁仍然秉持着对伊瓦的信任。他在报告中声称："粗糙的原木被迅速加工成薄木片，然后制成薄木条，再经过抛光处理，最终变为成品火柴。整个加工过程十分迅速，给我留下了非常深刻的印象。存货的周转率也非常快，和您在对比资产负债表的存货金额与年销售额时观察到的结果完全一致。"伯宁还注意到，"有能力的管理者"拥有"抓住关键点的非凡能力"，每个人都"敏锐、有进取心且颇具才干"。

他的结论是：

> 对我来说，克鲁格先生的做法似乎是在认真地为每个岗位挑选合适的员工，然后针对其岗位职责进行彻底的授权。整个组织的各个职能部门之间非常和谐，而且彼此信任，这也让我颇为感动。组织上下充满一股忠诚的、对职责无私奉献的强大精神力量。毫无疑问，这家公司之所以能取得如此大的成就以及令人震惊的快速发展，很大一部分原因在于上述这些优良品质。

伯宁试图对杜兰特提出的问题——有关伊瓦名下企业的规模以及经营范围的疑惑——做出解释。杜兰特曾经问过的问题包括：伊瓦的某家企业是在何地开始经营的？其他一些企业是在何地结束业务的？哪些负债属于国际火柴公司而非瑞典火柴公司或克鲁格与托尔公司？他们如何确定伊瓦没有采用套利形式在这几家公司之间分配转移利润？伯宁写道：

> 正如您所知，这3家规模相对较大的公司之间有着密切的关系，公司与公司之间的交易规模十分庞大。我观察到的所有交易的公平程度都非常之高。我们已经多次详细考察过国际火柴公司的经营状况，从未发现该公司与其下属子公司之间的某一笔关联交易存在不公平的情况。我想，您应该会对这样的考察结果感兴趣。

伯宁还给伊瓦寄去了一份备忘录的复印件，目的是让伊瓦知道自己在杜兰特这边做了很多工作。伯宁在每一页复印件上都标注了“本人亲启”字样，还附上了一张手写的便条：“唐纳德·杜兰特刚刚抽出时间来考察此事。此份复印件供您参考。我希望它能得到您的批准。真诚的A. D.伯宁。”伊瓦当然欣然应允。最近几个月以来，伯宁一直轮番在炎热地带与寒冷地区之间奔忙，伊瓦得知现在伯宁终于回到了气候不冷不热的温带地区，为此感到很高兴。

另一方面，杜兰特开始思考自己能信任谁。先前，他一直对伊瓦有所担忧，而现在，他开始担心伯宁。伯宁在报告中反复提到的“公平”一词就是一个警示信号。对20世纪20年代的很多会计人员来说,“公平”一词用起来并不舒服，也不习惯。

事实上，值得杜兰特为之担忧的原因远远超过了他自己的想象。1929年8月16日，伊瓦坐在卡琳·博克曼身边，向她口述了一封发给伯宁的邮件。也许是那张手写的“唐纳德·杜兰特”字条让伊瓦更加信任伯宁，但不论如何，伊瓦确实安排了那些远远称不上公平的公司间的账目转移行动，他认为现在是时候让伯宁知道这一切了。

博克曼打出的内容如下：

> 亲爱的伯宁先生：
>
> 在编制瑞典火柴公司1928年度的财务报表时，我们秘密地划出了一笔总价值为1 135 753.09美元的储备资金，将其暂时转入国际火柴公司的账户。这笔钱占1928年瑞典火柴公司出售某些外国债券所得利润的1/4。国际火柴公司对这笔利润没有任何要求权，在当前这个会计年度，这笔钱已经被转回瑞典火柴公司。

换言之，一开始时，伊瓦允许国际火柴公司临时占用瑞典火柴公司1928年度利润的1/4，但是现在，他要归还这笔利润。这真是来得容易，去得也快。

伊瓦希望厄恩斯特与厄恩斯特会计师事务所能以信件的方式出具一份证明，担保这种转移利润的做法是合乎规定的，因此国际火柴公司对这部分利润没有任何要求权。伊瓦甚至也用他最喜欢的会计术语出具了一份证言：

> 我们在此证实，于1928年12月31日，国际火柴公司与瑞典火柴公司之间所有账目的结算额为瑞典火柴公司拖欠国际火柴公司一笔价值为520 872.87美元的债务。我们得知，瑞典火柴公司于1928年12月31日出具的财务报表上记录着拖欠国际火柴公司的一笔价

> 值为 1 656 625.96 美元的债务。这两笔记录之所以不同，是因为瑞典火柴公司向国际火柴公司提供了价值为 1 135 753.09 美元的贷款，这笔钱占据瑞典火柴公司销售外国债券所得利润的 1/4。我们在此证明，据我们所知，国际火柴公司对销售这批债券所得利润没有任何要求权，而且国际火柴公司财务报表上记录的数据是正确的。

具有讽刺意味的是，将国际火柴公司的一部分利润转移出来、在将来公司不景气时使用，最初是杜兰特想出的主意。杜兰特甚至有可能同意上面这份证明，尤其是这份“证明”结尾处的一个非常宽松的限定语“据我们所知”，但伯宁决定不把这笔涉及上百万美元的会计调整事项告诉杜兰特。伊瓦想在杜兰特不知情时把收入从国际火柴公司里转走，伯宁帮他实现了这一目标。

厄恩斯特与厄恩斯特会计师事务所同意了伊瓦的请求，几天之后，他们私下把这份证明交给了伊瓦，证明所用措辞和伊瓦的几乎一模一样，甚至也用了伊瓦的那句“据我们所知”。与此同时，伊瓦给伯宁写信说，他刚刚向瑞典的木材与纸浆行业进行了股权投资，也许会有一些新工作需要完成，当然也会产生一些新的费用。因为厄恩斯特与厄恩斯特会计师事务所要负责打理与这些股权投资有关的事务，故而告知。

“整个世界都是我们的战场”

1929 年，正当伊瓦的银行家与会计师忙于发行新证券并使其进入纽约证券交易所上市时，伊瓦正在关注另一种更珍贵的商品：他的名誉。在参加社交活动时，伊瓦变得非常讲究。现在，他把大部分时间用于独处，或是和克里斯特·利托林、卡琳·博克曼待在一起。他只愿意与那些最有名望的人物见面，因为只有这些人能让他已经如日中天的名望更上一层楼。除此以外，他宁愿自己一个人待着。

就在此时，世界上最受人追捧的两位人物分别是新当选的美国总统胡佛和艾萨克·F. 马克森（Isaac F. Marcosson）。马克森是《星期六晚邮报》的编辑，作为著名记者，他撰写的文章在全球有着最广泛的读者群。在接下来的几个月里，伊瓦将见到这两个人，并施展自己的魅力迷住他们。

马克森是第一个。他于 4 月 15 日开始率先向伊瓦抛出了橄榄枝——他向伊瓦寄出了一封正式的信件，这封信是写在伦敦的卡尔顿酒店的信纸上的。他请求在 6 月 15 日与伊瓦在斯德哥尔摩会面。马克森随信附上了一封弗雷德里克·艾伦所写的介绍信。作为李 - 希金森公司的合伙人以及战争储蓄银行的董事，弗雷德里克·艾伦早在 1922 年就曾公开赞美伊瓦，说他是"杰出的商业领袖，脑中充满令人叹服的新想法，还是一位绅士"。7 年过去了，艾伦这次的介绍信甚至变得更加热情洋溢。

伊瓦了解到，马克森和世界上每一位大人物都打过交道，这些人远远比弗雷德里克·艾伦重要。显然，从马克森来信的语气中可以看出，他知道伊瓦是个重要人物。1929 年的整个 7 月，两人一直在互通信件，这两个大人物都很擅长试探，就像走在同一条小路上的两条大狗嗅来嗅去，然后用草皮在同一个地点做下标记。

伊瓦对马克森的来信表示感谢，但是回复说，他不确定在 6 月 15 日这一天自己是否一定会在斯德哥尔摩。伊瓦建议，他们可以在"大概那个时间"前后会面。对马克森来说，这个回复不算太好，他回复伊瓦说，不论如何，他都要在柏林待到 6 月 20 日，是否可以在 6 月 25 日与伊瓦会面？这一次，伊瓦根本没有回复他的信件，马克森也还以颜色，于 6 月 17 日回复说，他必须把他们的会面推迟几周，因为他要先去采访当选英国首相的第一位工党领袖拉姆塞·麦克唐纳（Ramsay MacDonald），后者刚刚组建了一个新的少数派政府。马克森认为自己也许可以在 7 月与伊瓦碰面，不过他并没有把话说死："至少目前看起来可以。"

两人的这一番通信证明，马克森是两条狗中体型更大的，至少从言谈中看确实如此。后来，这两个人终于在 1929 年的 7 月见面了。

从两人见面的那一刻起，力量的天平就发生了倾斜，这与 1922 年唐纳德·杜兰特首次与伊瓦见面时的情景一模一样。从没有哪个外国领导人或电影明星能像伊瓦这样用个人魅力瞬间征服马克森。马克森发现，伊瓦谈吐的腔调柔和且充满说服力，态度谦虚而内敛。他一点都不虚荣，而是非常谦和，他很少谈到自己，马克森还发现他的谈话内容十分有趣。马克森很喜欢他参观的火柴宫殿，对整个建筑结构、艺术品位、米勒斯的雕像、会议室的镶板以及处处可见的小细节赞叹不已。

就在这次会面结束后不久，马克森匆匆给伊瓦发去几张手写的便条。7 月 12 日，他写道："我希望您能允许我再次对您的慷慨好客表示感谢。在这样一个宜人的环境里与您见面简直是一项特权，我盼望着能尽快再次见到您。"在接下来几个星期里，马克森还写了好几张便条，给伊瓦寄去了之前他们讨论过的书，还建议伊瓦坐着重新照张相，因为马克森认为伊瓦照的第一张相不太好看。作为回报，伊瓦给马克森寄去了一本有关雕刻艺术的书，还有几张纽约与费城的旧地图。两人约好明年 1 月在巴黎再次碰面。

马克森还提议把伊瓦引荐给胡佛总统。8 月 23 日，他给伊瓦写信，称：

> 昨天下午，我刚刚与胡佛总统长谈过。我们先讨论了战争赔款以及国际银行的组建问题，随后我告诉他，我之前拜访过您，下次等您来美国时，我想把您引荐给他。胡佛总统说他很高兴接见您，现在您知道了，这个机会会一直为您保留，直到您下次来到美国。

马克森信守了自己的承诺，几周后，当伊瓦来到华盛顿特区时，他把伊瓦引荐给了胡佛总统。伊瓦以非常认真的态度准备好了自己对白宫的第一次访问。在策划这次会面的细节时，就像 1922 年排练伯伦加莉亚号上的那场表演时一样，他表现得极为认真仔细。见到总统后，伊瓦对全球金融市场、垄断权的发展历史、当前美国的政治局势甚至白宫花园里每朵花的名字都一清二楚，这给胡佛总统留下了深刻印象。胡佛自己也是一位工程师，在成为商务部长之前，他创办了一家名为“锌公司”（Zinc Corporation）的企业。这两个人去过同一个地方，入住过同一家酒店，在同一家餐厅吃过饭，他们也拥有共同的朋友。在接下来的几年里，伊瓦逐渐成为胡佛总统最重视的顾问之一。

自从1922年伊瓦乘坐伯伦加莉亚号来到美国开始，直到1929年，股票市场可谓一路高歌。1929年市场上涨的根本原因是生产消费品的企业，尤其是连锁商店，例如蒙哥马利-沃德公司（Montgomery Ward）、伍尔沃斯公司（Woolworth）和美国零售公司（American Stores），吸引了成群结队的顾客前来选购商品。很多企业参照伊瓦的做法，持有大量的资产负债表的表外债务，与关联公司之间互相持有资产或负债，同时还发行复杂的混合型证券。联合创始人公司（United Founders Corporation）向关联企业投资了3.2亿美元，甚至还买入了几万股克鲁格与托尔公司的股票。高盛公司单单在8月份就发行了价值为2.5亿美元、结构复杂的新型证券。另一家投资银行雷曼公司也发行了一种新型证券，发行后其市场价格迅速上涨了30%。

就在1929年的这个夏天，华尔街的出色业绩让世人瞩目。从5月1日到8月31日，《纽约时报》工业平均指数上涨了25%。西屋公司的股价由151美元上涨至286美元；通用电气公司的股价由268美元上涨至391美元；美国钢铁公司的股价由165美元上涨至258美元；阿勒格尼公司（Alleghany）的股价由33美元上涨至56美元。即使是联合创始人公司，虽然大家都不清楚它到底用了多高的杠杆，有几家子公司，其股价也由36美元迅速上涨至68美元。美国的学术界为市场鼓掌叫好。伯纳德·巴鲁克认为这代表着“伟大的前进”。学术界对投资者的聪明智慧大加赞扬，其中包括那些通过纽约证券交易所买卖证券、多达几千万的个人投资者。普林斯顿大学的一位经济学家怀疑“是否有人能否定掉充满智慧的大多数人做出的判断”，耶鲁大学教授欧文·费雪评价说：“股票价格看似已经到达了永恒不变的高地。”

但是，到了 1929 年 9 月，就在马克森刚刚写完伊瓦的专访稿件之时，股票市场开始下跌，起初呈缓慢下跌的态势，而且也没有明显的原因。投资者与媒体并未注意到这些早期的下跌迹象。每个人都以为长达 7 年的牛市，例如单是去年一整年市场就上涨了 38% 的情况，还将持续下去。整个 9 月，一些股票一直保持坚挺，还有一些处于波动状态，甚至还有几只股票价格在逆市上涨，比如伊瓦公司的，这样的股票占据了美国市场上发行的所有外国公司股票的 1/4。但是，绝大多数股票在下跌。

马克森撰写的以伊瓦为主角的冗长的封面故事被刊登在 10 月 12 日的《星期六晚邮报》上，文章通篇充满一个文艺复兴风格的男性对另一个男性热情勃发的赞美。马克森详细描写了伊瓦奢侈的生活方式,高度赞扬了他的火柴事业，并声称垄断企业（比如伊瓦的）给社会带来了极大的好处，应当被大力支持。马克森还在文中提到，当被问及帮助其事业取得成功的最重要的三个因素时，伊瓦的回答是：“第一点是沉默，第二点是更加沉默，而第三点依然是更加沉默。”这样经典的对话在公众的脑海里留下了不可磨灭的印象。

到了下一周，即使股票市场仍在持续下跌，伊瓦还是成了美国国内被谈论得最多的人。马克森的文章点燃了媒体对伊瓦的兴趣。每家主流媒体的记者都打来电话或发来电报，恳求伊瓦接受采访，但伊瓦一直保持沉默，即使《时代周刊》的记者说要把他的照片刊登在封面上，他也一句话都没有说。他下定了决心要和马克森畅所欲言，但不想被其他人打扰。

虽然整个杂志社没有一个人能与伊瓦说上一句话,《时代周刊》最终还是刊登了伊瓦的封面故事。这篇文章的结尾直接照搬了一段马克森的采访内容，而与马克森的会面是那一年伊瓦接受的唯一一次记者采访。伊瓦说：

> 没有哪个竞争对手能在多个市场上同时具有足够大的影响力，并因此对我们造成任何实质性的伤害。对我们来说，没有哪个市场称得上“极其重要”，原因便是，整个世界都是我们的战场。

10 月 28 日，当投资者们读到上面这段文字时，市场已经陷入了完全的恐慌状态。伊瓦的话就像他刊登在《时代周刊》封面上的面孔一样，似乎在一片恐慌的情绪之上飘来荡去。不过他终于在那个星期成就了真正的伟大。

THE MATCH KING

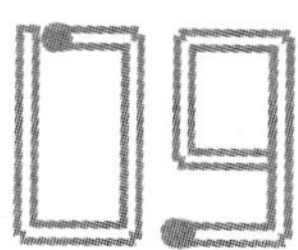

经商生涯中最大的赌注

以前的周六晚上留在柏林时，伊瓦都是一个人待在巴黎广场的公寓里，但是今晚他决定不这样做。他走到附近的阿德龙酒店，在餐厅里狂吃一顿以示庆祝。伊瓦努力地让自己尽情享受眼下的欢乐时光以及简单的宁静。他已经押下了自己经商以来最大的一笔赌注。

按照1919年《凡尔赛条约》的条款，同盟国要求德国支付几十亿美元的战争赔款，但脆弱的德国经济承受不了这么重的负担，违约似乎成了理所当然的事情。1923年，由于爆发了恶性通货膨胀，德国国内物价水平的上涨速度非常惊人—— 一张邮票的面值竟然高达500亿马克。按照当时世界上最著名的经济学家约翰·梅纳德·凯恩斯的说法，由于金融市场整体疲软，德国根本就不可能将战争赔款全部还清。魏玛共和国印钞票的速度甚至无法满足支付一天借款利息的要求。

道威斯计划（Dawes Plan）试图缓解德国的沉重压力。在柯立芝担任美国总统期间，该计划的提出者、诺贝尔和平奖得主查尔斯·道威斯（Charles G. Dawes）担任副总统。1924年10月，同盟国调低了德国每年的赔款额，并额外发放了一笔期限长达25年、金额约为2亿美元的贷款，贷款的利率水平为7%。这笔贷款初始的还款额较少，但随后会迅速增加。道威斯计划的核心假设条件是，德国经济能够迅速恢复至足以承担金额越来越高的还款压力的水平。

尽管德国的实体经济确实得到了一定程度的复苏，但是人们很快就看清了现实：道威斯以为德国政府的税收收入能负担迅速增加的还款额，然而事实并非如此。德国依然无法满足道威斯计划逐步递增的还款要求，就像之前没有能力按照《凡尔赛条约》履行赔款义务一样。到了1928年，道威斯计划再也无法进行下去了。

为此，RCA 的创始人欧文·杨格（Owen Young）召集了一群商人共商对策，其中就包括杰克·摩根。杰克·摩根对德国根本不感兴趣，但是他知道自己有必要参与协商，想办法帮助德国继续支付战争赔款。一些小型的美国贷款机构已经加入了之前的几个计划项目并为德国提供了贷款，如果德国再次违约，就将导致它们破产，甚至引发金融危机。1929 年 8 月，正当伊瓦为与胡佛总统的第一次见面而精心准备时，这群商人终于拿出了一个新的计划——杨格计划（Young Plan）。该计划将德国的无条件债务调低至每年 1.5 亿美元左右，仅相当于第一次世界大战后《凡尔赛条约》规定的战争赔款的一小部分。

但在 1929 年，德国的实体经济依然较弱。在不起眼的纳粹党内，阿道夫·希特勒已不再是个无足轻重的政治小角色，1925 年出版的希特勒自传《我的奋斗》（*Mein Kampf*）刚开始在市场上出售时乏人问津，然而突然之间，这本书触动了德国民族主义者对现实不满的那根神经。德国政府急需获得贷款支持，也不再对明年的前景进行乐观的展望。如今，他们只是忙于努力地筹措资金，准备支付即将到期的下一笔 1.5 亿美元的还款。

就在杨格计划商讨期间，伊瓦来到德国，提出了一个以贷款换取垄断权的解决方案。他和德国的政府官员已经打了十几年的交道，对方对他很熟悉。伊瓦已经控制了德国火柴生产量的 70%，而且他手上还持有几家德国银行以及德国滚珠轴承制造行业内 3/4 企业的股份。很多德国钢铁厂要从伊瓦控股的矿场购买矿石原料。因此，伊瓦在德国是个举足轻重的大人物，拥有非常强势的谈判地位。

几年前，伊瓦第一次尝试与德国政府协商火柴垄断权的转让事项，尽管他向一位德国政府官员承诺，只要垄断法案在一段特定时间内得以通过，他就会为对方奉上一大笔丰厚的“好处费”，但结果还是铩羽而归。不过，最近谈判力量的天平发生了倾斜。俄罗斯出口到德国的火柴更加便宜——俄罗斯的木材储量非常大，这对德国国内的火柴市场造成了一定程度的冲击。火柴生产商之间的竞争日益激烈，市场价格不断下降。德国已经不在伊瓦的考虑范围内了。

当杨格计划正式开始实施时，德国人告诉伊瓦他们对一桩交易有些兴趣。德国国家银行行长希尔玛·沙赫特博士（就在 5 年前，希尔玛·沙赫特博士拒绝了伊瓦谋求火柴垄断权的第一次尝试）告诉伊瓦，他需要一笔利率较低的贷款。他特别指出需要 1.5 亿美元,用于支付杨格计划的第一笔还款。最重要的是，希尔玛·沙赫特博士说他愿意接受伊瓦提出的建议——接管德国国内的火柴加工厂，以更高的价格出售火柴，并禁止从俄罗斯进口火柴。现在是伊瓦反击的时候了。如果他真的想与德国政府达成垄断权交易，那么眼下，机会来了。

不幸的是，这个时机简直是太糟糕了。整个 9 月，全球股票市场一直在震荡下行，而且进入 10 月后依然在下跌。虽然伊瓦公司的股价仍保持坚挺，但是不断下跌的市场严重打击了投资者购买新发行证券的积极性。伊瓦的交易策略要求他必须从美国投资者那里筹集一大笔资金，然后把这笔钱贷给某个国家的政府以换取火柴垄断权。到了 1929 年夏天，伊瓦发行的证券数量非常庞大：其市场价值甚至比瑞典国内所有银行已发放的贷款组合的总价值还要高。但是，美国投资者受到了伤害，伊瓦的资金来源正在慢慢枯竭。随着股票市场持续下跌，伊瓦似乎不太可能筹措到用于向德国政府提供贷款的那笔钱了。

不过，伊瓦仍然在奋力前进。他与沙赫特博士继续进行磋商，就好像他能把新发行的证券轻松地推销出去似的。以前股票市场也下跌过，不过这种下跌永远只是暂时性的。伊瓦不打算让纽约证券交易所里几个投资者的担忧阻止自己达成这笔“千载难逢”的交易。向德国政府提供的这笔贷款具有伟大的历史意义。伊瓦决定不考虑摇摇欲坠的市场前景，继续向前推进。

10 月初，伊瓦与沙赫特博士正在谈判的消息曝光，他们不得不匆忙拟定好协议的大体内容，但是双方最终是否会签署这份仓促之间拟定的合约，这还是个未知数。不过，由于媒体提前泄露消息，1929 年 10 月 12 日，全世界都得知了伊瓦与沙赫特博士正在协商的合约基本条款。

伊瓦将为德国国家银行提供 1.25 亿美元的贷款，利率水平为 6%，期限为 50 年。德国政府会建立一家新公司负责火柴垄断权的具体运营工作，并由德国人控制管理。德国政府将与伊瓦平分利润。德国政府将禁止俄罗斯向德国出口火柴，并将火柴的市场价格固定为每 10 盒 8.5 美分，较之前 6 美分的价格有所提高。

这份协议需要财政部签署，还要在德国国会得到通过。而在国会内部，一些工业团体提出了反对意见，他们经常向俄罗斯出口商品，担心这样做会招致对方的报复。伊瓦也不确定自己是否会签署这份协议。他告诉一位助手："对我们来说，向德国政府提供一笔这么大的贷款是个很沉重的负担，因此我认为我们应当毫不犹豫地停止谈判，除非我们能争取到明显有利于我方的合约条件。"伊瓦想与德国人做成这笔交易，但他不愿意付出太大的代价。

而且，现在伊瓦手上也没有贷款所需的 1.25 亿美元。与之前的几笔交易一样，他需要从美国投资者那里获得资金支持。唐纳德·杜兰特一直在帮助伊瓦做新证券的发行工作——这一次，伊瓦要以克鲁格与托尔公司的名义发行信用债券。但是，杜兰特提醒伊瓦目前市场正处在下跌期，现在并不是发行这么大一笔新债券的好时机。伊瓦坚称自己计划一定要把新证券发行出去，不管发行地是在纽约还是伦敦。杜兰特警告他必须要小心谨慎。10 月 4 日，杜兰特给伊瓦写信，希望能打消他继续通过发行证券来融资的念头：

> 维护你在欧洲与美洲的投资者中创立的好信誉是最重要的，也是我们最看重的事。这么大一笔融资，不管是在美洲市场还是欧洲市场上发行，都将对你的好信誉造成损害。我们希望在你做出继续前进的最终决定之前，我们和我们的朋友能有机会和你本人讨论一下这件事。

伊瓦对杜兰特的担忧不予理睬，指示李 - 希金森公司继续向前推进：杜兰特应当让他的推销人员通知客户，马上要发行一批以德国的火柴垄断权交易为担保的新证券。伊瓦也许还有些疑虑，但是他不想向他的银行家暴露自己的任何弱点。

擦肩而过的世纪交易

显然，伊瓦给德国人留下了非常深刻的印象。在谈判期间，伊瓦整天都在柏林回答各种各样的细节问题，却连笔记或统计资料都没有看过一眼。德国中央银行行长沙赫特博士之前也曾向包括杰克·摩根在内的其他几位银行家提出过贷款请求，当时杰克在欧洲度过了整个夏天，但他并没有给人留下太深刻的印象。

此外，杰克对德国这笔贷款不太感兴趣。他认为这桩贷款生意风险太高，因此拒绝了沙赫特博士的请求，并针对这笔交易提醒他的合伙人：

> 你要记住，我们与德国人所做的第一笔，同时也是唯一一笔交易就是道威斯贷款。而我们参与发放这笔贷款的唯一原因是应同盟国政府（我们的客户）的要求。这笔贷款非同寻常，同盟国政府根本不关心谁来提供这笔贷款，而我们之所以会身陷其中，最终还是为了争夺德国的商业市场。对我而言，我非常不愿意放弃我们的立场（过去5年时间里，我们一直坚持这个立场），那就是每一笔与德国有关的生意都在向任何一个感兴趣的美国商人敞开大门，谁愿意做都可以，但我们对此根本不感兴趣。根据我的观察，德国人是个二流民族，我宁愿他们和别人做生意。

当杰克得知自己口中的“别人”很有可能就是伊瓦时，铺天盖地的宣传似乎改变了他的主意。他派自己的合伙人托马斯·W. 拉蒙特（Thomas W. Lamont）来到柏林，与沙赫特博士协商贷款事宜。杰克还直接给沙赫特博士写了一封信：

> 如果德国国内拥有相对完善的债券市场，而且待发行的新证券定价与条款也较为合理，那么我们认为其完全有能力组成承销辛迪加组织，在德国市场上发行一批全新的、总价值为 5 000 万美元或 7 500 万美元的德国政府战争赔款债券。不管从哪个角度看，这都不是一个承诺，而不过是基于我们双方的合作意愿而提出的一种设想。

10 月 16 日和 17 日，杰克和伊瓦都在伦敦，但是他们各有自己的小算盘。伊瓦正准备乘坐快速轨道前往柏林，游说立法机构立即批准这笔交易。而杰克的态度则不太明朗，看上去他似乎在怀疑德国政府能否批准中央银行与任何人达成这样一笔交易。

就在伊瓦疯狂地给德国的多位政治家发电报安排见面时，杰克也在回复电报，不过两者的电报内容相差甚远。杰克的儿子朱尼厄斯（Junius）给父亲发来了电报，他刚刚在纽约参加了美洲杯辛迪加（America's Cup Syndicate）组织的午餐会。显然，对杰克·摩根来说，朱尼厄斯带来的两件事情要比德国贷款重要得多。

首先，朱尼厄斯问父亲有没有想好给他们的新船起什么名字。美洲杯辛迪加组织的成员一致认为“奥罗拉”（意为极光）似乎是最佳的选择，但是大家都想确定杰克是否也同意取这个名字。他对这个新名字有什么意见或建议？

第二件事与最新款海盗船号（Corsair）的建造计划有关。近年来，约翰·皮尔庞特·摩根连续建造并重建了多个版本的海盗船号，每一次的都比之前更大、更奢华。杰克·摩根仔细研究了最新款海盗船号的设计方案，并在 10 月 17 日给朱尼厄斯发去电报，提出了一个紧急的问题：

> 我已经仔细看过海盗船号的设计方案，觉得一切都不错，只有一件事让我有点小困扰——我的房间外没有可以通往甲板的走廊，行动起来不是那么方便。是否有可能在后窗的位置设计一扇门来代替窗户，窗台也随之抬高？如果能在不导致工期拖延太久的前提下

完成的话，我更倾向于这种设计。至于新船的名字，昨天给你写信时我曾建议可以叫“哥伦比亚”或“斯彼得威尔”，但是“奥罗拉”听上去也很不错，如果大多数人都赞同取这个名字的话。

父亲字

朱尼厄斯显然对伊瓦正在努力促成德国贷款这件事毫不知情，他立即给父亲回复了电报，让杰克大大松了一口气：

波特告诉我，如果您需要的话，可以开扇门，让您从房间直接走到甲板上。现在的设计是您的房间可以经由一扇门通往左舷的前厅，这扇门打开时正对着后甲板。这不会导致工期延误，因为在建造过程中，任何楼层的窗户都可以被改成门。

当摩根父子互发电报时，伊瓦以最快速度冲到柏林，他拿到了德国财政部长鲁道夫·希尔弗丁（Rudolf hilferding）准备好的预备协议。在这段时间里，杰克与他派出的使者汤姆·拉蒙特保持着电报联系，但他们竟然不知道就在他们眼皮底下，伊瓦已经取得了这样的进展。就在杰克·摩根努力确认新游艇上要有一条从卧室直通甲板的小路时，伊瓦正在小心翼翼地推进这笔世纪交易。

10 月 22 日星期二，当伊瓦返回伦敦时，汤姆·拉蒙特发来了一条祝贺的信息，但是这与德国的贷款交易无关。之前，杰克还未确定今年是否继续担任母校的校友会主席一职。拉蒙特发来电报称：“得知您同意今年继续出任哈佛校友会主席一职，我感到非常高兴。大家也感到十分欣慰。”

杰克也很高兴，至少在几天内都是如此。

力挽狂澜的救市英雄

在 1929 年的前 8 个月内，股票市场的总市值增长到将近 100 亿美元，但是自从9月市场趋势发生逆转以后，这些新增加的市值很快灰飞烟灭了。在1929年10月的头三周里，股票市场继续大跳水，市场环境对融资十分不利。很多企业决定毁约，停止发行新证券。这个月，李-希金森公司可谓度日如年，唐纳德·杜兰特非常急于结束伊瓦的新证券发行任务——这是1929年最后一个季度少数几个投资银行能收到承销佣金的项目之一。

10月21日星期一，刚刚开市时，大量投资者就开始抛售手中的证券，到了中午，纽约证券交易所的行情收录器竟整整延迟了一个小时。股东们不得不一直等待，直到晚上股票行情自动收录器终于赶上交易进度时，才得知他们持有的股票究竟下跌了多少。当天交易的股份数量超过600万股，创下了单日交易量第三的纪录。尽管市场在接下来的星期二和星期三继续下跌，专家们却仍坚持说这只不过是暂时性的。国民城市银行的查尔斯·米切尔（Charles Mitchell）注意到“下跌速度太快了”。耶鲁大学的欧文·费雪将疲软的股票市场形容为“正在努力摆脱疯狂的极端分子”，并坚信股票市场很快会再创新高。

在这段时间里，伊瓦看上去似乎毫不担心。虽然他也和其他人一样，感觉到市场上的恐慌情绪越发高涨，但是他不想让美国市场上的任何人看出自己已是强弩之末——尤其是在市场下跌的时候。他知道市场是投资者情绪与对股市走势进行预测的反映。在金融世界里，根本就没有真实的东西。正如约翰·皮尔庞特·摩根暗示的那样，金融世界里有的只不过是投资者对某个人个性的猜测。如果每个人都能看到伊瓦像一座闪闪发光的灯塔那样充满自信，那么公司发行的证券就会继续保持价格坚挺，哪怕市场上的其他证券都在不断下跌。伊瓦还能指望的是马克森的那篇专访文章。几天之后，《时代周刊》将会在封面刊登他的照片。他需要一直保持自信的姿态，说服美国投资者购买以克鲁格与托尔公司的名义发行的最新证券。

星期三是这批新证券发行的最后期限，这一次，克鲁格与托尔公司发行的证券名叫“美国凭证”（American Certificates）。美国投资者从未见过类似的证券：它既有一部分债券的特征，又有点像优先股，还具有利润分享型期权的部分特点。该凭证能让美国投资者投资克鲁格与托尔这家一直按照25%的高股息率向股东支付股息的外国企业。这批证券以一笔外国政府在历史上获得的金额最高的贷款作为担保。即使在市场飞快下跌的环境下，投资者们仍然疯狂地抢购这批新证券。他们承诺买入价值为2 800万美元、由克鲁格与托尔公司提供担保的新证券。

1929年10月24日清晨（后来那一天被称为“华尔街的黑色星期四”），《时代周刊》刊登了两条重要的商业消息。小一点的标题为“华纳兄弟公司与派拉蒙公司的合并案取消”。华纳兄弟与派拉蒙这两家万众瞩目的大型电影公司一旦合并，将会打造出全球规模最大的电影娱乐公司。现在，这笔并购案流产了。世界各地的银行家们预测，这或许意味着20世纪20年代长达7年的公司并购浪潮即将慢慢平息。

但是，更引人注目的另一条新闻是，克鲁格与托尔公司成功发行了最新一批美国凭证。星期三，在市场上的恐慌情绪越来越浓厚的情况下，这次发行竟然奇迹般的圆满结束了。就在华纳兄弟 - 派拉蒙公司合并案新闻稿的旁边，报纸用约半页纸的篇幅介绍了这种创新性工具的主要条款，本次发行是由李 - 希金森公司牵头的。克鲁格与托尔公司发行的每一张美国凭证都代表着对这家瑞典公司的一份参与型信用债券的所有权。美国凭证的计价货币为美元，但是它对应的信用债券却是以瑞典克朗计价的。尽管伊瓦或德国政府尚未签署这笔垄断权交易，投资者们也已经买入了美国凭证。媒体对伊瓦铺天盖地的报道有力地刺激了这些投资者进行疯狂抢购。

虽然伊瓦大获成功，但是星期四一早股市开盘时，市场再次跌破底线。短短几个小时内，股票的成交数量再次创下新纪录。惊慌失措的人群聚集在纽约证券交易所外，眼睁睁地看着股价直线下跌。几位经纪人从市中心的高楼上跳楼身亡的谣言开始四处蔓延。纽约警察局局长给华尔街下达了特殊的治安指令。11位名气响亮的投机家自杀，更多的投机者宣告破产。

中午刚过，纽约证券交易所便关闭了走廊，交易所官员陪同访客加入了交易所门外围观的人群。全球最顶尖的银行家迅速聚集到摩根银行位于华尔街23号的办公室。当时，杰克·摩根还待在伦敦，因此杰克的高级合伙人汤姆·拉蒙特主持了会议。与会银行家们决定，立即向市场注入资金托市。当他们下达的买入交易指令如洪水般涌入纽约证券交易所的交易大厅时，拉蒙特会见了记者，并将这场下跌归咎于“市场的技术条件”。银行家们的注资暂时止住了市场的自由落体运动，当股市行情收录机终于赶上了交易进度时，人们才发现，与中午时分的股价相比，现在的股票价格已经略有反弹。

杰克·摩根与伊瓦都通过越洋电报得知了美国股票市场上的恐慌与疯狂震荡。一位助手向杰克汇报说：

> 今天中午，纽约证券交易所的下跌（这种严重的下跌已经持续了好几天）演变成了恐慌。由于没有买入者的支撑，股票价格的下跌简直到了疯狂、毫无理智、无法控制的地步，指数一路狂泄。我们决定大规模地买入具有重要作用的核心股票，以此向市场展示我们的信心——我们正试图慢慢稳住市场的跌势。

纽约证券交易所宣布，本周五与周六将闭市，下周一再重新开市。这样做是希望下周一开市时投资者能变得更加冷静。利托林给伊瓦发来电报：

> 正如你所知，几天以来，市场表现出即将崩溃的迹象，今天，大量抛售所带来的压力已经达到了令人恐怖的地步。几只最主要的大盘股已经下跌了25%~50%，但我们新发行的证券还算比较理性，虽然买入量非常少，但上一周的价格只下跌了12%。银行承销组织非常紧张，正如我观察到的那样，毫无疑问，我们赶上了一个非常糟糕的发行时机，银行正被左右夹击。我们所仰仗的投资者的热情已经转变为高度怀疑的情绪。

也许，最恐慌的是那些参与李 - 希金森公司牵头的承销辛迪加组织、负责为克鲁格与托尔公司发行这批美国凭证的成员银行。除了 J. P. 摩根以外，这个承销辛迪加组织几乎包含了美国所有的大型银行：布朗兄弟公司（Brown Brothers）、克拉克道奇公司（Clark Dodge）、里德公司（Dillon Read & Co.）、纽约担保公司（Guaranty）、国民城市银行以及联合信托公司（Union Trust Company）。投资者们决定毁约，不按照之前的承诺购买美国凭证。由于反悔的投资者数量众多，超过 1/4 的新证券没有卖出。现在，这部分投资者拒绝付款，参与承销的各家银行被牢牢套住了。这批总价值 2 800 万美元的美国凭证，如今市场价格已经下跌了 12%，未来甚至可能继续下跌。

信任，最重要的是信任

伊瓦认为，未来几天将会是一个关键性的转折点。随着投资者们纷纷逃离股票市场，市场的情绪正在慢慢发生变化。当然，人们对伊瓦的看法也会轻易发生改变。在 20 世纪 20 年代初与瑞典银行家们打交道的过程中，他明白了一个道理——必须保住支持者们对自己的信任。伊瓦的银行家必须信任他，即使市场正处在崩溃过程中，即使这些银行家其他什么都不相信。伊瓦必须给杜兰特及其合伙人充足的理由，让他们相信伊瓦与别人是不一样的。

星期五，伊瓦仔细研究了美国媒体对这起市场恐慌的报道，然后花了几个小时给李 - 希金森公司写了一封非比寻常的电报。他必须让银行家们相信，尽管美国股票市场正处于崩溃之中，但欧洲市场的形势依旧完全正常。伊瓦要向他们展示自己的公司还像以前那样实力强劲的事实。他们也许会为美国市场担忧，但是完全没必要担心伊瓦。

这份电报的内容是这样的：

得知我们的新证券赶上了一个非常不令人乐观的发行时机，我感到很遗憾。我们非常希望已经买下这批信用债券的辛迪加组织不

> 会因为任何原因而对这次购买感到后悔，也希望新发行的美国凭证不会给美国市场带来太大的负担。因此，我们为瑞典的一个辛迪加组织做了安排，并承诺于1930年12月31日收购美国承销辛迪加组织已买入的一部分信用债券，接收比例最高为债券总购买量的一半。届时，瑞典辛迪加组织将按照美国辛迪加组织的买入价收购债券。我们希望最迟不超过1930年12月15日，参与美国辛迪加组织的各家机构能告知我们愿意出售的比例。

这是一个令人震惊的消息。伊瓦在电报里说，他已经做好安排，要为银行承担一半的美国凭证敞口。如果一年后各个承销银行还没能把手上的美国凭证卖掉，那么伊瓦将会按照成本价收购这些凭证。换言之，伊瓦给了他们一个将凭证“卖回”给伊瓦的权利。而且，伊瓦的这项服务完全是免费的。

杜兰特难以相信眼前的一切。伊瓦不仅拯救了自己和合伙人，还挽救了其他几家美国大银行。伊瓦这封电报的口气很是随意，就好像他不会被几百万美国凭证没有卖出之类的小事困扰一样。毕竟，他马上就要以个人名义向德国政府提供一笔历史上金额最高的私人贷款。与这笔轰动一时的贷款交易相比，纽约市场上的这点小恐慌算什么呢?

伊瓦之所以提出给予承销银行这种“赎回”特权，既是为了增强银行家与投资者的信心，也是为了赢得时间。即使市场继续保持目前这种自由落体式的下跌趋势,他们也不需要急急忙忙地采取任何不理智的行动。他们可以喘口气，歇一歇。事实上，伊瓦提出的救援方案能够让他们一直等到1930年年底。到那时，如果哪家银行没能把分配给自己承销的美国凭证全部推销出去，伊瓦就会出面回收这部分未能出售的凭证，即银行可以把手里剩下的美国凭证再卖回克鲁格与托尔公司。杜兰特将这份电报读了又读，然后兴奋地在李 - 希金森公司的“伊瓦名下克鲁格公司的经常项目”下登记了一个新条目，把伊瓦的赎回承诺记录在案。

杜兰特把伊瓦的特别担保建议汇报给了承销辛迪加组织的其他成员。他将这一特殊的赎回权形容为“我们相信这样的做法绝无先例，这决定性地显示出了这个男人的深度”。国民城市银行行长查尔斯·米切尔告诉伊瓦，他不需要行使任何赎回权。米切尔宣称“美国的工业发展环境是绝对健康的，没有什么能阻挡这股前进的势头”。纽约担保公司总裁约瑟夫·斯旺（Joseph Swan）衷心表示赞同。斯旺的认同反映了银行家们对伊瓦的信心：“当然，我认为他这一招很潇洒，也很明智。”国民城市银行与纽约担保公司都同意继续持有价值为 100 百万美元的美国凭证，不需要将其卖回给伊瓦，或者担心任何账面损失。当市场恐慌慢慢平息时，他们会将这批凭证卖给其他投资者。

唐纳德·杜兰特松了一口气。有了伊瓦的担保，李 - 希金森公司似乎不用再承担任何风险，承销辛迪加组织也不用。杜兰特和李 - 希金森公司能拿到将近 140 万美元的佣金，而整个银行辛迪加组织也能赚到 2.5% 的佣金。由于市场下跌给银行造成了不少损失，再加上交易量大大减少，这笔佣金收入着实解了燃眉之急。

伊瓦始终保持着冷静思考。他平静地给杜兰特发去一封只有一句话的电报，这简直是他一生中最轻描淡写的一句话：“这次新证券的发行似乎赶上了一个非常不幸的市场时机，我非常遗憾。”赎回特权会把伊瓦积攒的个人财富全部耗尽。从本质上看，他给予了银行家们一项看跌期权——向伊瓦出售美国凭证的权力，该期权的到期日为 1930 年年底，行权价为 28 美元。一旦美国凭证的市场价格低于 28 美元，每低 1 美元，伊瓦就要损失 100 万美元。这么大的损失远远不是“遗憾”能表达的。不过，从现在开始，所有人看上去都安全了。正如后来克鲁格与托尔公司 1929 年的年报所写的那样：

> 本次新证券于 1929 年 10 月 23 日开始正式发行。尽管一场非常严重的股市危机几乎在顷刻间席卷了全球所有的金融中心，但令人感到欣慰的是，所有新证券被迅速抢购一空，因此承销辛迪加组织不需要负担任何未售出的证券。

陷入两难的周末

伊瓦已经同意为美国凭证提供担保，那个周末他将要面对另一个更难解决的问题：到底要不要签署这份与德国政府的交易合约？如果他说不，仍然可以努力挽救自己在市场上的声誉。他可以把当前市场的下跌形势作为自己退出这笔交易的合理原因。对德国政府来说，这笔贷款是不错的交易，但是对伊瓦来说也许并非如此。在市场利率水平日益上涨的大背景下，这笔贷款能帮助德国政府锁定较低的 6% 的贷款利率。但是，伊瓦也完全可以把自己的钱借给其他人，得到的收益会更高。而且，考虑到目前的市场状况，再加上伊瓦提出的赎回承诺，把自己在美国市场上筹得的资金紧紧握在手上显然要比用这笔钱向德国政府提供贷款风险小得多。如果伊瓦放弃这笔贷款交易，他就可以借助克鲁格与托尔公司的名义筹到这笔资金作为缓冲，缓解股票价格快速下跌给自己带来的巨大压力。他名下的企业仍然在创造利润——这些公司的生产经营状况良好，至少相较其他公司来说确实如此。对德国政府说“不”，是个审慎的选择。

但是如果伊瓦说“好的”，他就创造了历史。他将给世人留下一段比卡尔玛城堡的炮塔（这座城堡就在他的家乡附近）更加不朽的传奇。伊瓦·克鲁格，一位白手起家、自力更生的瑞典人，将成为向外国政府提供贷款金额最高的债权人。只看作用的话，他一人就将取代道威斯计划与杨格计划这种几个国家的政府以及几十位官员花费数年时间才协商成功的贷款方案。作为一个仅凭一人之力向欧洲提供贷款的英雄，他将被世人永远铭记。是他，而不是杰克，将从约翰·皮尔庞特·摩根的手中继承全球银行家领袖的宝座。而且，如果德国经济得以恢复，伊瓦将会从这笔火柴垄断权交易中赚取丰厚的利润。

当然，他还要承担不可思议的高风险，尤其是当股票市场的快速下跌仍然在继续的时候。目前伊瓦能否筹措到 1.25 亿美元借给德国政府还是个未知数，他通过发行美国凭证所得的融资额尚不足德国贷款金额的 1/4。即使他真的筹到了全部款项，对德国政府的巨额贷款也容不得他的事业出一点差错。伊瓦每年只能从德国政府那里获得 6% 的贷款利息，然而他需要继续向投资者支付高达 25% 的股息率。伊瓦是否相信自己能赚到足够多的利润以弥补两者之间的差额？值得冒这么大的风险吗？

对伊瓦来说，目前最紧要的问题是：当下周一纽约证券交易所重新开市时，股票市场会如何反应？如果市场有所反弹，他就可以继续融资，筹措德国贷款所需的资金，然后继续向投资者支付高额股息。但是如果市场继续下跌……好吧，他甚至没法想象这种情形。他的理想状况是下周一开市后，股票市场会有所上涨。

周六，伊瓦再次与德国财政部长希尔弗丁会面，最终敲定了贷款合同的具体条款。当伊瓦拿着钢笔，准备在贷款文件上签字时，他不禁想到在签订协议后，他的人生道路可能会往两个方向发展。这桩大胆冒险的交易是一个奇迹，也许能让全球的投资者从悲观情绪中扭转过来。伊瓦想象着到处都是嗡嗡嗡说话的声音，大家都在谈论他在这个非比寻常的周末所做的壮举。当下周一纽约证券交易所开市时，他们公司的股价将会一飞冲天。不断高涨的乐观情绪让他可以继续在美国市场上融资，并慢慢将这笔个人贷款转嫁给美国投资者。这些投资者将拯救他并托起整个股票市场。如果运气好的话，等下周一市场收盘时，最糟糕的事情已经结束了。

这是伊瓦能想到的一种可能，而另一种可能——股灾继续蔓延，甚至程度还在加深，是不可想象的。伊瓦根本不敢想象股市继续下跌带来的可怕后果，他无法忍受这样的想象。一旦出现这样的局面，这笔贷款只会给他带来耻辱，而非荣光。

以前的周六晚上留在柏林时，伊瓦都是一个人待在巴黎广场的公寓里，但是今晚他决定不这样做。他走到附近的阿德龙酒店，在餐厅里狂吃一顿以示庆祝。吃这顿饭时，伊瓦打破了十多年来自己一直遵守的每一条饮食守则：他风卷残云般把自己爱吃的菜全部吃光了：鱼子酱、肉汤、冰淇淋以及巧克力蛋奶酥。回到公寓时，伊瓦已经撑得不行，他又给同住在斯德哥尔摩别墅街的邻居英厄堡·埃伯斯打电话，请求她为他弹奏钢琴，就像他住在家里时一样。伊瓦努力地让自己尽情享受眼下的欢乐时光以及简单的宁静。他已经押下了自己经商以来最大的一笔赌注。

把杰克·摩根直接踢出局

杰克·摩根还不相信伊瓦真的能与德国政府达成交易。他知道几年来伊瓦一直在游说德国政府官员，但是他从未想到伊瓦竟然只靠自己就做成了这笔交易，也没想过德国政府以及李 - 希金森公司竟然同意将 J. P. 摩根公司排除在这笔交易以外。摩根与另一家银行里德公司有合作关系，而里德公司一直在与德国政府官员协商贷款事宜。杰克设想的情况是，要么这笔贷款根本谈不拢，要么贷款条件非常优惠，但不管怎样，J. P. 摩根公司都能适时地参与进来分上一杯羹。杰克和他的银行家们以为，近期股票市场猛烈的下跌势头让自己有大把时间可以慢慢等了。

当伊瓦告诉唐纳德·杜兰特，他已经与德国政府签订了贷款的初步协议时，杜兰特和李 - 希金森公司决定拒绝与其他人分享这笔贷款，包括 J. P. 摩根公司。杜兰特直截了当地拒绝了里德公司提出的合作建议，即使克拉伦斯·迪伦（Clarence Dillon）提出的扩大证券的发行规模。迪伦建议的是，可以一次性发行总价值为 2 亿美元的新证券，其中 1.25 亿美元归伊瓦使用，余下的 7 500 万美元归里德公司。但是，德国人不需要 2 亿美元，1.25 亿美元已经足够了——至少目前看来是这样，全部资金都来自伊瓦。

李 - 希金森公司给 J. P. 摩根公司寄去了一份“礼貌通知”，说明了伊瓦与德国政府达成的贷款条件，一切细节都与之前财经报纸上报道过的一模一样。同时，李 - 希金森公司还附上了一张纸条，说明贷款双方已经签署了合同。杰克一点儿也没看出来这份通知哪里表现出了“礼貌”。得知伊瓦只靠自己就做成了这笔交易，而且 J. P. 摩根公司无法参与这个贷款项目时，他大发雷霆，愤怒地给家里发去电报："吉尔伯特刚刚打电话告诉我，沙赫特博士通知他，迪伦的建议已经被德国政府拒绝了。"帕克·吉尔伯特（Parker Gilbert）是 J. P. 摩根公司的合伙人之一，他说自己"充分意识到了目前的形势有多么危险"，也知道需要保密。吉尔伯特直接给杰克打电话而不是发电报，就是为了"不留下任何记录"。

伊瓦通过选择在市场持续下跌时与德国政府签订贷款合同这种方法直接把杰克·摩根踢出了局。这并不是理性的银行家应该有的行为，尤其是在利率水平仅为 6% 的德国贷款项目正面临风险损失的时刻。这笔贷款将给 J. P. 摩根公司的事业造成严重的伤害，尽管最终它也必将给伊瓦带来更惨痛的损失。杰克给一位同事写信说：

> 我认为我们现在没什么事可做。对于我们遭受的一切，我不想特别表明立场，因为我相信沙赫特博士在整个过程中一直是很公正的，但是其他官员给他施加了太大的压力。这简直是一团糟。

星期六，正当伊瓦与德国政府在柏林签订火柴垄断权转让协议时，杰克还留在伦敦，为自己继续担任哈佛的校友会主席而接受别人的祝贺——第一个得知该消息并向杰克表示祝贺的人是他的儿子朱尼厄斯。在杰克的一生中，哈佛校友会主席这个职务具有相对较高的重要性。他回复朱尼厄斯说："非常感谢你对我的新职务的祝贺，我很感动。我身体不错，发现自己又像往常一样，跃跃欲试地期待着出海。"

那个周末有多艘船只准备出海航行。一群船员把准备好的火把安放在杰克的新游艇上。这艘新游艇造价 300 万美元，正在缅因州的巴斯整装待发。在华盛顿，美国商务部长正打算划拨 10 万美元的公共财政资金，用于对第一艘海盗船号（J. P. 摩根公司已经把它捐赠给了联邦政府）的维修保养。唐纳德·杜兰特打算自己当船长，坐船去欧洲旅行，不过他对怎么开船一窍不通。而伊瓦在莫扎迪斯号（Majestic）邮轮上预定了一个客舱，很快就要起航前往纽约。

“金融风暴肯定已经结束了”

伊瓦刚刚取得最伟大的胜利，紧随其后的便是金融市场发展史上最壮观的、为期两天的市场狂跌。星期一，股票市场下跌了13%；星期二，市场又继续下跌了12%。在两天时间里，股票的价值缩水了1/4。这一次，各家银行没有再次联合出手下达买入托市指令。因此，市场也没有反弹。

10月28日与29日后来被称为“黑色星期一”与“黑色星期二”。两天内，市场共交易了2 600万股股票。全年的盈利在短短48小时里灰飞烟灭。高盛公司的股价由60美元跌至35美元；怀特缝纫机公司（White Sewing Machine Company）的股价由夏天时的最高点48美元跌至11美元；一家投资公司蓝岭公司（Blue Ridge）在星期一开市时股价为10美元，但在星期二市场收盘时就跌到了3美元。这是股票市场发展史上最灾难性的时刻。

相较而言，伊瓦的公司算是很不错的明星企业了，成功达成与德国的贷款交易的消息托起了公司的股价，至少是在一开始时发挥了作用。几天前，杜兰特还在担忧国际火柴公司发行的信用债券跌到了33.50美元，不过这仍然与当初的发行价格持平。现在，就像一块孤零零的石头不想滚下山坡一样，国际火柴公司的信用债券一直保持着略高于33美元的价位，拒绝被拖入市场崩溃的黑洞。

包括杰克与伊瓦在内，很少有人能准确预测市场与经济到底会恶化到什么程度。在起航回家之前，杰克发来电报：

> 据我们所知，情况进一步恶化的可能性较小。今天一开市，银行体系就向市场注入了大量的资金支持，不过后来并未继续干预市场，任由市场自由调整，因此波动幅度仍然较大。买单由四面八方涌来，包括一些精明的欧洲买家。在其下属人员与我们谈过以后，约翰·D.洛克菲勒先生今天发表的公开讲话也有助于安抚公众的情绪。

杰克知道伊瓦这笔1.25亿美元的贷款能帮助德国暂时扛过这场金融危机，弥补赤字，并按照承诺推行改革。不过，这笔贷款对美国市场毫无帮助，而且它已经惹怒了俄罗斯的高级政府官员，他们强烈抗议这笔交易，并批评德国竟然不惜牺牲俄罗斯与德国之间的贸易关系，做出有利于伊瓦这个外国私人投资者的决定。在官方公报上，柏林的俄罗斯贸易专员指责德国政府在采取“敌对行为”。

杰克研究了这笔贷款的合同条款。与伊瓦之前做成的所有金融交易一样，这笔贷款也有一些独一无二的创新之处。伊瓦授予德国政府支付浮动利率的权利，一旦市场利率水平下降至低于6%，德国政府就可以行使该权利；此外，伊瓦还允许德国政府提前偿还全部贷款。这笔贷款以及长达50年的火柴垄断权都取决于德国政府能否认可杨格计划，再过几个月，杨格计划就要正式实施了。如果德国政府不认可杨格计划,那么这笔贷款交易也将无效。最重要的是，对应每一美元的贷款，国际火柴公司与瑞典火柴公司实际只需支付93美分。与法国那笔贷款一样，如果德国政府提前偿还贷款，伊瓦就还能赚到额外的利润——每一美元能获得7美分的额外利润。

各国的银行家都在关注伊瓦，他们想弄清楚他要怎么做才能赚到钱来向投资者支付如此的高股息。虽然德国的贷款打了一个大折扣，但是无法创造出任何能帮助伊瓦支付股息的现金流，而且德国人可能几十年都不偿还贷款本金。火柴垄断权也许能产生一些利润，但是德国人还要分享一半的利润。

此外，伊瓦需要在1930年8月30日之前向德国提供5 000万美元的贷款，于1931年5月29日之前提供7 500万美元的第二笔贷款。第一笔5 000万美元的贷款由国际火柴公司出资；剩下的7 500万美元贷款则由瑞典火柴公司以及克鲁格与托尔公司共同出资。伊瓦有没有这么多钱？当然，国际火柴公司的资产负债表上什么也看不出来。鉴于近期股票市场一直动荡不已，哪怕是伊瓦亲自出面，想要筹措那么多钱也几乎是不可能的。杰克给一位助手发电报称，他“对克鲁格与托尔公司和德国政府的贷款安排非常感兴趣”。感兴趣的并不只有他一人。

即使是在市场崩溃时期，伊瓦也决心保持住投资者对他的信心。他向杜兰特建议，提高向投资者承诺的股息支付额以鼓励投资者并支撑国际火柴公司的证券价格。伊瓦让杜兰特自行决定何时将股息支付额调高以及调高多少。他认为如果由杜兰特来做这个决定，杜兰特以及李 - 希金森公司会对国际火柴公司更有信心。11 月 5 日，伊瓦给杜兰特发电报："我认为现在的市场状况特别需要我们立即提高股息支付额。因此，我建议采取一些必要的措施，你可以在自己认为合适的时机将提高股息额的消息正式对外宣布。"三周后，在杜兰特的授意下，国际火柴公司将每年的股息支付额由原来的每股 3.20 美元提高至每股 4 美元。

伊瓦和卡琳·博克曼把德国贷款协议的复印件寄给了伊瓦认识的每一个人，正式对外公布了此事。艾萨克·马克森也帮了不少忙。在遵守承诺首次将伊瓦引荐给胡佛总统后，他在文章中又表示这次会面给胡佛总统与伊瓦带来了不少益处。伊瓦感谢马克森一直以来的美言。他写信说，"我发现你的文章真是杰作，那些精彩的内容让我受宠若惊。"

1929 年 11 月，各种令人惊奇的消息接连不断地传来。就在股灾爆发 17 天后，电影《吻》（*The Kiss*）在纽约上映。作为有声电影时代的最后一批无声电影之一，谁也没指望这部电影能有什么好成绩。然而，这部电影却出人意料地票房大卖。千百万美国人想去一睹葛丽泰·嘉宝"最后一部默片"的风采，更不用说片中的那个吻了。嘉宝的知名度迅速上升，她开始被世人称为"神秘女人"。

很多投资者损失惨重，不过也有一些人赚到了钱。这场下跌是否会造成实际的影响，目前看来还不清楚，一些评论家仍然坚持这只不过是暂时性的。按照哈佛经济学会（Harvard Economic Society）的说法，"这次市场的严重下跌类似 1920—1921 年那次下跌，已经超出了概率统计的范围。我们面对的不是旷日持久的彻底清算。”11 月 15 日，金融家伯纳德·巴鲁克给英国前任财政大臣温斯顿·丘吉尔发去电报：“金融风暴肯定已经结束了。”

由于股息额被再次提高，公众形象良好，这场股灾并没有立即对伊瓦的企业造成伤害。股灾的影响需要一段时间才能扩散至各项金融业务中，尤其是当这些金融业务相对较为复杂的时候。虽然证券的市场价格下跌了不少，但是在长达几个月的时间里，这些证券所造成的实际损失始终没有被公布。同样，即使经历了 10 月那么惨烈的下跌，伊瓦公司的股价仍然在几个月内继续保持稳定。能在较长时间内保持高价并不一定反映了经济现实。但是很多人，甚至包括一些专业的评论员，花了好长时间才弄清这一点。

如果伊瓦能继续借到足够多的钱，按时履行支付义务并支撑公司的股价，也许就能一直坚持到这场股灾结束。然而，问题在于筹措资金的市场已经枯竭了。伊瓦本应下决心调低股息额，因为只有这样，伊瓦有能力负担这些股息的时间才会延长一些，但是这种选择会迫使伊瓦放下自己的自尊，还有可能招来怀疑。伊瓦更愿意采取截然相反的做法：提高股息额，打赌自己能尽快借到足够支付高股息的钱。所有的一切都取决于伊瓦的公司是否具有持续支付高股息的能力。

1930 年 1 月 29 日，协议各方在巴黎签署了杨格计划，德国议会在同一天通过了火柴垄断法案，确认了伊瓦贷款交易的有效性，几个月后，伊瓦必须向德国政府提供 5 000 万美元的资金。伊瓦并没有止步于此，而是继续增加着公司的负担。1930 年，伊瓦与波兰政府签订了另一项协议，同意向波兰政府提供 3 200 万美元的贷款，以保住自己在波兰境内的火柴垄断权。伊瓦借到足以履行这些贷款义务的钱的希望看上去十分渺茫。

两个截然不同的伊瓦

股灾爆发后，两个与伊瓦最亲近也最了解伊瓦的人，克里斯特·利托林和卡琳·博克曼，开始注意到伊瓦的个性中一些令人不安的转变。借到更多的钱以满足公司越来越多的贷款需求所造成的压力，似乎逐渐让伊瓦分裂成两个状态截然不同的人。

其中一种状态的伊瓦会花更多的时间独处：要么把自己锁在静室里，要么躲在世界各地的酒店房间里，紧紧关上房门。即使是和伊瓦一起外出，卡琳·博克曼也有可能好几天见不到伊瓦。他每天花费大量时间记忆新的财经数据和经济统计数据，似乎下定决心要把这些信息全部塞进自己的脑子里，以展现出自己对脆弱的金融市场的了解与精通，给全球各国的政治领袖留下深刻的印象。

但是，另一种状态的伊瓦突然变得比以前更热衷社交。他定期与胡佛总统见面，还与各个重要国家的首脑一起吃饭。他在债券俱乐部每月的午餐会上致辞，凭记忆直接说出债券的收益率数据，让每个人深受震动。他还举办了几次专业讲座，包括在芝加哥被广泛宣传的那场，会上伊瓦的观点是“世界希望从伟大的债权国那里获得的不是利他主义，而是开明的利己主义”。

伊瓦仍然在让年轻女性为自己着迷，即使在与卡琳·博克曼一起出游时也是如此。就在10月股灾爆发后不久，当伊瓦乘坐莫扎迪斯号邮轮航行时，他轻而易举地用一顿所谓的“迷人的蔬菜晚餐”吸引了船上一位女乘客凯瑟琳·冯·罗森博格（Katharine von Rosenberg）。她认为这次邂逅令人难忘，因此提出“如果将来我们恰好在同一时间待在同一个城市，我会报答你”，也许重逢的地点是在伊瓦推荐的某家酒店，默里斯酒店或克里翁酒店。

不过，如果社交场合没有满足伊瓦的要求，或者他心情不佳，那么他就会表现得比较粗鲁。他拒绝参加瑞典女皇的葬礼，因为他认为自己在来宾席上被安排的位置不足以体现他的国际地位。当威尔玛·韦特（Wilma Waite）小姐像凯瑟琳·冯·罗森博格一样在莫扎迪斯号邮轮上与伊瓦相遇时，她不仅建议伊瓦安排一下两人会面的时间地点，还多问了一个问题——伊瓦“是否有意购买佛罗里达州部分归我们家族所有的、397平方公里的松树林”，伊瓦的回答有些唐突："很遗憾，我对佛罗里达州的松树林没兴趣。"

伊瓦似乎知道自己的精神状况正在发生变化，因为他越来越不愿意与那些对自己的事业至关重要的人待在一起，尤其是唐纳德·杜兰特与伯宁。在纽约短暂停留一段时间后，他前往欧洲，长达数月地躲避这两人，伊瓦会定期通过信件或电报的方式维系彼此之间的关系。1930 年一整年，伊瓦与杜兰特以及伯宁几乎所有的沟通交流，包括一些重大的商业决定，都是通过书面，而不是直接见面会谈进行的。

例如，伊瓦没有亲自与杜兰特见面并催促后者尽快提高克鲁格与托尔公司的股息支付额（就像先前他们提高国际火柴公司每年的股息支付额一样）。伊瓦只是在信件中提了一句："我们公司的董事强烈建议将克鲁格与托尔公司的股息支付率提高至 30%。"杜兰特寄给伊瓦一份书面授权书，请他代表克鲁格与托尔公司签字，但是在此过程中，两人始终没有见面商谈。伊瓦手写了一部分信件，而对杜兰特来说，这些手写信件就是证明伊瓦是个真实存在的人的最直接的证据了。在谈论秘鲁垄断权交易的一张便条上，伊瓦的笔迹凌乱而潦草，字母"y"和"p"的底部弯曲得很厉害。

1930 年年初，唐纳德·杜兰特汇报说，伊瓦对克鲁格与托尔公司发行的美国凭证提供的赎回担保（这是伊瓦最冒风险的举动之一）似乎开始起作用了。买入该凭证的投资者数量增多，但各个承销银行手上依然持有价值高达几百万美元的美国凭证。杜兰特提到，"自 1929 年 10 月 24 日市场陷入恐慌那天开始直到今天，美国凭证的持有者数量增加了 3 645 人，换言之，提高了 20% 多。"对伊瓦来说，这是个好消息，不过还不够好。

伊瓦对伯宁的关注还不如对杜兰特的多。伯宁向伊瓦提出索要国际火柴公司最近的财务报表的请求，结果收到一封信说伊瓦已经离开，没办法给他回信。伯宁又要求得到德国贷款交易的详细资料，伊瓦最终的回复是："我不想把这笔交易的详细资料交给你。目前，我不想让别人知道我们在德国所持资产的准确数字，因此我建议你把我们在德国的资产与在其他国家持有的资金汇总，称其为‘杂项投资’（Sundry Investments）。”

不管是杜兰特还是伯宁，在有问题要伊瓦解答的时候常常找不到他，特别是在美国投资者催促他们提供有关国际火柴公司的详细资料时。在几次试图联系伊瓦的举动均宣告失败后，他们起草了一份简短的备忘录寄给投资者，解释说，国际火柴公司的很多详细财务数据出于政治考量不能对外公布。在备忘录的草稿中，两个人是这样写的：

> 本公司的大部分经营业务是在特殊的特许权或垄断权交易框架下展开的。很多情况下，这种特许权或垄断权交易的细节可以被告知公众。但是，在某些情况下，如果这种合作关系被外界知晓，会对公司以及国家的利益造成最严重的损害。因此，本公司一直非常小心，等待最合适的时机来临，到时候再将公司在多个国家境内所做投资的详细情况公之于众。基于上述原因，在“投资于火柴特许权交易的贷款”以及“政府贷款”这两个条目下，我们没有逐条列出涉及的国家。当然，本公司与法国、波兰、匈牙利、罗马尼亚以及其他国家的合作关系，包括最近与德国的贷款交易的相关消息早已对外宣布。不过，在另一些国家，目前的局势不允许本公司将两者的合作关系公之于众，但就像其他时候一样，未来局势会慢慢发生变化。

杜兰特和伯宁把这份草稿寄给了伊瓦，但是6周过后，两人依然没有得到回复。当伊瓦终于向卡琳·博克曼口述回信时，他的口气很淡然，只是说这份备忘录“非常好”。他还说：“我打算3月去美国，希望到时候能见到你。”但是，当伯宁安排两个人3月的会面时间时，伊瓦又突然取消了他的计划。

投资者不想只看到“杂项投资”这样笼统的说法，他们想了解更详细的信息，但是伊瓦不愿意向任何人提供半页纸以上的、有关国际火柴公司收入来源的详细报告。伊瓦证实，大概有30家企业要和国际火柴公司合并编制财务报表，但是除此以外，他再也不肯多说一句。

人们对伊瓦到底怎么赚到那么多钱的疑问一直挥之不去，比如国际火柴公司1929年的报告利润为2 100万美元，而同一年瑞典火柴公司的报告利润为1 500万美元。一家公司的一部分“报告利润”只不过是其他公司支付的股息，并不是真实的经营利润，只是资金从一个口袋转移到另一个口袋而已。但是，即使扣除这些股息收入，伊瓦名下这两家火柴公司的报告利润也在3 000万美元左右。

很多银行家与投资者对这些财务数据感到怀疑。全球的火柴消费量约为400亿盒。伊瓦名下的火柴加工厂的产量占全球火柴总产量的2/3左右，每盒火柴的平均市场价格为0.5美分。只需要使用最简单的数学知识，我们就能算出伊瓦的公司通过向全球各地销售火柴所获得的年收入总额肯定会小于1.5亿美元。那么基于这一收入水平，伊瓦能获得多高的利润呢？即使是在垄断经营的情况下，火柴的利润空间也很小。原材料的成本较高，此外还要支付运输费用、税费、关税以及销售成本。伊瓦能依靠这1.5亿美元的收入赚到3 000万美元的利润吗？这可意味着利润率要高达20%。

根据某位曾向伊瓦提出该问题的银行家的说法，伊瓦爽快地承认，他们公司的利润只有一半来源于火柴业务。伊瓦说，另一半利润来源于投机。但是，即使伊瓦靠投机赚了一大笔钱，而且他的火柴公司也确实赚到了3 000万美元的利润，这些钱加在一起也还是不够。伊瓦需要凑齐5 000万美元，用于8月向德国政府发放的第一笔贷款。除非他的某笔赌注能够迅速创造价值，否则他将无法向德国政府及时放款。如果伊瓦违约，那么他的名声和事业都将被彻底摧毁。

他需要救援，而救援来得刚刚好。

THE MATCH KING

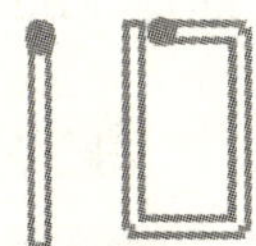

最后的挣扎

伊瓦在圣诞节前夕抵达纽约，纽约当地的报纸像以前一样对他的到来进行了大肆宣传。那一天，在纽约证券交易所的大厅内，克鲁格与托尔公司的股票是仅有的 15 只交易最活跃且收盘时有盈利的股票之一。《先驱论坛报》报道了伊瓦在美国的商务活动："市场还预期他将与国际电话电报公司的高层协商有关国际电话电报公司与爱立信公司合并的事宜。"

1929年7月底，法国总统雷蒙德·庞加莱以身体状况为由退休，他的继任者是时任外交部长的阿里斯蒂德·白里安（Aristide Briand）。白里安是庞加莱的密友，在法国政坛这个极其紧密的小圈子里，他早在1913年就有过一次从庞加莱手中接任总统的经历。这一次，白里安在任的时间不会那么长了（事实上，白里安比庞加莱更早去世，他死于1932年3月，巧合的是，当时伊瓦正乘船最后一次从美国出发前往欧洲）。

法国经济正在逐渐复苏，白里安颁布的第一批政令之一便是偿还他的好友庞加莱从伊瓦那里借来的7 500万美元。伊瓦与庞加莱做了一笔打了折扣的贷款交易，法国政府可以提前拿到7 000万美元的贷款，但需要承诺将来向伊瓦偿还7 500万美元。如果法国政府提前偿还贷款，伊瓦就能比当初计划的时间提早几年拿到这笔钱。伊瓦想尽快先收回5 000万美元。

几个月里，伊瓦一直背负着沉重的资金压力。现在，法国政府打算提前偿还5 000万美元的贷款，这有助于缓解伊瓦的困境。最重要的是，法国政府的提前还款能让伊瓦有足够的钱向德国政府支付第一笔贷款放款。

令人难以置信的是，法国政府承诺将于1930年4月——恰好在伊瓦向德国政府支付第一笔款项的到期日之前偿还全部7 500万美元贷款。这笔还款能让伊瓦履行对德国政府的放款义务。我们不知道是伊瓦与法国总统白里安私下进行了援助交易，还是伊瓦的运气就是如此好得不可思议。一位评论员将其称为“天赐甘露”。

伊瓦立即从法国偿还的款项中拿出 5 000 万美元电汇给德国政府。然后，他又向位于列支敦士登的子公司大陆投资公司转账 23 733 152 美元。和往常一样，他几乎什么也没给国际火柴公司留下。

《时代周刊》对这几笔汇款的报道带着明显的怀疑色彩。就在股灾爆发的那个星期，《时代周刊》的封面故事还在对伊瓦大加褒扬，然而现在它更关注投资者的担忧：伊瓦到底用法国政府的提前还款做了什么事情？伊瓦简单地回应说，这笔资金目前在德国赚取 6% 的贷款利息，而不是在法国赚取 5% 的贷款利息。《时代周刊》对他的这种说法表示了嘲弄。

但是，绝大多数投资者并没有因为《时代周刊》提出的新疑问而感到苦恼，尤其是当伊瓦宣布准备用剩下的资金于当年再做一笔“贷款换取垄断权”的交易时。事实上，在 20 世纪 30 年代，伊瓦的火柴垄断权投资组合还包括玻利维亚、保加利亚、波兰的格但斯克（Danzig）、危地马拉、立陶宛、土耳其以及南斯拉夫。这些垄断权交易让备受好评的证券分析家麦克尼尔（McNeel）秘密发布了简报，认为伊瓦公司的证券“健康”且具有“升值的可能性”，因此推荐买入。

在私底下，伊瓦担心 1929 年的股灾已经给他的事业造成了不可挽回的伤害。光靠德国政府那 6% 的贷款利息，伊瓦根本无力负担高达两位数的股息。如果市场整体继续滑落，他们公司的股价最终必将受到沉重打击。金融危机期间，伊瓦不能继续在市场上融资。尽管每次出现在公众面前时，伊瓦总表现出自信的姿态，但是他一个人待在静室里的时间越来越长，不停担心自己在德国贷款这个项目上犯了错。他需要想出办法至少再多撑一年，并祈祷到了那时，市场的下跌趋势会停止。最终，伊瓦宣布将克鲁格与托尔公司的股息支付率由原来的 25% 提高至 30%。

重新出发，意大利的垄断权交易

1930 年 3 月 2 日，伊瓦 50 岁生日那一天，他本应回到火柴宫殿舒舒服服地休息。他有很多钱，也获得了很多荣誉与赞扬。他刚刚接受了美国雪城大学颁发的荣誉博士学位，还曾经为雪城大学修建了阿奇博尔德体育场。他在每年的诺贝尔奖颁奖典礼上扮演着举足轻重的角色，也经常与外国领导人会面。除了最近《时代周刊》的评价突然转向以外，伊瓦仍然是媒体的宠儿。他的时间都被用在向决策者提供建议、从事社交活动或为慈善事业出力上。

但是，就在 50 岁生日后不久，伊瓦打算重启并坚持不懈地向前推进另一桩火柴垄断权交易——这一回是在意大利。伊瓦请求瑞典国王古斯塔夫六世帮自己在政治圈里牵牵线，与负责管理所有垄断权交易的意大利高级官员重新接上头。意大利是唯一一个伊瓦还未与之做过生意的欧洲重要国家：他与西班牙政府的谈判止步不前；和美国一样，英国基于反托拉斯的考虑也不会把垄断权转让给他。

从 1923 年开始，就在伊瓦第一次在美国市场上成功融资之后不久，他便一直与意大利政府断断续续地进行着谈判。那时，意大利政府刚刚结束火柴的政府专营，成立了一家辛迪加组织负责管理国内的火柴销售事宜。伊瓦拥有意大利国内规模最大的火柴生产企业（该企业名为 Fabbriche Riunite di Fiammiferi，缩写为 FRF）超过 30% 的股份，此外，他还同时持有其他一些规模较小的意大利火柴生产厂的股权。1928 年秋天，伊瓦通过意大利的中间人与意大利政府接洽，提出以 7 500 万美元的贷款换取火柴垄断权，但是意大利政府对此不感兴趣。

这笔贷款交易的一大障碍是杰克·摩根的合伙人托马斯·拉蒙特。多年来，除了一些银行生意以外，拉蒙特一直在偷偷摸摸地为法西斯政权效力。意大利的火柴垄断权交易很有可能是一直给 J. P. 摩根公司预留的。约翰·皮尔庞特·摩根在意大利早已家喻户晓，1904 年他找到并归还了一件被人从阿斯科利皮切诺大教堂（cathedral of Ascoli Piceno）偷走的长袍法衣，意大利政府对此非常感激。几年后，教皇庇护十世（Pope Pius X）投资失败，损失了一大笔钱，他感慨地说："真遗憾，我怎么就没有想到可以让摩根先生给我们提供一些投资建议呢！"从此以后，教皇雇用了 J. P. 摩根公司为买入美国股票的投资决策提供建议。

杰克·摩根听到意大利政府可能会与国际火柴公司达成交易的传闻时显然非常生气。当然，这些小道消息都是伊瓦最先放出的。伊瓦告诉别人，这桩交易必须保密，因为贷款资金将被意大利政府用于军事领域。伊瓦来到纽约时，告诉别人自己正在与"Y 国"协商一笔垄断权交易。事实上,伊瓦只告诉杜兰特，他正忙于"意大利的巧妙一击"，李 - 希金森公司的上上下下都对此有所耳闻。

古斯塔夫六世把伊瓦介绍给了一位意大利伯爵，这位伯爵安排伊瓦与两个非常关键的人物进行了会谈。墨索里尼不在其中，不过要想做成交易，必须得到他的同意。伊瓦开始与这两个人频繁通信。和往常一样，伊瓦表现出了超常的说服力，因此，虽然与摩根公司的关系十分紧密，他们还是表现出了一些兴趣。1930 年 10 月，当三个人终于坐下来开始正式协商此事时，伊瓦决定把自己所有的筹码都压在意大利身上。

两人中的一个名叫安东尼奥·莫斯科尼（Antonio Mosconi），时任意大利财政部长，是墨索里尼麾下首屈一指的金融顾问。另一个名叫乔万尼·博塞利（Giovanni Boselli），是意大利政府垄断权转让交易的总负责人。几个月后，谈判有了很大的进展，三人开始协商合约的具体条款，包括贷款的具体金额和贷款利率。

伊瓦与墨索里尼唯一的一次会面是在 3 年前。那次会面没有任何成果，但是鉴于目前伊瓦与其代理人的谈判已取得了显著的进展，墨索里尼同意再次接见伊瓦。虽然墨索里尼一再坚持要对他们会面的所有细节彻底保密，但是这次会面的前景足以点燃伊瓦的希望之火——伊瓦需要用与意大利政府达成的这笔新交易唤醒投资者的投资兴趣，在市场上筹集更多资金，并托住本公司的股价。美国也许要陷入衰退，但是伊瓦新结识的三位意大利朋友——莫斯科尼、博塞利与墨索里尼——给他带来了让他继续坚持下去的希望之光。

伊瓦告诉利托林和博克曼，他要去匈牙利处理一些生意，但是具体要做什么事，他不能说。他独自出发，没有详细说明自己何时回来。在伊瓦出发前与他碰面的一位同事这样评论：“我从未见过他对哪件事情能像这次这样守口如瓶。”

但是，伊瓦并没有前往匈牙利，而是从北部入境意大利，然后直接来到佛罗伦萨。关于伊瓦这趟旅行到底发生了什么，大家众说纷纭。伊瓦的同事称，在三人见面后，伊瓦与意大利政府签订了秘密协议。后来，意大利人承认他们需要资金，也承认双方召开过一些会议，但是又强调并没有与伊瓦签订协议。几年后，一封信进入人们的视野。这封信署名为“乔万尼·博塞利”，日期为 1930 年 12 月 23 日，信上写着：“我们不想继续谈判。因此一切到此终止。”墨索里尼拒绝从伊瓦那里获取资金，他说他们虽然已经见过面了，但是从未达成一致意见。一些评论员称伊瓦秘密向墨索里尼提供了一些贷款，但是贷款的金额没有给法国或德国的那么多。我们永远无法探明事实的真相。

不过，绝对清楚的事实是，当伊瓦结束这次意大利之行返回斯德哥尔摩时，他做了一些没人能理解或能解释其动机的事。之前，伊瓦一直在伪造公司财务报表的数据，就像孩提时考试作弊一样。为了让每年的收入曲线更加平滑，他故意夸大了企业的经营利润，还把一些负债项目隐藏起来。他蒙蔽投资者，不让他们了解一些重要的信息。上述所有行为也许是非常可疑的，但是它们从未上升到明目张胆公开欺诈的程度。绝大多数时候，为了保持自己的灵活性，伊瓦一直游走在法律条款的边缘。

然而，接下来伊瓦所做的一切与之前截然不同。

从意大利回来后，伊瓦把自己锁在静室里。终于出现在大家面前时，他非常激动地告诉几位同事，他正在与欧洲多个国家进行秘密谈判。他提到了好多笔交易，同事们甚至搞不清楚他到底去过哪里，准备去哪里，下一笔交易将会是怎样的。

随后，他离开了火柴宫殿，声称一个重要会议已经迟到了。他去了斯德哥尔摩一家印刷厂的办公室，这家公司曾经负责印刷伊瓦公司发行的股票凭证。伊瓦告诉这家公司的助理总监，自己一个顶级的机密项目需要他的帮助。但是这位助理总监不能把伊瓦准备下达的指令透露给其他任何人。

随后，伊瓦让这个人用平板印刷技术印制了 42 张意大利政府债券。伊瓦向这个人展示了正版的意大利债券，然后又说明他希望印制出来的成品是什么样的。伊瓦要求成品和意大利政府官方发行的国债一样具有盾形纹章的印记以及“意大利行政垄断”的字样。此外，债券票面要注明“国债利率为 6%，利息由伦敦的巴克莱银行负责支付”。在这句声明下方印有“罗马，1930 年 8 月 15 日”，签名线上写着“总负责人”。左下角印着“本金与利息由意大利王国提供担保”，此外还有“财政部长”的字样以及另一条签名线。

伊瓦仔细检查了每一处细节，确保印好的这些票据看上去与真正的意大利国债一模一样。印制完成后，他回到了位于别墅街的家中。随后，他探望了隔壁的朋友英厄堡·埃伯斯。虽然伊瓦很少演奏音乐，但是这一次，他在英厄堡的大钢琴上即兴弹奏了一番。回到自己的公寓后，他轻轻拍了拍最后一个台阶扶手上雕刻的木质小熊的脚后跟。吃了一些水果后，他又开始在夜色中散步。他努力想重新回到正常的生活轨道，重新遵循在改变一切的意大利之行发生之前已养成的生活习惯。但是，在他那梦幻般华丽的精神世界深处，有些东西已经发生改变。他和以前再也不一样了。

没有答案的问题

在伊瓦假称去匈牙利出差期间，伯宁决定到斯德哥尔摩突击检查伊瓦名下各企业在瑞典当地的审计情况。伯宁是伊瓦最不想见到的人，当然他没有任何心情回答伯宁提出的财务问题。得知伯宁进城后，伊瓦精心安排了一系列借口来躲避见面。伊瓦的助手卡琳·博克曼告诉伯宁，伊瓦不想见任何人，即使是她也无法见到伊瓦本人。在伯宁停留在斯德哥尔摩期间，伊瓦想尽办法避开了他。但伯宁刚离开瑞典，伊瓦就开始通过电报或信件等书面方式向他提出各种各样千奇百怪的要求。

例如，他给伯宁发电报说，想要修改国际火柴公司财务报表上德国贷款项目的入账成本，把实际入账成本的每美元 93 美分改为每美元 83 美分。然后，伊瓦要求把多出来的 10 美分计为德国火柴垄断权的所有权投资。

这样的会计处理转换毫无意义：贷款的成本确实是每美元 93 美分，而德国的火柴垄断权带来的利润需要花上一段时间才能慢慢产生并流入公司。显然，伊瓦想通过降低德国贷款成本的方式隐藏法国贷款创造的利润。也许，伊瓦以为在财务报表上直接记录他从法国政府那里赚到了 500 万美元利润有些不太合适。也许他只是想把这笔利润留到将来某个时候再公布，或者是将其转移到其他地方。无论如何，他给伯宁写信说："如果这样做的话，我相信法国债券创造的 500 万美元利润足以弥补德国政府债券的价值缩水。"

伊瓦发来的其他电报更是令人费解。比如，我们只能猜测伯宁在阅读这封电报时一定感觉自己像是在破译密电：

> 从成立的第一年开始，大陆投资公司持有的投资组合的重大调整包括 5 月将持有的 Kreutoll 公司 8 万股股票卖掉，所得利润约为 300 万美元。股票售出后所得资金的一部分被用来偿还拖欠瑞典火柴公司的债务，余下资金被借给瑞典火柴公司。4 月，大陆投资公司获得了 4 000 万美元资金，其中一部分被用来购买德国债券，这些债券已被国际火柴公司接管，此外到目前为止，公司在土耳其的生意已经花掉了大概 500 万美元。年底之前，剩下的余额被暂时记在瑞典

火柴公司的账目上，随后大陆投资公司或国际火柴公司会以不同的资产形式把这笔钱从瑞典火柴公司转移到自己公司的账上。

这种类型的电报只会得到一种回复：什么？难道伊瓦不知道这些公司都是相互独立的吗？他不能就这样在克鲁格与托尔公司、瑞典火柴公司、国际火柴公司以及大陆投资公司之间直接转移股份、销售额、现金以及资产。也许他能做到，但只有公然藐视商业规则与会计准则的人，抑或是胡言乱语、已经发疯的人才会提出这样的要求。

当印刷厂的人把 42 份印好的意大利政府债券送到伊瓦处时，伊瓦在“总负责人”的横线上伪造了“G. 博塞利”的签名，在“财政部长”的横线上伪造了“A. 莫斯科尼”的签名。尽管伊瓦声称自己还是一个孩子时就很擅长伪造各种文书，但是伊瓦在这些债券凭证上伪造的签名十分粗糙潦草。他甚至好几次都拼错了“Boselli”这个姓。

伊瓦把所有签过名的债券与意大利火柴垄断权交易合同的草稿一起放进火柴宫殿办公室的私人保险箱里。按照保险箱内这份合约的条款，伊瓦可以用贷款换取意大利火柴垄断公司 90% 的股权。合同上贷款的总金额一项没有填写。

为什么伊瓦要伪造意大利的政府债券，他的保险箱里还藏了什么东西呢？他是不是以为这些债券能帮助他在美国市场上融资，因为这些债券能让那些关键人物相信这就是伊瓦已与意大利政府达成协议的证据？他是不是相信这些债券能让银行家们稍感安慰，因为他们一直在担心伊瓦是否有能力偿还公司的贷款？抑或是他计划使用这些债券为 1930 年公司财务报表上的多个条目背书（因为 1930 年的公司财务报表即将被封账整理）？在寄给两位会计师（伯宁与温德勒）的利润表中，伊瓦经常把未来预期的利润值也包括进去。这些伪造的政府债券是不是为了证明伊瓦的公司有权在 1930 年的财务报表上计入意大利那笔交易的预期利润？

“你们全部联合起来攻击我吗？”

1930年年底，只有伊瓦和印刷厂的那位助理总监知道这件事。大概一年多前，就在股灾爆发时，伊瓦曾经做过保证，他会按照原始购买价28美元把辛迪加组织成员未售出的、以克鲁格与托尔公司名义发行的美国凭证全部买下。现在，这项赎回权即将到期。在10月股灾爆发后的前6个月里，伊瓦公司发行的证券的价格始终保持着稳定，而且美国凭证的持有者数量增加了20%还要多。但是到了1930年下半年，这些证券的市场价格开始下跌。

临近1930年12月底时，几家银行执行了这项赎回权。他们要求伊瓦按照发行价28美元买下总共157 036份美国凭证，总额差不多为440万美元。得知几家银行要求伊瓦买下这批凭证时，唐纳德·杜兰特正在巴黎。在代表伊瓦做出回应时，他的反应是不信与绝望。伊瓦希望尽可能避免赎回这批证券。杜兰特放出风声，伊瓦很快就会向辛迪加组织的各位成员付款，他坚持要与伊瓦见面，当时伊瓦人也在巴黎。

伊瓦没办法像避开伯宁一样避开杜兰特。他反而利用这次见面成功地说服杜兰特相信一切都很好。伊瓦的公司一直都很稳固，赎回证券只不过是无足轻重的小事。伊瓦直接问杜兰特他应当汇出多少钱，并说他会直接把这笔钱汇出。他抓住这次私人见面的机会向杜兰特展示自己的公司依然经营状况良好，支付440万美元只是小事一桩。

伊瓦将这笔赎回款四舍五入为500万美元，在当天晚些时候把钱以电汇方式汇入了李-希金森公司设在纽约联邦储备银行的账户。伊瓦说，李-希金森公司可以代他保管多出来的60万美元，他暂时不需要动用这笔钱。

与此同时，伊瓦让杜兰特帮助国际火柴公司再次融资5 000万美元。伊瓦说他计划用发行新证券所得的这笔资金向奥斯卡·吕德贝克的瑞典信贷银行偿还一部分债务。有趣的是，伊瓦自己也持有瑞典信贷银行10%的股权。俗话说得好，如果你欠银行1 000元，你就成了银行的奴隶，但如果你欠银行100

万美元，那么银行就归你所有了。就伊瓦的情形来说，这句俗话并不只是比喻而已，它说的是事实。伊瓦打算把这笔新筹集的资金偿还给自己，当然是偿还一部分。

至于发行新证券，杜兰特一开始说李 - 希金森公司不可能为伊瓦做这件事，因为目前市场仍在持续下跌，而且国际火柴公司的详细财务数据极不透明。杜兰特的重点似乎是国际火柴公司的资产负债表上一项“可销售债券”(marketable securities) 的条目，金额为 7 700 万美元，但是除此之外，没有其他任何详细的信息描述。杜兰特向伯宁求助，希望能拿到这个条目的详细信息，但是伯宁马上起了警惕心。伯宁坚持说投资者不应抱怨缺乏详细的财务信息；相反，即使目前金融市场不景气，但是能再有一次机会投资伊瓦名下的公司，他们也应该感到高兴。伯宁不理解为什么杜兰特对这件事的态度如此顽固。

伯宁还为这些可销售证券准备了一份“小备忘录”。准备这份备忘录的目的是供李 - 希金森公司而非任何投资者在需要时查阅。伯宁给伊瓦写信称“看上去这似乎是唯一一个可能引发疑问的条目，我们希望你能同意此事的处理方式。”伊瓦对伯宁的工作很满意。他回复说，“我认为你针对这项 7 700 万美元的证券条目所做的备忘录非常棒。”

伯宁还指出，这笔“可销售证券”条目还有一个特殊问题，那就是其中包括源自德国垄断权交易的价值 5 000 万美元的债券。关于这批债券到底在哪里、价值几何，人们有各种各样的疑问。伊瓦发给伯宁的很多令人费解的电报都谈到了这件事。

1931 年 1 月，杜兰特终于松了口，尽管国际火柴公司的财务报表存在很多问题，李 - 希金森公司还是同意为国际火柴公司再承销一批新证券。这批新证券采用的是黄金信用债券的形式，这是国际火柴公司向投资者提供的最安全的投资工具。这次发行的证券与 1923 年国际火柴公司在美国第一次发行的证券比较相似。

这一次，国际火柴公司要按照面值的96%出售面值总额为5 000万美元的10年期黄金信用债券，总融资额为4 612.5万美元。募集说明书上说这笔钱将被用于“在葡萄牙、挪威、丹麦、波兰与哥伦比亚等地的投资，收购土耳其的火柴生产厂以及（或者）购买土耳其和德国的债券”。一部分资金将被用于偿还公司拖欠斯德哥尔摩的瑞典信贷银行的部分贷款。事实上，一半以上的资金被直接转给了大陆投资公司，这个伊瓦名下仍然有些神秘的位于瓦杜兹的公司。

伊瓦雇用的记账员是他在家乡卡尔玛时的同学西格德·亨尼格（Sigurd Hennig），亨尼格对如何整理1930年的账目感到非常困惑。亨尼格不知道该怎样汇总伊瓦1930年的收入。伊瓦雇用的瑞典当地的审计师安东·温德勒同样不知道。在一整年时间里，伊瓦频繁地在各个子公司之间转移资金，现在他似乎欠克鲁格与托尔公司1亿美元左右的债务。伊瓦告诉亨尼格，他还持有很多未列入财务报表的资产，包括位于波利顿的金矿以及对两家美国公司：钻石火柴公司与俄亥俄州火柴公司（Ohio Match Company）超过1 100万美元的投资。伊瓦告诉他，“肯定是哪里出错了，亨尼格。这笔钱不可能自己逃走了，对不对？”

当亨尼格针对一些法国债券（这批债券似乎被存放在某个亨尼格不认识的荷兰银行里）不停提出疑问时，伊瓦终于爆发了。“那是一家不错的银行。这是针对我的阴谋吗？你们全部联合起来攻击我吗？”伊瓦告诉亨尼格和温德勒，如果他们非要知道的话，只能说这笔查无所踪的条目将会由目前正在协商中的意大利垄断权交易弥补。这是最高机密，墨索里尼坚称不能告诉任何人。

伊瓦说自己可以向温德勒出示自己与意大利政府签订的合同以及意大利的政府债券，让温德勒自己判断一下这能否补上缺口，但伊瓦不再信任亨尼格，不允许他查看这些政府债券。温德勒来到火柴宫殿，走进伊瓦的办公室，亲眼看着伊瓦打开保险箱拿出合同。合同金额那一项不再是空白的了。合同上写着总金额为2 100万英镑，相当于那批消失了的法国债券总价值的3倍。看上去保险箱里意大利债券的面值也是2 100万英镑，上面有相关政府官员的签名。这些债券代表着伊瓦对意大利政府的债权价值远远超过了需要弥补的账目缺口。

温德勒感到很满意。他指示亨尼格在克鲁格与托尔公司1930年的财务报表上增加一个价值为700万英镑的条目。由于意大利政府债券的价值相当于700万英镑的3倍，因此在下一年，克鲁格与托尔公司还能使用余下的1 400万英镑作为缓冲。

奥斯卡·吕德贝克听到了克鲁格与托尔公司亏损的传言，他也来见伊瓦。伊瓦向他解释说没什么问题。如果有问题的话，伊瓦为什么要先向瑞典信贷银行偿还一部分贷款？伊瓦让吕德贝克放宽心，他刚刚做了自己一生中最大的一笔交易。伊瓦说，事实上，他需要在1931年4月之前获得一笔3 500万美元的贷款来执行这笔秘密交易。因为瑞典政府为伊瓦提供了担保，所以吕德贝克又安排了一笔金额较小的贷款。这笔贷款为伊瓦争取了时间，他7月将要支付下一笔股息。同样，他只有几个月的时间来融资，这样才能保证自己的经济状况不会崩溃，而他总能刚好赶上最后期限。

一场故技重施的演讲

现在，所有人都十分清楚伊瓦身上的压力有多大。以前他从未像现在这样酗酒和抽烟。他把自己关在静室里的时间越来越长。曾于1931年4月在巴黎见过伊瓦的一位助手说，伊瓦的情绪不停地在沮丧与狂躁之间转换：

> 克鲁格先生比3月我见到他时显得更加沮丧。在我面前，他难以掩饰自己躁动的情绪，只要以为身边没有其他人，他就会完全失去平时的自控力。他神经质般地在房间里踱来踱去，对自己大声说话，一根接一根地抽烟，好像随时准备好扑向电话。他看上去像是个精神状况不太正常的人。我听到他在安静的公寓里焦躁不安走来走去的脚步声、对着某个看不见的敌人大声说话的声音，这真是太恐怖了。

只要我一走进房间，他马上就恢复了对自己的控制力，看上去平静而镇定。

与此同时，伯宁继续帮伊瓦制造着正面影响。伯宁将多个子公司创造的一大笔利润计入国际火柴公司的财务报表，其中包括瑞典纸浆公司（Swedish Pulp Company）的利润，这是伊瓦名下一家很重要的子公司，也曾引起美国银行家的怀疑。但是，由于伯宁和厄恩斯特与厄恩斯特会计师事务所为伊瓦名下子公司的经营利润做了担保，所以这些银行家无法质疑财务报表的准确性。

在伯宁的帮助下，伊瓦在国际市场上的声誉依然很高，他还是能借到钱。巴黎银行（Paribas）这家大银行在1931年5月的信贷报告中提到："克鲁格与托尔公司具有最佳声誉，贷款额度无限制。"

此时，伊瓦几乎愚弄了每一个人：世界上最聪明的银行家与会计师、最顶尖的记者与政治家还有遍布美国乃至欧洲的千百万的投资者。在某种程度上，欺骗这些人并取得成功是件令人高兴的事。但是，伊瓦的资金来源慢慢枯竭了。现在，想生存下去就必须借到钱，伊瓦需要面对一个从来没有被自己欺骗过的银行：摩根银行。

1927年，在伯宁的推荐下，伊瓦第一次买入爱立信电话公司的股票。伯宁预先设想到了爱立信公司与国际电话电报公司的跨国并购。伊瓦知道，这么大规模的全球联合企业集团能享受到很多协同效应。他对一个朋友说，"对我来说，电话与火柴是一回事。通过控制管理电话公司，我也能获得特许权与垄断权，就像我用火柴做的生意一样。"

几年内，伊瓦就获得了爱立信公司的控制权，并将奥斯卡·吕德贝克和其他几位较友善的董事安排进爱立信的董事会。随后，伊瓦利用他对爱立信公司的控制权来获得他想要的东西，这样东西甚至比全球范围内的电话垄断权还要厉害，它就是现金。爱立信公司承担了一部分德国贷款，支付了800万美元，并于1931年6月发行了利率为5.5%、总面值为2 500万克朗的信用债券。爱立信公司在伊瓦的控制下度过了一年时间，已经变得面目全非。现在，爱立信公司的债务额猛增，而且开始亏损。不过，它仍然占有很高的市场份额，仍然是颇有吸引力的并购目标。

在1929年股灾爆发之前，国际电话电报公司总裁索斯提尼斯·贝恩（Sosthenes Behn）曾经建议他的公司与爱立信公司合并。刚开始时，伊瓦拒绝了国际电话电报公司的提议。一部分原因是伊瓦想多等一段时间以巩固自己对爱立信公司的控制地位。不过，对于要和国际电话电报公司做交易这件事，伊瓦有些忧心忡忡，因为对方派出的代表是J. P. 摩根公司。伊瓦忙于抢夺该公司在欧洲的贷款人地位，他最不愿意做的事情就是让他们的人有机会探听本公司的消息。J. P. 摩根公司有两位合伙人是国际电话电报公司的董事会董事，伊瓦知道他们肯定会竭尽全力搜集情报。

但是1931年5月，伊瓦还是屈服了，他告诉索斯提尼斯·贝恩，自己准备好商谈这笔交易了。伊瓦还给伯宁寄去一封密码电报，电报上说他"很感激你尽可能地搜集整理了这么多有关国际电话电报公司的信息"。如果贝恩知道伊瓦很渴望达成这笔交易，那么他就会故意保持沉默。两个人约定在纽约见面，见面之前，伊瓦要先去一趟华盛顿，再次与胡佛总统讨论国际事务。

到了纽约，伊瓦先约见了唐纳德·杜兰特。他把要与国际电话电报公司谈判的事以及更重要的意大利垄断权交易告诉了杜兰特。伊瓦坚持要杜兰特保密，在谈及此事时只能说是与"X国"的交易。伊瓦还通知杜兰特，尽管他对李-希金森公司代表自己做的一切工作都很满意，但是在与J. P. 摩根公司以及国际电话电报公司的谈判过程中，他将亲自担任谈判代表。

谈判在国际电话电报公司的总部举行。伊瓦先到自己的纽约办公室做了准备，之前他几乎没来过这个办公室。即使是在股灾爆发后，办公室里的一切也还是那么井井有条，他很高兴地看着自己精心挑选的18世纪风格的家具：两把一模一样、胡桃木质地、安妮女王风格的无扶手椅与一只样式相配的矮屉柜，搭配三张桃花心木包皮的赫伯怀特式扶手椅的威廉玛丽牌折叠纸牌桌，还有两张镶嵌着抽屉面板的桃花心木圆脚书桌，上面雕刻着精美的花朵。这间办公室既安静又有条理，就像伊瓦在斯德哥尔摩别墅街的公寓一样。股灾过后，伊瓦性情狂野的挪威朋友安德斯·乔达在纽约市场上的影响力似乎大大减弱了。

在与国际电话电报公司谈判时，伊瓦一个人坐在会议桌的一侧，而索斯提尼斯·贝恩坐在会议桌的另一侧，身边围绕着十几个人，其中包括国际电话电报公司的董事以及 J. P. 摩根公司的合伙人。伊瓦会时不时地针对国际电话电报公司提问，然后对方阵营里的某个人会离开房间，一个小时后回到会议室给出问题的答案。但是，每当国际电话电报公司的人提问时，伊瓦总是坐在原地不动，凭记忆回答对方的问题。

在谈判过程中，伊瓦的出色表现让对方深受撼动，他可以滔滔不绝地讲上半天。据说伊瓦每天晚上都在努力记忆像匈牙利子公司的财务数据这样错综复杂的详细数据与信息；到了第二天，他会将话题引到这个主题上，然后开始背诵自己记得的每一个细节。国际电话电报公司的谈判人员会负责核对数据，以期第二天能指出伊瓦有所夸大的地方。然而，伊瓦所说的精确到分的数据都是准确的。后来，每当伊瓦凭记忆列举某家子公司的收入数据时，国际电话电报公司的谈判人员便会信服地认为他说的就是事实。

伊瓦还充分利用了 10 年前自己在午餐会上对李 - 希金森公司的合伙人发表演讲时所使用的技巧。当国际电话电报公司的谈判人员提出某个重要问题时，伊瓦会令人不自在地停顿好长时间，然后再开口应答。根据某位参加谈判的人回忆，伊瓦会：

> 慢慢地掏出一根香烟，在桌子上轻轻敲击香烟的一端，这个动作会持续几分钟，他会再慢慢地点燃香烟，香烟在手指间转来转去。最后，当他把香烟头掐灭时，烟丝会从香烟未点燃的另一端被挤出来。

整个过程大概持续 5 分钟甚至更久，有时伊瓦还会将整套动作重复一遍。总是会有人忍不住打破沉默开口说话，而他所说的话也许就会成为改变克鲁格先生回答问题的方式的契机。他的镇定自若真是了不起。

6 月 18 日，在谈判停顿两个星期后，伊瓦和贝恩最终达成了协议。爱立信公司会以国际电话电报公司的名义向几家瑞典银行存入 60 万股股票，国际电话电报公司则会向克鲁格与托尔公司支付 1 100 万美元的支票。伊瓦允许普华永道公司于次年派遣会计师对伊瓦的欧洲子公司进行审计。早些年间，伊瓦尝试收购钻石火柴公司时，普华永道会计师事务所就曾发现伊瓦公司财务报表中的不准确之处。也就是说，伊瓦与普华永道曾有些过节。事实上，不管对方提出什么条件，伊瓦都会答应，只要国际电话电报公司能预先支付 1 100 万美元——他需要马上拿到这笔钱。

国际电话电报公司的支票很快就结算了，伊瓦正好赶上用这笔钱偿还克鲁格与托尔公司的一批 7 月 1 日到期的参与型信用债券。而直到下一年年初，普华永道才会派出会计师到瑞典进行审计。伊瓦还有几个月的时间。

重建自己的信誉

对伊瓦来说，唐纳德·杜兰特越来越难以被蒙骗。他要求获得“比以前更完整的”年报以及“打印好的补充备忘录，绝对保密且仅限纽约担保公司、国民城市银行以及其他几家保险公司与投资信托公司使用”。杜兰特说，其他几位银行家隔三岔五地来找他，要求他从伊瓦那里拿到更详细的财务数据。他们甚至想把自己的手下派到瑞典。

虽然纽约担保公司的总裁约瑟夫·斯旺曾经在 1929 年对伊瓦提出的赎回权大加赞赏，但是现在连他也表现出了担心。杜兰特写信给伊瓦说：

有一天约瑟夫·斯旺过来找我，他一脸闷闷不乐，手上拿着你

> 们公司的财务报表，对我说他担心事态变得越来越不妙。他的态度让我很受触动，因为一直以来，约瑟夫都很看好你们公司的证券，而且当你在纽约的时候，他总是有机会与你面对面交流，而且我也相信他曾在瑞典与你见过面。

杜兰特告诉伊瓦“我也许是太多疑了”，但是他仍然要求获得更多更详细的信息让自己安心。杜兰特之前提出的问题至今仍然没有得到答案：伊瓦是否将证券交易产生的“逐日盯市”的未实现利润也计入了国际火柴公司的总收入？杜兰特担心伊瓦夸大了公司正在持有、尚未卖掉的投资工具产生的潜在收益。

伊瓦努力地打消了杜兰特的担忧。他先是同意除了在目前正在支付的费用以外，每年还会额外向李 - 希金森公司支付 30 万美元的“财务咨询费”。他还努力与杜兰特建立更加亲密的私人关系，将便笺上的署名由“克鲁格”变成了“伊瓦”。

对伊瓦来说，杜兰特的婚礼是一个好机会，他要趁机重建自己的信誉。5 月，杜兰特寄给伊瓦一张手写的便笺：

> 亲爱的伊瓦：
>
> 尽管目前还要暂时保密，但我想让你提前知道，我要和爱丽丝·斯托厄尔小姐结婚了。我想之前你们两人已经见过面。我们打算下个月找个天气好的日子安静地举行婚礼。
>
> 你真诚的，
>
> 唐纳德
>
> 另：已经告诉克里斯特了。

伊瓦给杜兰特位于东 74 街的公寓送去一篮兰花。第二天晚上，唐纳德、爱丽丝与伊瓦共进了晚餐。

伊瓦想必让这对新人大受感动，爱丽丝给伊瓦寄来了一封热情洋溢的感谢信，随后杜兰特也寄来一封信，在信中他告诉伊瓦，自己听说“你在纽约时给胡佛总统打过电话，总统先生近期提出的世界复兴计划事实上就是你想出来的”。但是，伊瓦友好的姿态与为公众服务的热心无法驱散杜兰特的怀疑——巧合实在是太多了。国际火柴公司的报表净利润总是刚刚够向股东支付股息。1930—1931 年间，国际火柴公司每个季度需要支付 235 万美元的股息，而它每个季度的净利润刚好是 236 万～240 万美元。

国际火柴公司的利润主要来源于贷款的利息收益——它向自己的子公司提供了很多贷款，尤其是盖伦塔公司与大陆投资公司。国际火柴公司一半左右的股息支付额（它依然按照 24% 的比率向股东支付股息）来源于“盖伦塔公司应向国际火柴公司支付的”、基于 1 700 美元贷款的利息费用。国际火柴公司还向大陆投资公司提供了总额为 7 470 万美元的贷款，这笔钱显然与意大利、波兰以及西班牙的贷款项目有密切关系。然而，子公司向母公司（国际火柴公司）支付的贷款利息额每次都刚好等于国际火柴公司的利润额，这不可能只是巧合。

对某些银行来说（比如国民城市银行），这样的巧合未免也太多了，于是它们彻底停止了与伊瓦公司的所有证券交易。有的银行给杜兰特发来长达 7 页的备忘录，要求获得国际火柴公司、瑞典火柴公司以及克鲁格与托尔公司“资产负债表项目的详细分录”。杜兰特告诉伊瓦，银行提出的获得更多信息的请求非常重要，处理不当也许会引起较大的纷争。

但是，伊瓦足足两个月没有理睬这个请求。终于回信时，他先是为自己拖延了这么久才回复表示歉意，同时也为“我们公司的证券价格下跌”道歉，并将其归罪于“一直有人不停地宣传对我公司不利的言论。现在简直每天都会冒出这样恐吓投资者的新谣言”。伊瓦还认为，导致公司股价下跌的另一个因素是卖空者的卖空投机行为，这些交易者会卖掉手中借入的证券，赌的就是未来证券的市场价格会下跌。

为了安抚杜兰特以及国际火柴公司的董事，伊瓦给他们寄去了一份机密的备忘录，上面称国际火柴公司的资产包括向波兰政府提供的 1 750 万美元贷款，向意大利政府提供的 3 000 万美元贷款，向西班牙政府提供的 2 780 万美元贷款以及对钻石火柴公司 950 万美元的投资。伊瓦为自己遍布整个欧洲的多个投资项目提供了详细的资料：两家挪威公司、一家丹麦公司以及在波兰新达成的一桩火柴特许权交易。他还表示，大陆投资公司在芬兰拥有两家公司，在爱沙尼亚拥有一家工厂，同时还在奥地利、捷克斯洛伐克、拉脱维亚和更重要的意大利与西班牙等国拥有多家火柴加工厂以及其他企业的控股权。董事们从没见哪份文件提过这些股权投资。杜兰特称，这份备忘录“格外引人关注”。看到国际火柴公司竟然在意大利与西班牙也有投资项目时，其他的银行家感到非常惊讶。

这份备忘录足以说服银行家们同意为伊瓦提供最后一笔贷款。如果国际火柴公司确实持有上述资产，那么公司的经营风险依然相对较低。1931 年 8 月 27 日，唐纳德·杜兰特宣布他已经与国民城市银行、信孚银行（Bankers Trust）、芝加哥大陆商业信托储蓄银行（Continental Commercial of Chicago）以及匹兹堡联合信托公司（Union Trust of Pittsburgh）组建了一个辛迪加组织，发放一笔为期 6 个月的无担保贷款。贷款的全部本金为 400 万美元，将于 1932 年 2 月 27 日到期，要求一次性还清。

“那些谣言似乎都是真的”

1931 年秋天，伯宁决心核对伊瓦提供给他的每一个数据。显然，最终他开始担心伊瓦的公司没有能力持续支付如此高的股息额。当他开口向伊瓦索要更多信息时，伊瓦先是断然拒绝了他的请求，说他“希望尽可能推迟”，但伯宁不依不饶，伊瓦终于不情愿地同意让伯宁于 1931 年年底到斯德哥尔摩查看瑞典本地会计师安东·温德勒在完成审计时翻阅的所有文件资料。

这次斯德哥尔摩之行中，伯宁仔细翻阅了每家子公司每年厚达十多厘米的报表与资料，多达几百页的纸质材料详细记录了每一家子公司的每一个细节。例如，1930 年 12 月 31 日，温德勒整理的国际火柴公司的财务报表显示其资产总额为 14.560 亿美元，公司间的资金往来项目金额为“5 670 万美元”，“对建筑公司的投资”为 3 250 万美元。每一个类别下都附有大量补充说明性的详细资料。

伯宁还看到了国际火柴公司名下所有子公司的完整列表，上面很多公司的名字他闻所未闻。当伯宁查看国际火柴公司（国际火柴公司是瑞典火柴公司的子公司）的子公司名单时，他发现自己认识其中的几家公司，例如大陆投资公司与伏尔甘火柴股份有限公司（Vulcan Match）这家美国公司，但他没有想到的是，国际火柴公司的大部分子公司（包括大陆投资公司在内）名下还有自己的子公司（即国际火柴公司的“孙公司”）。那么，这些“孙公司”名下是不是也有自己的子公司？伊瓦名下的公司就像是从地狱里长出来的参天大树，它的枝端让人看不分明。我们列出了一部分子公司的名称：

大陆投资公司及其子公司
伏尔甘火柴股份有限公司
菲律宾火柴有限责任公司
美国土耳其投资公司
Mexicana de Cerillos y Fosforos 公司及其子公司
Handels Kompagniet“Hafnia”公司及其子公司
Finska Elektrokemiska 公司
Nitedals Taend-stikfabrik and Bryn Och Halden Taendstik-fabriker 公司
Drvorez-Barska Tvornica Vrbovsko 公司及其子公司
Bjorneborgs Tandsticks-Fabriks 公司
“Drava”Zundwaren-Fabrik 公司及其子公司……

这份名单很长。伊瓦还提供了每家子公司的详细信息以及国际火柴公司对每家子公司的持股比例。绝大多数子公司均由国际火柴公司持有 100% 的股份；Bjorneborgs 公司与“Drava”公司是两个例外，从名称上根本看不出这两家公司是做什么的。

所有财务报表的精确程度令人惊愕。每个条目看上去都很正规。每家子公司的相关材料都被用橙色的蜡封好，上面还有安东·温德勒的签名。伯宁担心返回纽约后，所有的人都会问自己为什么之前他从来没有查看过这些资料，于是他尽可能详细地把相关数据抄下来带回了家。

即使是在伯宁将所有的文件材料查看完毕之后，伊瓦还是拒绝与他见面。伊瓦入住格兰德饭店，以一种非常怪异的方式与他交流：通过饭店房间与房间之间的内线电话交谈，用酒店的信纸手写便笺，然后雇信差在两人之间跑来跑去送信。

和以前一样，伯宁刚刚离开斯德哥尔摩，伊瓦立即给他发了一封包含重要信息的电报，此外，伊瓦还提出了一些要求。伯宁在毛里塔尼亚号邮轮（Mauretania）的头等舱里收到了这封电报，上面称安东·温德勒的资料里有很多错误。伊瓦说再过几周，他会亲自前往纽约做出解释。伯宁急忙给他回信说：

> 我收到了您的电报，所有纸质材料都会留给您处置。在您过来之前，如果有什么事情需要我提前做好，您可以打电话给我。关于之前我们讨论过的纽约这边的一些事情，如果您想咨询我的意见，我也很愿意提供帮助。

伊瓦让伯宁把带回纽约的所有文件全部销毁，看上去伯宁好像照做了。

1931 年下半年，伊瓦公司的证券价格直接跳水，12 月时的市场价格仅相当于 6 月时的 1/5。证券价格的下跌让伊瓦十分苦恼。他向杜兰特抱怨说，他和他的公司“已经成为大概 20 家专门敲诈勒索的报社做虚假宣传的对象，他们一直在攻击我们的证券”。伊瓦认为卖空者在故意做空公司的证券，他开始越来越偏执，以个人名义买入大量公司证券，试图将其价格托高。1931 年年底，随着伊瓦公司的证券被卖空的数量越来越多，他越来越沮丧，终于发表了下述声明：

> 鉴于目前克鲁格与托尔有限公司发行的信用债券以及隶属本集团的其他公司股票的价格不断下跌，我在此声明，这些公司并未出现任何能够导致证券价格如此下跌的合理原因。在我看来，这次下跌主要源于近期欧洲货币市场的快速发展以及金融市场的整体状况。我们必须牢记的一点是，克鲁格与托尔有限公司以及瑞典火柴公司的信用债券和股票是在全球发行的，其发行范围超过了世界上任何一种上市证券。因此，交易者优先选择这种证券在海外市场上筹集短期资金，是合情合理的。专做卖空交易的跨国辛迪加组织利用这样的机会大做文章，他们抓住一切机会四处散布有关本集团的毫无事实依据的谣言。

1931 年年底，随着谣言的四处扩散，伊瓦变得越来越焦虑。一些分析师和银行对伊瓦的公司表示怀疑，还有人说伊瓦的公司即将崩溃。瑞士信贷集团宣称，伊瓦是“非常危险的人物”，说绝不会在没有担保的情况下把钱贷放给伊瓦名下的任何一家公司，也不会向伊瓦个人提供贷款。吕德贝克与瑞典商业银行继续对伊瓦提供支持，但是吕德贝克心中的疑虑也越来越多。他尝试过劝说伊瓦不再让克鲁格与托尔公司继续向股东支付股息，但是没有成功。不过，伊瓦终于承认自己负担不起支付给瑞典火柴公司股东们的如此之高的股息。他给各位股东下达了通知，然而这封通知函的内容与极其模糊的表达方式让股东们感觉非常惊恐：

> 1931 年上半年，瑞典火柴公司的工业与商业活动所创造的经营效益与去年同一时期基本持平……近期，各种政府贷款价格的快速下跌可能需要我们动用企业的大部分利润来注销这些债券。考虑到这种可能性，加之目前的局势具有不确定性，董事会认为必须优先考虑公司的流动性，因此决定推迟 1931 年中期股息的决策时间，直到全球经济形势变得更加稳定。

对全球各地一直信赖伊瓦的投资者来说，这封通知函显然证明，他们犯了一个大错误。他们预期能从瑞典火柴公司那里获得的股息收益不仅不会在近期内发放，甚至永远都不会发放了。这封通知函的潜台词更加令人恐惧：也许那些关于伊瓦的谣言都是真的。

11 月底至 12 月初这段时间，伊瓦都是一个人待在伦敦和巴黎，试图回避其他人，尤其是杜兰特与伯宁向他提出的问题。甚至连伊瓦的朋友都很少能见到他，奥斯卡·吕德贝克认为伯宁几乎已经彻底地在他的个人社交圈中销声匿迹。伊瓦说，“我没有时间应付这些人，而且我要避免自己被他们的错误想法影响。”

但是，当伊瓦不得不与人见面时，他还是会控制住自己的情绪，尽量保持平静，坚称一切都很好，甚至试图说服别人投资他的公司。在做体检时，他成功地说服自己在巴黎的私人医生向国际火柴公司投资了 11.3 万美元。但是在绝大多数时间里，他拒绝与任何人接触。

显然，伊瓦并没有放弃与意大利的交易（也许还包括西班牙）即使他已经承受不了只凭自己完成所有工作所带来的压力与负荷了。他授权厄恩斯特·奥古斯特·霍夫曼这位银行前职员，同时也是帮助自己打理大陆投资公司的忠诚手下，全权负责伊瓦所谓正在与意大利政府进行的秘密谈判。根据伊瓦的说法，整个 11 月霍夫曼一直在意大利“紧急参加非常重要的会议”。

伊瓦公司一部分证券的价格在股灾爆发前曾经达到 863 美元之高，然而 8 月时价格差不多跌了一半，等到 10 月时，市场价格进一步下跌至 100 美元左右。伊瓦显然对市场信心的丧失感到苦恼沮丧。克里斯特·利托林写信去安慰伊瓦：“虽然这一周市场情况特别糟糕，所有人都感觉情绪不佳，然而出于某种莫名其妙的原因，一周以来我始终无法摆脱一种感觉，那就是我们正在接近市场的拐点，或者至少能稍微喘息一下。只要我们能让全球所有报纸都停止印刷 6 个月，也许拐点或喘息的时机便会来临了。”

到目前为止,伊瓦已经将自己绝大多数的日常工作都交给利托林来处理了,而利托林一直在密切关注市场走向以及他们公司对各种证券的投资状况。利托林与几位政府高官和英格兰银行的高层见了面。当奥斯卡·吕德贝克从美国返回瑞典时,他甚至比以前更加紧张。利托林和伊瓦一起来到吕德贝克的银行进行会谈,前者也介入了伊瓦的谈判事务,负责与匈牙利政府协商800万美元的贷款事项,其中300万美元的贷款已经到期,但尚未偿还。此外,他还负责伊瓦对美国火柴企业的投资并购事宜。

1931年的感恩节前夕,杜兰特三番五次地乞求伊瓦来一趟纽约。他绝望地发电报称,"希望你能带着这三家公司尽可能最新、最详细的数据来。"杜兰特看过了某个人为国民城市银行做的报告,据说这个人"是伊瓦的好朋友,最近就在瑞典",该报告称伊瓦一直在忙于偿还债务,目前已经得到了奥斯卡·吕德贝克所在银行的紧急资金援助。

伊瓦不在火柴宫殿内,但是克里斯特·利托林接到了杜兰特发来的电报。利托林担心伊瓦的精神状况,决定不让伊瓦被杜兰特逼得太紧。几天之前他们碰面时,伊瓦疯狂地要求利托林找到亚伯拉罕·林肯曾说过的关于政府借款与货币通货膨胀的一段晦涩难懂的话。然后,伊瓦突然出城了。最后利托林发现,伊瓦把自己反锁在伦敦萨沃伊饭店内他最喜欢的房间里。在利托林的帮助下,伊瓦对杜兰特进行了回应:有关接受银行资金援助的说法完全是子虚乌有,"事实上,没有一家瑞典私人银行曾向我提供过这种用途的贷款,因为我从国民银行那里获得了资金支持"。

吕德贝克所在的银行确实向伊瓦提供了紧急资金援助,现在银行的董事们越来越担心。他们私下召开会议讨论有关这位最大的客户的问题,要求吕德贝克和伊瓦严肃地谈一下。但是,当吕德贝克与伊瓦见面时,看上去似乎一切都好。伊瓦说他很乐意提供所有详细资料,但是眼下没有时间,因为他着急赶往巴黎参加英国首相拉姆齐·麦克唐纳(Ramsay MacDonald)、德国总理海因里希·布吕宁(Heinrich Bruning)以及法国议会主席皮埃尔·赖伐尔(Pierre Laval)召开的会议。他们请他过来就目前仍在蔓延中的金融危机提供建议。吕德贝克感觉有些不好意思，因为自己竟然拿这些不值一提的小事来麻烦这位日理万机的大人物。

杜兰特却并没有被伊瓦吓住，他使用各种手段试图从伊瓦那里获得信息：先是声称某位克鲁格与托尔公司的大股东认为股价也许太低了，又发来了一条密码讯息以及单独的密钥。投机者听说了有关伊瓦的谣言，正在加大卖空的力度，这将使伊瓦公司的证券价格进一步下挫。

与此同时，伊瓦零零散散提供给杜兰特的答复总是变来变去，而且数值也前后不一致。首先，伊瓦会寄出几份财务报表；随后，他会发来电报要求“更正”财务报表上的错误。这样的回复无法让李-希金森公司的合伙人感到满意。伊瓦寄给李-希金森公司的合伙人之一乔治·默南（George Murnane）的一封电报尤其令人紧张不安。伊瓦在电报中写道：“当然，瑞典火柴公司与国际火柴公司之间的资产分割确实有些随意，但是这么多年以来，在进行类似的资产分割时，我们一直十分小心谨慎地确保将国际火柴公司的利益放在第一位，将瑞典火柴公司的利益放在第二位。”其他人凭什么会相信瑞典火柴公司能同意将自己的利益排在美国人的利益之后呢？

李-希金森公司的合伙人对国际火柴公司财务报表上“存放在关联公司的存款”以及“追加投资”这两个资产条目感到特别疑惑。伊瓦对默南解释说，这些资产具体包括“按道理应当属于国际火柴公司的资产，而且按照预先的计划最终必将属于国际火柴公司的资产，但是目前基于某些强有力的理由，暂时要将这些资产计入瑞典火柴公司的账目”。说出这样的话后，伊瓦的声誉一落千丈。资产要么属于某家公司，要么不属于该公司，除此以外没有第三种可能。伊瓦最近的信函显示，国际火柴公司根本不拥有任何实际的资产或盈利；相反，这家公司的生存完全依赖于伊瓦的承诺。

伊瓦在与李-希金森公司的通信中不停提到“波利顿”。波利顿矿业公司是伊瓦的秘密宝库,也是他最后的希望。很少有人知道波利顿公司持有的金矿。这个金矿于1924年被发现，位于瑞典北部，因拥有世界上第三大黄金储量而闻名，同时，该地区的白银以及其他贵金属的矿藏量也很丰富。伊瓦估计，单是开采金矿每年就能创造800多万美元的收入。1929年，伊瓦通过吕德贝克所在的银行以1 400万美元的价格买下了波利顿矿业公司80%的股权，他曾尝试过将波利顿公司的股权转让给他人——当时本打算将股权转让给古根海姆家族，不过仅此一次。古根海姆家族决定不买，于是伊瓦继续持有波利顿公司的股权。他决心保守这个秘密，直到所有人都知道这里到底储藏了多少贵金属为止。

到了1931年年底，伊瓦明白是时候动用波利顿的股权来获取现金流了。1931年10月，他来到瑞典中央银行，要求获得4 000万瑞典克朗的贷款（大约相当于1 000万美元）。央行同意提供贷款，但是要求伊瓦必须用自己持有的波利顿公司的股权做抵押。伊瓦说他愿意这样做，但是由于名下多家子公司的账目错综复杂地交织在一起，因此股权的转让过程可能会比较困难。

奥斯卡·吕德贝克所在的银行已经暂时控制了伊瓦持有的波利顿公司的股权，将其作为另一笔贷款的抵押品。伊瓦确信自己能说服吕德贝克同意用德国国债（这是伊瓦仅有的另一笔大额资产，源于1929年与德国签订的贷款合同）来代替波利顿公司的股权，作为贷款的抵押品。不过，这批德国国债的实际所有人是国际火柴公司。伊瓦不敢问美国人是否允许自己用其他资产来代替这些德国国债——他们对伊瓦名下各子公司纠缠在一起的账目已经提出过太多疑问。

幸运的是，之前伊瓦曾坚持要求国际火柴公司名下的德国债券存放在美国境外，其实际存放地点是位于柏林的德意志联合银行（Deutsche Union Bank）。早在1924年，德意志联合银行的董事就允许伊瓦将债券存放在他们那里。于是，事情有了解决方法。伊瓦给德意志联合银行下达指令，将这批债券移交给荷兰银行（Nederlandish Bank），这是在伊瓦控制下的位于哥本哈根的一家小银行。随后，荷兰银行将这批债券以吕德贝克所在银行的名义进行账目登记。债券成功转移后，吕德贝克同意将波利顿公司的股权交给瑞典中央银行作为伊瓦贷款的抵押。债券的转移过程比较复杂，共经历了四个步骤：从德国银行转移到荷兰银行，再转移到瑞典银行，最后转移到瑞典中央银行，目的是为伊瓦最后奋力一搏争取到的 1 000 万美元贷款做抵押。

国际火柴公司还剩下哪些资产？伊瓦需要向国际火柴公司注入另外的有价值资产来替代德国国债。他应当使用那些伪造的意大利国债吗？伊瓦认为自己不敢把这些假债券存入德意志联合银行来代替德国国债。相反，他把伪造的假债券存放在火柴宫殿，把其他一些债券（其中包括他持有的真正的意大利国债）存入了德意志联合银行。现在，吕德贝克所在的银行持有德国国债，瑞典中央银行持有波利顿公司的股权，而国际火柴公司名下的资产则什么类型都有，并寄希望于某一天德国国债会重新成为自己名下的资产。

1931 年 11 月 23 日，伊瓦最后一次离开斯德哥尔摩，随身携带着自己从家乡攫取的最后一笔 1 000 万美元贷款。他重新在人前露面，再一次看上去充满活力并满怀希望。他与自己在别墅街的邻居英厄堡·埃伯斯见了面，这次拜访是两人最后一次会面，她为伊瓦弹奏了几首钢琴曲，发现伊瓦“还是以前那个安静、沉稳的男人”。

即使是曾发现克鲁格与托尔公司存在严重财务欺诈问题的会计师西格德·亨尼格也相信伊瓦已经重回正轨。伊瓦向亨尼格展示了公司最近的资产负债表，并解释波利顿公司持有的丰富矿产资源的价值足以弥补所有的缺口。伊瓦说：“你看，这个窟窿没有你想象得那么大。”伊瓦还写信告诉杜兰特：“波利顿矿业公司的股权是贷款的抵押品。正如你所知，这些股权属于我个人所有。”

伊瓦在巴黎停留了几周时间，检查了他的新公寓的建设情况，然后乘坐不来梅号（Bremen）前往纽约，不来梅号是另一艘他非常喜欢的豪华邮轮。

在船上，他接到了克里斯特·利托林发来的电报。利托林很担心伊瓦的情绪波动，因此他用一种乐观的语气来鼓励伊瓦向积极的方面看。利托林写道："交易者们的情绪发生了不可思议的变化……（这会）促使市场快速回暖，同时交易量大增。"然而事实并非如此：伊瓦独创的著名的B股票（拥有1/1 000投票权的股票）曾经达到每股449美元的高价位，但是目前市场的成交价低于100美元。

伊瓦在圣诞节前夕抵达纽约，纽约当地的报纸像以前一样对他的到来进行了大肆宣传。那一天，在纽约证券交易所的大厅内，克鲁格与托尔公司的股票是仅有的15只交易最活跃且收盘时有盈利的股票之一。《先驱论坛报》（*Herald Tribune*）报道了伊瓦在美国的商务活动："市场还预期他将与国际电话电报公司的高层协商有关国际电话电报公司与爱立信公司合并的事宜。"

THE MATCH KING

IVAR KREUGER, THE FINANCIAL GENIUS BEHIND A CENTURY OF WALL STREET SCANDALS

第三部分

庞氏骗局的巅峰演绎者

THE MATCH KING

11

重返欧洲，无路可退

伊瓦很赞同葛丽泰·嘉宝对跨洋旅行的观点：“大海太壮观了。从来没有哪个地方能让人感觉如此自由！但同时又有一种被抓住的感觉，因为在海上无处可逃。因此，当人们站在码头上准备自由地航行时，那种自由的感觉已经随风消逝了。”伊瓦当然会被抓住，他的逃生出口已经关闭了。当法兰西岛号驶离港口，伊瓦眼看着曼哈顿岛渐渐向后退去时，心里一定很清楚自己已经陷入困境。等他到达欧洲，便会无路可逃。

伊瓦在纽约度过了圣诞节假期，然后在美国国内游玩了一大圈，这趟旅行可以被称为“庆祝胜利的巡游”或告别之旅。他在华盛顿见到了自己的朋友胡佛总统，而且公开向胡佛总统以及美国人民保证，欧洲的问题无须他们担心。他来到了芝加哥，他当年正是在这里找到了自己的第一份工作——建筑师，随后他又前往波士顿和费城。在旅行中，他对证券经纪人做了几次鼓舞人心的演讲，主要介绍了公司未来的前景，并声称自 1930 年以来，公司的盈利额只下降了 10%。

伊瓦还试图说服克鲁格与托尔公司的董事会发布一份宣布公司创造了高利润并承诺继续向股东支付股息的报告，但是奥斯卡·吕德贝克阻止了他。尽管伊瓦是董事会主席，但是越来越小心谨慎的吕德贝克对董事会内的瑞典董事具有一定的影响力。他们不知道明年 1 月初时伊瓦该如何对外宣布公司的财务状况——好几个月过去了，公司的账目还没有整理完毕。他们也不知道克鲁格与托尔公司怎样才能借到足够支付股息的钱。

由于其他股东不同意，伊瓦以自己的名义公布了一份克鲁格与托尔公司的财务报告，并解释说，“斯德哥尔摩总是要干涉我的措辞”。这份新报告估计 1931 年公司的净利润将达到 2 100 万美元，虽然与去年 3 270 万美元的净利润相比有所下降，但是仍然称得上丰厚。伊瓦还宣布克鲁格与托尔公司已经收购了波利顿矿业公司，该公司拥有“世界上规模最大、储量最丰富的金矿”。这份报告进一步佐证了伊瓦向经纪人推销公司证券时的那一番说词，一些人开始放出消息说，伊瓦公司的证券值得买入。

回到纽约后，伊瓦试图用波利顿公司的股权做担保借到更多的钱。他希望没有美国人能发现他已经用波利顿公司的股权作为抵押品，从瑞典中央银行拿到了 1 000 万美元的贷款。但是，伊瓦的努力失败了，他甚至没来得及和别人讨论波利顿公司的股权是不是足值的抵押品。渐渐地，社会舆论开始变得对伊瓦不利。

杜兰特依然在支持伊瓦与国际火柴公司，他别无选择。但是他告诉伊瓦，现在绝不可能在纽约证券交易所或其他地方再发行一批新证券。美国经济正在严重衰退，不管哪种类型的证券都没人购买。简单地说，杜兰特无法再为国际火柴公司筹到一分钱。在杜兰特对伊瓦说了“不”以后，伊瓦拜访了苏内·舒勒（Sune Schele），一位住在纽约的瑞典股票经纪人，他曾经是伊瓦名下印度子公司的运营总监。伊瓦想知道是否可以让新公司的股票（用波利顿公司的股权作为新公司股票的担保）在场外市场挂牌交易。伊瓦发行的第一批黄金信用债券就是 1923 年在场外市场上市的。但是，不管伊瓦表现得如何低声下气、不顾脸面，每个人都对他说了“不”。看上去，美国人不打算再向伊瓦投资了。

伊瓦与乔达这位热爱冒险的挪威朋友见了面，他们决定试着在股票市场上赌几把，看看能否赚些钱好让伊瓦的公司再多支撑几个月。他们不想让任何人顺着这些交易追踪到伊瓦或乔达，否则这将引发更为恶毒的谣言。他们打算通过亚历克西斯·阿米诺夫（Alexis Aminoff）来完成交易，这位年轻的瑞典人负责帮伊瓦打理纽约的事务。但是，亚历克西斯的办公室距离李 - 希金森公司的办公地点很近，他们担心会被发现。伊瓦想了想，然后意识到自己眼前就有一个绝佳的代理交易人，尤其纽约现在正值圣诞节，圣诞老人该出场了。

奇迹没有发生

苏内·舒勒把伊瓦引荐给了一位颇有名气的纽约经纪人，伊瓦告诉他自己有一个很有钱的朋友想在场外市场做点投机交易，这些交易将由另两位美国证券经纪人赫希·利林塔尔（Hirsch Lilienthal）与巴尔·科恩（Barr Cohen）负责执行。不管这位朋友打算买入哪只证券，伊瓦都会拿出5万份克鲁格与托尔公司的证券作为担保。伊瓦说，这位朋友名叫卡尔·朗格。

经纪人打了几个电话，发现这个名叫朗格的男人登记的职业是斯德哥尔摩一家餐厅的经营者。朗格的外貌被形容为“身材健壮结实、留着白胡须”。经纪人立即给杜兰特打电话，杜兰特又马上给伊瓦打电话。

“伊瓦，你认不认识一个叫卡尔·朗格的人？他可靠吗？”杜兰特问道。杜兰特对伊瓦的公司越来越没信心，但是他显然对伊瓦的瑞典朋友还没有那么大的疑心。就在伊瓦对朗格打了保票以后，杜兰特通知那位经纪人：“你什么也不用担心。”

圣诞节的第二天，伊瓦给克里斯特·利托林发去电报：

> 请让朗格将5万份美国凭证存入赫希·利林塔尔的账户，再将5万份美国凭证存入巴尔·科恩的账户。让朗格分别给这两个人发电报，让他们把这些美国凭证转交给舒勒。我已经向唐纳德解释过，朗格会以这些证券作为担保。请给舒勒发电报。

朗格立即从斯德哥尔摩向两位经纪人下达了交易指令，称自己想用所有的钱买入克鲁格与托尔公司的股票。朗格的买入行为会让美国市场上克鲁格与托尔公司的股价有所上涨。美国人也许会认为这样的买入行为意味着市场对伊瓦公司股票的需求量出现了大幅度猛增。

但是，经纪人一眼看穿了这个把戏，他们回复说，朗格想买什么股票都可以，不过必须是除伊瓦控制的公司以外的其他公司的股票。鉴于朗格没有下达任何交易指令，两位经纪人退还了抵押品。克鲁格与托尔公司的股价仍然在继续下跌。

1932 年年初，普华永道会计师事务所的几个人到斯德哥尔摩检查爱立信公司的盈利状况，这是之前在与国际电话电报公司谈判时伊瓦答应过的，当时谈判的结果是，国际电话电报公司给伊瓦签发了一张价值为 1 100 万美元的支票。会计师们没花多长时间就发现了多个自相矛盾之处。伊瓦曾说过，爱立信公司"手上持有以及存入银行的现金"总额为 600 万美元，然而，这笔钱事实上"被存放在"克鲁格与托尔公司。爱立信公司持有一部分德国国债作为担保，但是这些债券的市场价值已经缩水，不能再与现金划上等号。

国际电话电报公司的董事们立即向与其合作的 J. P. 摩根公司求教。J. P. 摩根公司肯定没说一句好话，尤其之前杰克·摩根与伊瓦之间的关系还十分紧张。按照 J. P. 摩根公司的建议，国际电话电报公司的董事立即要求解除与伊瓦签订的合同。他们想把国际电话电报公司的 1 100 万美元要回来，并急切地想抓住这个机会把爱立信公司的股票还给伊瓦——爱立信公司的股价自 6 月以来下跌了很多。

2 月 16 日星期二，伊瓦乞求利托林想办法筹点儿钱。他的信中写道：

> 本以为这笔交易能提供我们所需的资金，然而最终还是落空了。眼下最重要的事是确保明天不违约。这一点应当对银行讲清楚。如果明天绝无可能将资金电汇过来，那么公司应当以电报的形式做出声明，解释一下为何推迟还款，并说明资金会在明天汇到。如果无论如何也筹不到钱，那么希望公司能通过电报做出声明，解释它将采用什么方式偿还这笔债务。

利托林成功地说服了几家银行提供了小额的信贷额度。然而，国际火柴公司还将继续生存几天的事实并不会让普华永道、J. P. 摩根公司或国际电话电报公司的人动摇决心。1932 年 2 月 19 日星期五，索斯提尼斯·贝恩与伊瓦在纽约见面，他带来了一个坏消息：他们的交易取消了，贝恩想要回那 1 100 万美元。

伊瓦很沮丧，但是他不会表现出来。绷着毫无表情的面孔，他的反应看起来很平静，似乎这只不过是翻译错误。可以暂时先用德国国债代替现金，爱立信公司向克鲁格与托尔公司提供了短期贷款，很快就能把这笔钱收回来。难道国际电话电报公司的董事们没看到伊瓦以个人名义为爱立信公司的负债做了担保？伊瓦坚持说，没什么好担心的。不过，他也表示如果国际电话电报想这样做的话，自己可以取消之前的协议。

国际电话电报公司是真的想取消之前的交易。索斯提尼斯·贝恩从伊瓦那里拿到了书面的债务文件，伊瓦承诺会在 9 月前向国际电话电报公司偿还 1 100 万美元的现金。

伊瓦当然没有 1 100 万美元，而且此时他也没办法在市场上融资。4 天后，瑞典火柴公司就需要偿还价值为 200 万美元的贷款了。紧接着，金额更高的利息费用也将到期。如果不发生奇迹，伊瓦的公司很快就会违约。

那个周末，伊瓦的所作所为就像认为自己的公司肯定要破产倒闭一样。他疯狂地给瑞典的亲朋好友发电报，指导他们如何在家族成员之间分配各种各样的证券。他给克里斯特·利托林发去电报，打算将几百万美元的信用债券交给安德斯·乔达，或许他是想给美国的朋友们留下一些有价值的资产。

在几个小时内连续发送电报时，伊瓦的神情和 1922 年在伯伦加莉亚号邮轮上出现的那一幕重合了，他聚精会神的模样让所有偷偷溜进无线电广播室的乘客都感到惊奇。当年伊瓦第一次拜访纽约的李 - 希金森公司时，他不过稍加伪装，便上演了一场精心准备的表演，但是现在，伊瓦的行动没有事先做过彩排。这不是演戏，这种狂热或狂躁的情绪是真实的。

这一次，伊瓦认真地考虑了自杀的可行性。一位访客说，他在伊瓦位于派克大街的公寓里看到雨伞里放着一把猎枪。伊瓦给卡琳·博克曼寄去了一封信，并随信附上了 3 张 1 万美元的钞票，他在信中说由于他的企业前景不妙，他想在“自己还有机会的时候”给她留下一点东西。在这封信的结尾处，伊瓦写道：“再见，谢谢你。”伊瓦拒绝了所有访客，说他很累，而且生病了。他的管家看他语无伦次地念叨着各种金融数据，便劝说他躺下来休息。

2 月 21 日星期日这天，伊瓦彻底病倒了。

“我太累了”

杜兰特听说了伊瓦与国际电话电报公司交易取消的坏消息，但是他一直见不到伊瓦的面。当天下午，他终于决定到伊瓦的公寓拜访他。他为伊瓦安排的为期 6 个月的 400 万美元贷款还有几天就要到期了。杜兰特想找个见证人，就叫上乔治·默南和他一起去找伊瓦，默南也听说了爱立信与国际电话电报公司并购交易流产的消息。默南参加星期日的教堂礼拜仪式时，杜兰特在一旁等待，仪式结束后，两人一起步行前往 74 街与派克大街交叉处的东南角。他们在派克大街 791 号前停了下来，这里就是伊瓦的住所。气势不凡的两层小楼和拱形的窗户后面躲藏着一个精神崩溃的灵魂。

杜兰特和默南乘电梯来到共有 10 个房间的阁楼。伊瓦于 1927 年买下了这套公寓，时间就在法国火柴垄断权交易成交前后。从那时开始，每年秋天，伊瓦都会在这里度过。高大的护墙和伊瓦亲手种植的柳树林让屋顶的花园成为这个城市最安静的角落。几个月后接手这幢公寓楼的小说家埃德娜·费伯（Edna Ferber）将其称为“不可思议的空中乡村别墅”。

佣人指引他们向右边走去。杜兰特记得过去餐厅非常明亮，檐口上悬挂着银制的大吊灯与红色的灯盏，但现在这一切都变得黯淡无光。银制餐盘堆在一起，放在又长又宽的餐具柜里，而某次派对上，瑞典王子就曾站在柜旁。荷兰艺术大师的画作悬挂在阴影中，有雷斯达尔（Van Ruysdael）、范德维尔夫（Van der Werff）和勃鲁盖尔（Brueghel）的作品，也有一幅伦勃朗（Rembrandt）的小幅自画像，道格拉斯·费尔班克斯、葛丽泰·嘉宝以及玛丽·碧克馥都曾对这些画作赞叹不已。曾给世界上那么多大人物带来过欢乐的留声机如今也变得悄无声息。

杜兰特和默南走进图书馆，走过伊瓦的大书桌与书柜，书柜里装满了伊瓦的个人信件以及他收藏的多本有关拿破仑的书籍。旁边一个没有窗户的小凹室里存放着伊瓦收藏的伦勃朗所作的蚀刻版画——他的收藏量可以排到全世界第三位。图书馆的一面墙上悬挂着鲁本斯（Rubens）的一幅画作，上面画着几个希腊神话里半人半兽的森林之神萨堤尔。天花板上有一幅画在丝绸上的油画，画作周围的灯光本可以将其点亮，但是现在，这幅画也陷入了黑暗。

两人发现伊瓦坐在图书馆的一个角落里，脸朝着派克大街，身下是个略微突出的平台，旁边是轮廓类似天际线的弧形长凳。尽管当时正是中午，但伊瓦身上穿着黄色的丝质睡衣，外罩紫色的丝质晨衣。默南曾描述过这个场景：

> 我们发现他的状态很糟糕。他缩成一团坐在壁炉前的椅子里，简直让人认不出来。他说话的时候情绪不稳，双手举过头部，有时又会停顿几分钟。看上去不可能与他讨论任何问题。“我太累了，所以没有办法认真思考任何事。”他说。他处于一种高度神经质的状态，这让我们大为吃惊——这一点也不像他。

杜兰特给伊瓦的医生约瑟夫·韦瑞特（Joseph Wheelright）打电话，他是一位受人尊重的医生，也是 J. P. 摩根公司几位合伙人的私人医生。伊瓦设法口述了一封发给利托林的电报，杜兰特帮他发出。做完这件事以后，伊瓦便陷入了沉默。杜兰特和默南走出房间，到花园里等待医生过来。

之前几次拜访时，杜兰特曾经和伊瓦一起沿着蜿蜒穿行在岩石花园、喷泉以及柳树林之间的石板小路散步。这条小路不算太长，但是它拥有曼哈顿东海岸独一无二的景致。能在足不出户的情况下在自己最喜欢的小树林里漫步，伊瓦感到很惬意。他知道每一种植物的学名：长达 9 米的葡萄藤架、合围有 46 厘米的桃树、搭好了攀架的苹果树，还有杜鹃花、紫藤、常春藤、玫瑰、丁香花花丛、鸢尾花、连翘、草莓以及大黄。后来，埃德娜·费伯在买下这幢公寓楼后曾惊讶地评价说，这些果树是“在奇异的伊甸园里结出果实”。

杜兰特和默南紧张地探讨着如果伊瓦无法恢复正常，事态会演变成什么样。李 - 希金森公司对伊瓦的风险敞口到底有多大？他们是不是也会被一起拖下水？当两人沿着花园小路走回来时，这些问题依然没有答案。长寿花金黄色的花骨朵已经有几个月没有露头了。这些植物就像伊瓦一样沉默。

在房间里，韦瑞特医生的诊断结论是心脏衰弱。他开了一些镇静剂，告诉伊瓦他必须休息。在接下来的 3 天里，伊瓦时而狂躁，时而抑郁。当药物起作用时，他就呆呆地坐着，眼睛没有焦点地盯着虚空，但药效过去以后，他会站起来大喊：“我疯了，我记不住，我没法思考！”他打了几十个急救电话，总以为有人在敲门。电话根本没有响，他却拿起听筒应答。他按照自己臆想出来的地址给阿姆斯特丹、柏林、巴黎、斯德哥尔摩以及华沙等地发去电报。然后，他就崩溃了。一天晚上，在纽约帮伊瓦打理生意的助手亚历克西斯·阿米诺夫过来看他，他感觉当时伊瓦完全是一副“悲惨的景象”。

保险箱里的国债能解决一切问题

当伊瓦在纽约生病时，克里斯特·利托林和西格德·亨尼格正在斯德哥尔摩到处奔波筹款。他们去了银行、财政部以及瑞典中央银行，但是所有人都说必须先拿到新的抵押品，然后才能提供贷款。那天晚上，两人来到火柴宫殿，想仔细找一找是否有值钱的东西可用来抵押。起初，他们在伊瓦的办公室里什么也没找到。然后，利托林注意到了伊瓦的保险箱，以前他以为那个保险箱只是个装饰品，但是眼下，保险箱的门被关起来并上了锁。伊瓦很信任自己的助手卡琳·博克曼，告诉过她密码，于是利托林打电话通知博克曼小姐过来打开保险箱。

在保险箱里，利托林找到了装有意大利国债的 3 个信封。他简直不敢相信。亨尼格也非常吃惊。这些国债能解决一切问题！为什么之前伊瓦从未提过这些债券？这些债券还没有被抵押过，因此可以用它们做担保来申请贷款。利托林计算了一下这批债券的面值总额，发现总价值约为 1 亿美元，远远超过了他们需要的资金额。看上去伊瓦和他们俩都得救了。

利托林抓起伊瓦书桌上的办公电话给瑞典首相卡尔·古斯塔夫·艾克曼（Carl Gustav Ekman）打电话。伊瓦曾向艾克曼提供了一大笔政治捐款，现在到了让艾克曼首相偿还这笔人情债的时候了。听说他们找到了意大利国债，艾克曼表示很高兴，说政府愿意为争取到必要的贷款而提供帮助。有了这个承诺，几家瑞典银行愿意向伊瓦提供贷款，让他有充足的资金支撑到 3 月。那个周末，利托林与瑞典中央银行签订了贷款合同；到了下周一上午，他们给李 - 希金森公司汇去了 120 万美元。

利托林发电报把这个好消息告诉了伊瓦。伊瓦的病情有所缓解，至少刚开始时确实如此。不过，作为提供新贷款的一个附加条件，银行家们要求伊瓦到欧洲和他们面谈，详细解释他名下各公司的财务状况，并回答银行家们提出的所有问题。伊瓦知道，这场会谈几乎是不可避免的。在接下来的两个星期里，他需要准备一些令人信服的回答。也许，这些意大利债券真的足够了。

与此同时，利托林也开始为银行家们可能提出的问题做准备。2 月 25 日星期四，利托林转告伊瓦，“X 国”（我们猜指的应该就是意大利）能解决德国债券“消失”所带来的问题，因为之前为了能把已成为抵押品的波利顿股权解放出来，重新申请一笔新贷款，伊瓦已经把这批德国债券从国际火柴公司的账目上转走了。利托林说：“德国债券可以被兑换为相同价值的 X 国债券。我们尚未将这一消息告知纽约，因为我们想等您过来后再敲定会议的备忘录内容。”

李 - 希金森公司 6 个月前向伊瓦提供的 400 万美元贷款还有两天就要到期

了。趁着自己头脑清醒，伊瓦告诉李 - 希金森公司的合伙人乔治·默南，他偷偷地持有了美国火柴公司——钻石火柴公司 35 万股股票，可以将这些股票作为贷款的抵押品。伊瓦还说，他估计西班牙政府很快就会偿还贷款了。拿到了这些承诺，再加上一些额外的抵押品，李 - 希金森公司及其辛迪加组织同意将这笔 400 万美元的贷款再延期 3 个月。他们没有太多的选择。

当伯宁得知伊瓦做出的承诺以及德国债券与 X 国债券互换的事情以后，他一如既往表现得逆来顺受。伯宁胆怯地给伊瓦写信，询问了一些有关瑞典纸浆公司的技术会计问题，并希望能与伊瓦见上一面，讨论一些更重要的问题。伯宁说："我不知道在纽约期间您是否愿意讨论这个问题。如果您愿意并且有时间，那么在您方便的时候，我随时恭候大驾。等您愿意谈论此事时再安排见面时间也是可以的。"由于一直没得到伊瓦的回复，伯宁来到伊瓦的公寓，却被拒之门外。伯宁知道自己没有选择，但如果伊瓦的公司破产，他将被千夫所指。

两天后，韦瑞特医生的镇静剂、一段时间的休息再加上利托林那里传来的好消息帮助伊瓦恢复了健康。伊瓦终于给吕德贝克打了电话，同意在 3 月 12 日与银行家们面谈。利托林说："很高兴从奥斯卡那里得知您准备在巴黎和他会面。同时，通过杜兰特的电报得知您恢复了健康，我感到十分开心。"

1932 年 3 月 2 日，伊瓦 52 岁生日当天，利托林给伊瓦发去了一封祝贺电报，这也是两人之间的最后一封电报。电报内容很简单："为您的生日献上所有美好祝福。"

"我对不久的将来满怀希望"

在乘船前往纽约之前，伊瓦给艾萨克·马克森打电话，安排了最后一轮对谈，这一回对谈的地点在马克森的公寓。这是伊瓦在去世前向友人分配遗赠的最后一击，他再次选择让马克森成为自己与媒体沟通的唯一管道。

自从被《时代周刊》质疑以来，伊瓦变得更加离群索居，几乎拒绝了与媒体的所有接触。在精神崩溃之前，他在银行家俱乐部发表了演讲，但当《华尔街日报》要求全文刊发演讲稿时，伊瓦表示了拒绝。合众社（United Press）总裁卡尔·比克尔（Karl Bickel）得知伊瓦在纽约时，也曾写信请求伊瓦“对目前的情况做出回应”。比克尔与胡佛总统见过几次面，他高度赞扬了伊瓦对某些问题的先见之明：“当华盛顿的绝大多数官员还在似懂非懂的时候，你已经提前几个月看清了局势。”但是伊瓦同样拒绝了他的对谈请求。伊瓦只信赖马克森。

那个走进东19街119号马克森公寓的男人与真正的伊瓦根本是两个人——如果我们知道真正的伊瓦是什么样的话。马克森不是很了解伊瓦，所以看不出来眼下伊瓦的行为举止与他的真实个性是多么不相称。

以前伊瓦很少抽烟，除非他认为抽烟能达到一定的社交目的，但是现在，不管是午餐前、午餐中还是午餐后，他一直在抽烟——他会把抽了半支的烟放下，然后重新点燃一支。尽管伊瓦通常吃的比较少，也较少饮酒，但是今天他对马克森夫人准备的菜肴显示出了极大兴趣。她准备了一道有浓厚的奶酪与培根的主菜，伊瓦没有像平常那样靠边一点点小口吃，而是狼吞虎咽地吃光了自己那份，然后要求女主人再给自己加些菜，添一大杯啤酒。把第二份菜也吃光以后，他冲到厨房向马克森夫人赞美这道菜的美味。他们决定把这道菜起名为“按克鲁格的方式做成的蛋奶酥”。回到公寓后，伊瓦要求再多安排5次对谈以及5顿午餐，马克森太太每一次都为他们准备了这道特殊的菜肴。

伊瓦一直是一个魅力四射的客人，他为马克森夫妇上演了一出彬彬有礼的表演。但是，了解他的人都会看出，这根本不是伊瓦的真正性格。从小时候开始，伊瓦的特长之一便是保持严肃，然而现在，他突然变身为喜剧演员，一整天都在讲幽默故事，而且在抖了包袱并让所有人感到惊奇以后，他会高声大笑。有一次，马克森夫妇邀请了英国演员尼格尔·布鲁斯（Nigel Bruce）加入了他们的午餐会，结果伊瓦和布鲁斯在那里讲了几个小时的笑话。

在与马克森的对谈过程中，伊瓦谈到了很多生意上的细节。他告诉马克森的第一件事是，“我不是斯廷内斯”。他指的是拥有成千上万家企业和制造厂的德国实业家、政治家胡戈·斯廷内斯（Hugo Stinnes）。伊瓦说：“斯廷内斯组建的联合企业只是把毫无关联的公司胡乱拼凑在一起，没有一个统一的方向，而我已收购的企业仅限于火柴生产与分销领域。”

按照伊瓦的说法，截至 1932 年，他名下共有 225 家子公司。他在除俄罗斯以外的每个文明国家都设有工厂，他名下企业的火柴生产量占全世界火柴总产量的 3/4。伊瓦拿到了 24 个国家的火柴垄断权。在 7 年内，伊瓦向欧洲各国政府提供的贷款合计约为 3 亿美元。这些贷款帮助借款国政府实现了经济复苏。在贷款的帮助下，罗马尼亚政府在世界大战结束后稳定了本币币值。拉脱维亚政府用贷款购买了食品与生活必需品，包括谷物种子。爱沙尼亚政府用贷款修建了铁路。希腊政府用贷款遣返并安置了数千难民。法国政府借助贷款实现了本币的固定汇率，防止本国像几年前的德国那样陷入“通货紧缩 - 恶性通货膨胀”的循环漩涡中。

尽管伊瓦坚持自己不是斯廷内斯，但是他的企业集团早就突破了火柴行业的局限。马克森相信伊瓦有自己独到的见解,对组织的构建有一种本能的天赋，还对很多新行业具有不可思议的商业嗅觉。伊瓦控股的电话公司爱立信公司已经在十几个国家建厂，还在五个国家拿到了垄断经营权。伊瓦控股的矿业企业波利顿公司控制着整个瑞典的贵金属与矿石的生产量。伊瓦还拥有瑞典中部德拉肯斯堡山脉 1/5 的铁矿。而他名下另一家生产亚硫酸盐的瑞典纸浆公司也是亚硫酸盐产量最高的企业。伊瓦在巴黎、华沙、波兰和阿姆斯特丹等地拥有几家银行，其名下产业还包括遍布全球的报社、办公大楼、公寓大厦以及电影公司。

伊瓦说他没有“成为世界上最富有的人”这种野心。事实上，马克森说伊瓦对个人财富表现出了一种彻彻底底的蔑视，并对他说：“钱本身对我来说什么也不是。我无法告诉你我到底有多少钱，因为我根本不在意。”瑞典银行家奥斯卡·吕德贝克曾说过伊瓦是世界上排名第三的大富豪，但是伊瓦对此说法既不肯定也不否认，他只是觉得无所谓。

当伊瓦最后说再见时，马克森并没有注意到什么反常。他没有看出伊瓦的个性有什么前后不一致的地方。后来，当朋友们问及伊瓦在对谈过程中的表现时，马克森回复道："除了抽烟确实比平常更多一些以外，他还是那个几年前我认识的、平静且毫无表情的克鲁格。"马克森不相信伊瓦刚刚生过病，或是曾经考虑过自杀。按照马克森的说法，伊瓦"总是给人一种他身体里似乎就没有神经这种东西的感觉。因此他竟然会突然精神崩溃，以至于用小报的说法"结束了这一切"（意指自杀），这简直让人无法想象。"

伊瓦离开后，马克森立即动手开始为《星期六晚邮报》撰写这篇伊瓦的对谈文章。按照计划，这篇文章将于几周后在报纸上刊登。马克森描述了他们俩的 6 次午餐会议、伊瓦最后一次参加美国社交活动的情形，以及伊瓦最后一次对个人商业理念的阐述。文章中大量引用了伊瓦说过的话。伊瓦滔滔不绝地讲述了自己对外国政策、大萧条危机的教训以及各种各样宏观经济话题的种种看法。在文章的最后，马克森用伊瓦说过的一句话作为结束："我对不久的将来满怀希望。"

告别之旅

就在艾萨克·马克森最后一次访谈结束后，伊瓦从自己的美国银行账户里提取了 6 万美元，然后乘坐法兰西岛号（Ile de France）邮轮离开纽约。亚历克西斯·阿米诺夫和他一起乘坐出租车来到码头。他们在一个报摊前停下来，伊瓦买了 10 份《星期六晚邮报》，每份 5 美分。也许伊瓦的思维有些混乱，他以为马克森的访谈文章已经被刊登出来了。但现在显然还太早。阿米诺夫支付了 2.20 美元的出租车车费，和伊瓦道别。

对伊瓦来说，这次横跨大西洋的旅行让人既有自由的感觉，又有被束缚的感觉。他很赞同葛丽泰·嘉宝对跨洋旅行的观点：“大海太壮观了。从来没有哪个地方能让人感觉如此自由！但同时又有一种被抓住的感觉，因为在海上无处可逃。因此，当人们站在码头上准备自由地航行时，那种自由的感觉已经随风消逝了。”伊瓦当然会被抓住，他的逃生出口已经关闭了。当法兰西岛号驶离港口，伊瓦眼看着曼哈顿岛渐渐向后退去时，心里一定很清楚自己已经陷入困境。等他到达欧洲，便会无路可逃。

船上有好几位银行家，包括杜兰特，大家的气氛总是很阴郁。股票市场的下跌态势已经持续了两年多。3 000 多万美国人失业。人们对全球恐怖主义的担忧越来越高涨，近来出现了几次尝试暗杀国际金融界重要人物的恐怖袭击。最终，杰克·摩根的妄想症被证明是完全合情合理的。就在最近这几个月里，J.P. 摩根公司合伙人汤姆·拉蒙特的两个朋友受枪击身亡，据说是日本的民族主义者下的手，是对国际金融市场投机日元的一种报复。

船上的银行家们对伊瓦有些怀疑，因此一直密切关注着他。一位比利时银行家总是紧紧跟在伊瓦身后，不时向他人汇报伊瓦的情绪状况。摩根的法律顾问也是法兰西岛号上的乘客，他身边还带了公司的 4 个“密探”。

在整个旅行途中，这些人亲眼看到了伊瓦的反复无常。伊瓦有时会待在自己的客舱里沉思，对杜兰特说一些胡话。一个小时后，他又在与索尼娅·赫尼（Sonja Henie）翩翩起舞，赫尼是个 13 岁的挪威小姑娘，刚刚在普莱西德湖（Lake Placid）冬奥会上赢得了女子滑冰项目的金牌。伊瓦每天要花几个小时在甲板上玩飞碟射击，面无表情地凝视着飞碟被击中后的碎片消失在身后的海浪里。但是，他也会花上几个小时与包括伯纳德·巴鲁克与英国学者阿瑟·索尔特爵士（Sir Arthur Salter）在内的著名的商界人士以及经济学家讨论金融问题。有一次，他给卡琳·博克曼发电报说，自己的自杀想法只是暂时的，现在已经打消了这个念头。然而几个小时后，他又让姐夫到自己的公寓取回一些股票。伊瓦声称这些股票归他父亲所有，应当立即返还给父亲。

尽管伯宁也想坐船到欧洲去，但是厄恩斯特与厄恩斯特会计师事务所的合伙人说纽约的工作需要他，因此他只能留在纽约。厄恩斯特兄弟正在担心伊瓦公司的问题会对自己的企业造成不良影响。当伊瓦乘坐法兰西岛号前往欧洲时，伯宁从厄恩斯特与厄恩斯特会计师事务所向斯德哥尔摩的瑞典火柴公司寄去了一张 14 400 美元的账单。其中一笔 12 750 美元的费用是“对 Svenska Cellulosa A.B. 子公司的会计组织以及会计流程进行详细调查所收取的服务费用”。Svenska Cellulosa A.B. 也是伊瓦名下的一家子公司。伯宁还要求报销 5 992.92 美元的现金费用。这是伯宁向伊瓦寄出的金额最高的一张账单，他肯定在想伊瓦是否有能力支付厄恩斯特与厄恩斯特会计师事务所开出的账单。

1932 年 3 月 11 日上午 11 点，伊瓦到达巴黎，他乘坐出租车先来到自己位于维克托伊曼纽尔三世大街（Avenue Victor Emmanuel III）5 号的公寓。他走上三段台阶，向已为他服务 4 年的管家珍妮特·巴劳尔特（Jeannette Barrault）打招呼。她认为伊瓦看上去筋疲力尽。

克里斯特·利托林在房间里等候伊瓦，前者那天上午刚到巴黎。很快，伊瓦的几位助手也到了公寓，其中包括卡琳·博克曼、伊瓦的记账员西格德·亨尼格以及瑞典本地的会计师安东·温德勒。利托林搂着伊瓦的肩膀大声说道：“天啊，过了这么久能再见到你真是太好了，伊瓦。”伊瓦轻轻点点头，他们坐在厨房里共进了午餐。

利托林提醒伊瓦，瑞典政府正在调查他个人与企业的财务状况。伊瓦还在纽约时，瑞典政府官员就拿到了搜查证，扣留了伊瓦的很多重要文件。审计师们开始彻底检查克鲁格与托尔公司和瑞典火柴公司的账本。利托林还告诉伊瓦，最重要的是，瑞典当局正在询问“那些意大利债券”的相关问题。

当利托林提到意大利债券时，伊瓦只是凝视着远方。当博克曼、亨尼格和温德勒向他简要通报调查的进展情况时，伊瓦几乎一动不动。他们必须回应各种各样的要求与授权，尤其要对几天前利托林与亨尼格在火柴宫殿里找到的意大利国债做出解释。

显然，伊瓦感到非常疲惫，因此他们在汇报时语气非常温和。亨尼格是第一个提到意大利债券的。他说他们不清楚这批政府债券的详细情况，想让伊瓦提供一些具体信息："这些债券的利息是否已经支付？它被贷记在哪个账户上？"

伊瓦看上去在发呆。他沉默了几分钟，然后含糊地说，这些意大利债券被锁在斯德哥尔摩的保险箱里。最后，就像在重复戏剧彩排一样，伊瓦回答说："是的，我拿到了这些债券的利息，然而自己将其贷记入股息账户。所有的一切都很妥当。"随后，他站起身离开了房间。

几分钟后，当伊瓦回来时，亨尼格问："为什么这些债券没有被盖章？"

伊瓦再次站起身，一言不发地离开了房间。亨尼格小声地对同事说："这里有很多事我不明白。"伊瓦在大厅里来回走了几趟。他不想现在就回答亨尼格的问题。

亨尼格继续追着伊瓦询问答案："为了买下这批政府债券，你要向意大利政府支付的 4 亿克朗又是从哪里来的？"伊瓦依然保持沉默。亨尼格无法再接受这种避而不答的态度。他回想起伊瓦小时候就做过的偷考试答案或伪造签名的事，担心有可能发生那种最糟糕的情形。

亨尼格站起来，问出了每个人一直在回避的问题："我说伊瓦，那些意大利债券是真的吗？"

听到这句话，伊瓦停顿了好一会，他的脸上露出一种备受折磨的表情。后来，他注视着自己的老同学回答道："是的，它们都是真的。"

这时，马上就要到下午 4 点了，他们一起离开了公寓。利托林和伊瓦与奥斯卡·吕德贝克约好在默里斯酒店见面，他曾向凯瑟琳·冯·罗森博格女士（几年前，他与凯瑟琳在莫扎迪斯号邮轮上共进过晚餐）推荐过这家酒店。伊瓦走出门时，酒店的礼宾员向他致意，然后立即发现有些不对劲。以前，伊瓦常会把10法郎的钞票塞进她手里，如果她的孩子在旁边，伊瓦还会拍拍他们的脑袋。然而今天，伊瓦直接走了过去，眼睛茫然地注视着前方，什么话也没说。他没有像往常一样招手拦下出租车，而是向塞纳河走去。克里斯特·利托林静静地跟在他身后。

奥斯卡·吕德贝克与他们一见面就直入主题。他想讨论一下伊瓦越来越多的债务问题，并清楚地告诉伊瓦，瑞典信贷银行不会再向他提供任何贷款。当吕德贝克问伊瓦是否能用这批意大利国债作为抵押品来融资，借到钱后偿还瑞典各家银行向他提供的贷款时，伊瓦回应说，他已经承诺过不用这些债券做抵押。

吕德贝克建议："那我们不能和意大利政府做笔交易吗？我们不能按照折扣价把这批债券再卖给他们吗？"

伊瓦回答："是的，也许可以，但这需要时间。我会去意大利看看情况如何，不过在这之前，我想先回斯德哥尔摩的家中待一段时间。"

吕德贝克强调伊瓦需要尽快再做成一笔垄断权交易。这笔交易将会挽救吕德贝克所在的银行以及他的职业生涯。他邀请两人留下来共进晚餐，但是伊瓦说自己很累，想早点上床休息。他有几封重要的信件要写，还要给纽约打电话。

他们走出酒店时，利托林也建议两人一起吃晚饭，但是伊瓦拒绝了。他告诉利托林："明天早上早点过来，开会前我们俩先谈一谈。"按照计划，伊瓦和银行家们在明天上午11点约在莱茵河酒店见面。大概在晚上6点时，两人互道了再见。

THE MATCH KING

12

用子弹结束一切

利托林走进卧室，看到这个男人仰卧在床上，外套和马甲都没有系上，而是被拉到了左侧。根据利托林的证词，他立即认出床上这个人就是伊瓦。利托林说他左手拿着一把 9 毫米口径的勃朗宁手枪，后来他又改口说是“手里紧紧握着”。利托林看到他的衬衫左胸上有个红色的污迹，似乎是胸口上有个洞，正对着心脏的位置。利托林大喊：“他不是睡着了，他死了！”

当天晚上晚些时候，一个身穿黑色大衣的男人出现在维克托伊曼纽尔三世大街 39 号的一家名叫“Gastine-Rennette”的枪械店里，这家店就在香榭丽舍大街以南几步远的地方。他推开店门，从巴黎的浓雾里走出来，说自己想买支枪。

70 岁的老店员安托万·贝尔维利耶（Antoine Bervillier）不认识这个男人，至少一开始没有认出他是谁。贝尔维利耶已经习惯在晚上把枪支卖给一些名声不大好的人，这些人大多不希望自己被认出来。这位穿着黑大衣的男人看上去只是一个普通顾客，没什么异常之处。而且，老贝尔维利耶在很早之前就明白不要向顾客问太多问题。

那个男人要求看一看手枪，但是贝尔维利耶拿出几支枪后，他摇了摇头，强调自己想买一支大家伙。面对贝尔维利耶向他展示的一支又一支手枪，他不停地重复着：“再大一点，再大一点。”

最后，贝尔维利耶拿出了店里最有威力的半自动手枪，这是法国军队刚刚委托约翰·勃朗宁设计生产的新式 9 毫米口径军用手枪。勃朗宁称其为“GP”，“Grande Puissance”（意即“大威力”）的缩写。后来，有 93 个国家将这种型号的手枪确定为军队的配枪。但在 1932 年 3 月，勃朗宁是带着试验的心态推出这款新型手枪的，很多人没有见过这么昂贵的武器，也很少有人买得起。

贝尔维利耶打开保险栓，把击发装置露了出来。他向这个男人说明，当需要开第二枪时，新型的弹药筒是如何自动进入枪膛的。当然，鉴于勃朗宁手枪的巨大威力，不太可能需要开第二枪。

这个男人用手掂了一下枪，沉甸甸的手感让他很满意。这把枪价格很高，造型现代而时尚，而且威力强大。它正是能帮助自己达到目的的最佳工具。

法国政府要求购买武器者必须履行正式的登记手续。按照这个男人的指示，店员写下了他的个人信息。男人把自己的名字拼了出来，而并没有直接念出读音："I-V-A-R-K-R-E-U-G-E-R。"

"这可能吗？"贝尔维利耶在心里嘀咕："那个不可思议的伊瓦·克鲁格？"虽然刚刚52岁，但是伊瓦已经跻身全球最杰出、最有影响力的大人物行列。他名下公司的股票与债券是美国乃至全世界发行范围最广泛的证券。他是少数几个挺过了1929年的股灾，甚至有可能利用股灾大赚一笔的精明商人之一。他还是欧洲的主要债权人，帮助法国政府实现了经济复苏。

伊瓦也是个名人。他的照片被刊登在每一本主流杂志与报纸上。《名利场》（*Vanity Fair*）一直希望他能坐下来让著名的摄影家爱德华·斯泰肯（Edward Steichen）拍张照片。几个月后，根据伊瓦的生平拍摄的长篇电影巨作《火柴大王》（*The Match King*）即将上映。眼下，另一部介绍他与玛丽·碧克馥以及道格拉斯·费尔班克斯一起驾驶摩托艇的短片（这是20世纪30年代常见的影片试映模式）与另外几部描写德国国内紧张局势以及日渐衰退的全球经济的短片已经在剧院里上映了。《火柴大王》把伊瓦的一生描述成典型的美国梦。只不过在这部影片正式上映之前，很多人已经知道了故事的大部分情节。

如果贝尔维利耶读了本地的报纸，就该知道伊瓦刚刚从纽约乘坐法兰西岛号邮轮来到巴黎，但他肯定想象不出伊瓦到底遇到了多大的麻烦。如果贝尔维利耶能知道一点内情，他也许不会把枪卖给这个男人；当这个男人要求购买 4 盒子弹时（每盒子弹 25 法郎），他也可能不会同意。但是，这位老店员和整个世界都被夜幕沉沉笼罩。贝尔维利耶接过了对方支付的现金，眼看着这个男人把买来的枪和子弹藏在大衣下面，走出店门，一路向南，慢慢远离了香榭丽舍大街。男人朝着伊瓦·克鲁格的公寓走去，地址是维克托伊曼纽尔三世大街 5 号，与枪械店只相隔一个街区。

据伊瓦公寓的门房说，那天深夜他共接待了两位访客：男性访客没有停留太久就离开了，另一位年轻的女性访客待了很久才离开。一种说法是，J. P. 摩根公司的雇员约翰·布朗（John Brown）当天深夜到过伊瓦的公寓。我们并不清楚除了告诉伊瓦他的结局已经注定以外，那天晚上布朗还能干些什么。至于另一位女性访客，一种流传已久的说法是，一个芬兰女孩在更晚些的时候来到公寓，并在这里过夜。据说，这个女孩曾时不时地陪伴伊瓦去欧洲旅行，她的年纪与伊瓦的初恋情人在 30 多年前去世时的年龄相当。

第二天上午，克里斯特·利托林于 9 点 30 分到达公寓，他发现伊瓦已经穿戴整齐，但是看上去比昨天下午还要疲倦。据利托林说，伊瓦提到了那个刚刚离开的芬兰女孩。与在皇家理工学院求学时相比，现在伊瓦和利托林的处境刚好对调了。回想当年，伊瓦与女士打交道时总显得很笨拙。他对斯德哥尔摩歌剧院或瑞典皇家芭蕾舞团最近一次演出的评价总是让她们哈欠连天或者远远跑开。如今，他谈论的内容一点没变，却逗得她们大笑着倒在他的床上。没有哪个女人取笑过伊瓦对花的迷恋，她们也从未提起伊瓦残疾的左手食指。现在，利托林是伊瓦小心谨慎的老朋友，而伊瓦则变成了讨女人喜欢的万人迷。

后来，利托林在证词中提到，当时两人谈到了未来。在交谈时，伊瓦说的是瑞典语而非英语，就像以往与利托林谈话时一样。伊瓦向利托林保证自己已经得到了充足的休息，为这次重要会议做好了准备，但伊瓦并未提及他是否对未来做好了打算。

利托林又问伊瓦对李-希金森公司有怎样的预期，他们公司的合伙人想知道伊瓦的公司是否像伊瓦预期的那样持有足够多的现金。伊瓦轻轻地回答说："给他们这样的预期也许并不是个好主意。"利托林努力想安慰伊瓦。他说："不管之前你做了什么，不管以后你会说些什么或写些什么，你必须记住，你的朋友一直在你身边，他们希望你事事顺利，想帮助你把事情办好。"

45分钟后，卡琳·博克曼到了。伊瓦说他需要让卡琳把自己口述的内容记录下来。利托林提醒伊瓦，他的很多好朋友与同事，包括世界上最有权势的几位银行家，不久后都会在莱茵河酒店等候伊瓦到来。伊瓦回答说："克里斯特，我也许会迟到10分钟。我要先见一些其他人。"利托林又说伊瓦不应让那些人等太久，于是伊瓦答应他自己会尽快赶过去。

上午10点45分，博克曼小姐离开公寓前往莱茵河酒店，手上拿着一个刚才伊瓦硬塞到她手里的厚厚的信封。按照博克曼的回忆，伊瓦最后对她说的话是，她应当把自己的行李收拾好，直接返回斯德哥尔摩，伊瓦会争取在那里与她碰头。她想到了一周前伊瓦从纽约寄出的自杀便笺——这一切根本说不通。

她最后一次拥抱了自己的老板，几分钟后，就在莱茵河酒店的会议即将开始时，有人看到送电报的人把一份电报送到了维克托伊曼纽尔三世大街5号。这个送电报的人是亲眼看到伊瓦还活着的最后一人。

"对所有人来说，这是最令人满意的解决方式"

在莱茵河酒店的套房里，十几位焦急等待的男士在大厅里踱来踱去。克里斯特·利托林向所有人保证伊瓦很快就会到达酒店，但是奥斯卡·吕德贝克和唐纳德·杜兰特还是很担心。这些人在交谈时声音很低，就好像在担心门外有人会偷听到目前伊瓦的真实状况。一部分人在提到伊瓦时用"奥克"（Oak）来称呼他，这成了伊瓦的代号。在他们的记忆里，这是伊瓦第一次迟到。

为了平息大家的焦急情绪，利托林告诉大家，莱茵河酒店的会议结束后，他和伊瓦计划去考察伊瓦正在为法国子公司修建的新办公大楼，它简直就是火柴宫殿的缩小版。这幢大楼以前的门面是座民族纪念碑，虽然门面不能改，但是内里的结构已经被彻底改变，变成壮观与时尚的综合体，盘踞在圣奥诺雷市郊路（Rue du Faubourg St-Honoré）上。从瑞典运来的彩色木盒将被用来装饰镶板与墙壁,但是目前还没有去掉外包装。伊瓦会在顶层给自己预留一套公寓，而且房顶会被分成冬季花园与夏季花园两个部分。显然，如果伊瓦的财务状况正处于困境，他不可能会计划如此奢华的建筑项目。

卡琳·博克曼来到酒店，在前厅等候伊瓦。她没给大家带来什么新消息，但是肯定地说伊瓦应该已经在路上了。她坐下时，心里一定在猜测伊瓦想要干什么。她应该担心吗？她现在应该离开这里回到斯德哥尔摩吗？她摸到了皮包里伊瓦给她的信封，此时还不知道里面装着一摞瑞典国债债券。

让我们把目光调转到华尔街，此时纽约证券交易所的灯刚刚亮起，交易者们正在准备星期六的早间交易。克鲁格与托尔公司的美国凭证目前的价格约为每份 5 美元，远远低于最初的发行价格 28 美元，但是考虑到市场已经下跌了这么久，近来市场又对伊瓦掀起了怀疑浪潮，再加上针对伊瓦公司证券的卖空交易数量不断增加，美国凭证还能维持在这样的价位也算是不错了。在交易大厅里，没人知道伊瓦要与其他人在巴黎召开会议的事，但在过去的两天里，克鲁格与托尔公司证券的卖出量莫名其妙地增加了。这种交易的异常令人起疑。显然，有人正在下重注，豪赌克鲁格与托尔公司的证券价格很快将大幅下跌。

又等了半个小时后，克里斯特·利托林给伊瓦的公寓打了电话，却没人接。他们猜测伊瓦肯定是被拥挤的交通堵在路上了——法国总统阿里斯蒂德·白里安前几天去世了，出殡队伍正行进到伊瓦的公寓附近，使多条街道出现了拥堵。利托林继续时不时地给公寓打电话，又等了一个小时后，人们开始变得更加紧张。利托林说伊瓦的管家珍妮特可能出门购物了，应该很快就会回家。

直到下午1点，珍妮特才接了电话，听上去像是刚气喘吁吁地跑上台阶。她说伊瓦还躺在床上。回到家中时，她本来打算整理一下伊瓦的卧室，但是当她打开卧室门时，看到伊瓦躺在床上。利托林让她在伊瓦醒来后立刻给酒店打电话。

那天早上，伊瓦看上去很疲惫，因此打个盹也是有可能的。不过，珍妮特的说法听上去还是很古怪。利托林向其他人建议自己和卡琳·博克曼乘出租车到公寓查看一下伊瓦的情况。会场上没人反对，也没人建议其他人一同前往。这件事由伊瓦的两个最亲密的朋友去办看上去再自然不过了。此外，人们更担忧伊瓦的缺席是否意味着他的财务状况出了大问题，因此根本没有注意到利托林或博克曼的行为是否可疑。他们同意在莱茵河酒店等消息。

出租车一路沿着塞纳河前行，行驶速度非常慢。中午刚过，天空变成了暗灰色，狂风怒吼着为白里安总统送行。整个巴黎一片悲痛，死亡的气息弥漫在空气中。

当他们到达维克托伊曼纽尔三世大街时，利托林跑上台阶，冲进公寓。他打开卧室的房门，站在几个小时之前向伊瓦打过招呼的地方。当眼睛逐渐适应了卧室内的黑暗环境时，他分辨出双人床的左侧静静地躺着一个人，高大的身躯上盖着忏悔者的白袍。整洁的公文包与手杖被放在护壁板旁边。公寓平日里经常飘着野花或玫瑰的香气，但是现在却没有一丝这样的气味。

利托林压低了声音，他以为床上的男人睡着了。他轻轻呼唤着他的老友和上司的名字："伊瓦，伊瓦。"

床上的人一动不动。

当时已经是下午1点多了，但卧室的窗帘是拉上的，房间里潮湿阴暗，就像酒窖一样。即使半开着房门，利托林也很难看清屋内的情形。

他回头看了一眼身后等待他进入房间的两位女士。他们到达公寓时在前厅里等候的管家珍妮特·巴劳尔特现在站在一边,暗示着利托林应该独自进入卧室。卡琳·博克曼和以往一样，等着利托林先踏出第一步。利托林小声说：“他肯定睡着了。”利托林慢慢靠近床上的那个人时，两位女士都把脸转到一边。

他们接下来到底做了什么？所有的细节与证据以及随后匆忙进行的调查，都在长达几十年的时间里被反复提起，引起了很大争议。有关这件事的几份证词在最关键的几个方面存在矛盾。

利托林走进卧室，看到这个男人仰卧在床上，外套和马甲都没有系上，而是被拉到了左侧。根据利托林的证词，他立即认出床上这个人就是伊瓦。利托林说他左手拿着一把 9 毫米口径的勃朗宁手枪，后来他又改口说是“手里紧紧握着”。利托林看到他的衬衫左胸上有个红色的污迹，似乎是胸口上有个洞，正对着心脏的位置。利托林大喊：“他不是睡着了，他死了！”

紧接着,两位女士冲进房间。后来她们都声称自己记不清手枪的具体位置,但是确信手枪就在床上，紧挨着男人张开的左手。她们还说她们认出了这个人就是伊瓦。这三个人都坚持说，他们没有碰触床上的尸体。

在床边的桌子上有三个封好的私人便笺，据利托林说，便笺上的笔迹是伊瓦的。便笺旁是一本小说，名叫《孤独的正面》(*The Single Front*)，作者是俄罗斯籍的犹太作家伊利亚·爱伦堡（Ilya Ehrenburg），小说讲述的是一位名叫奥尔森的实业家的故事。这个故事与伊瓦的人生轨迹相似到有些诡异的程度。与伊瓦一样，奥尔森拥有遍布全球的多家火柴厂，人称“火柴大王”。在小说的结尾处，奥尔森在巴黎的公寓里因心脏病去世。

奥尔森抓起桌上的便笺。其中一封被标明是留给伊瓦的姐姐布里塔（Britta）的，后来布里塔坚持要求不将这张便笺的内容公之于众。另一张便笺是写给苏内·舒勒的，之前伊瓦曾在舒勒的帮助下试图让长得像圣诞老人的卡尔·朗格代他出面买入股票。伊瓦在信中告诉舒勒，应当把一些账户关掉，还在信封里留下了 1 万美元的现金。

第三封便笺是唯一一封注明当天日期的便笺。信封上用英文写着“给利托林”，于是利托林打开信封，用颤抖的声音大声地读出了上面的内容：

亲爱的克里斯特：

我把事情搞得这么糟，相信对每个人来说，这才是最令人满意的解决方式。请保存好另两封信，另外请帮我把几天前乔达寄到维克托伊曼纽尔三世大街 5 号公寓的两封信返还给他。这两封信是由莫扎迪斯号邮轮负责邮寄的。再见，谢谢你。

I.K.

“我突然觉得我们一直都是大傻瓜”

当利托林放下便笺时，卡琳·博克曼发出了抽泣的声音。利托林和伊瓦共事了 30 年，如今他的朋友去世了。便笺结尾处的署名并没有像以往那样署上“Kreuger”，而是署名为“I.K.”，用了两个圆点。

利托林与博克曼没有马上给警察打电话，而是急忙赶回莱茵河酒店，告诉银行家们发生了什么事：伊瓦·克鲁格自杀了。伊瓦的死验证了每个人心中对这个男人及其财务状况最糟糕的猜想。十余年来一直向伊瓦提供贷款支持的李 - 希金森公司的投资银行家们感到非常沮丧。很快，李 - 希金森公司，那个时代全球最有名望的投资银行之一，就要申请破产了，所有的合伙人也将遭受灭顶之灾，这一切都是因为他们把所有赌注都下在了白手起家的伊瓦创建的企业身上。后来，李 - 希金森公司的高级合伙人乔治·默南告诉调查人员他得知这一消息时心中的想法：“我突然觉得我们一直都是大傻瓜。”

当天纽约的股票市场依然照常开市，因此每个人都答应不泄露这个消息，

THE MATCH KING

13

伟大和伪装，一线之隔

1929 年的股灾并不是《1933 年证券法》以及《1934 年证券交易法》的真正推动力。相反，对这两部法案更准确的描述是“把政界对此事的所有反应装进一颗子弹，然后射向一个男人”——在国会辩论期间，这个男人一直被称为“有史以来最大的骗子。”

在接下来的两周里，公众对伊瓦的看法出现了 180 度大转弯。之前，记者们根据一些粗浅的资料与评价匆匆忙忙地对伊瓦的一生下了结论。然而，就在突然之间，他们的立场出现了彻底的转变，认为火柴大王伊瓦犯下了有史以来最大的一桩金融诈骗案。很快，这种观点被迅速灌输给社会公众。于是，整个世界亲眼目睹了舆论观点的彻底颠覆：那个人是坏蛋，而非英雄；是阴谋家，而非设计者；是破坏者，而非建设者。伊瓦成了整个金融市场上的犹大。

伊瓦的姐姐乘飞机从斯德哥尔摩来到巴黎，把伊瓦的遗体带回家乡，举办了一个简单的告别仪式——伊瓦的遗体被放在表面刻有玻璃花纹的棺材里，随后被火化了。瑞典国王缩短了在法国蔚蓝海岸的假期，提前回到斯德哥尔摩参加了伊瓦的葬礼。为 16 世纪的瑞典国王古斯塔夫·瓦萨（Gustav Vasa）所建的小教堂铺满了山谷里的百合花，这是伊瓦最喜欢的一种花。当局宣读了 1930 年伊瓦立下的最终遗嘱以及遗书，遗嘱的内容只有一条：将 100 万瑞典克朗的遗产赠送给自己住在斯德哥尔摩别墅街的邻居英厄堡·埃伯斯女士。在伊瓦死前，他还把当时价值为 6.5 万美元的信用债券赠送给了英厄堡·埃伯斯，不过如今这些债券几乎一文不值。埃伯斯对记者说，她“绝对没有察觉到事情竟然会演变成这样”，坚称“对我来说，对伊瓦的回忆非常神圣，我不打算向任何人吐露”。不过，她又说，她非常了解伊瓦，准备写一本有关伊瓦的书。

她并不是唯一想这样做的人。

钉在伊瓦棺材上的最后一颗钉子

伊瓦的公司接下来的遭遇与伊瓦的遗体大同小异，恐慌性的抛售让公司的价值跌入了尘埃。国际火柴公司的其他董事紧急召开会议，决定不支付即将到期的股息。3 月 25 日，就在公众得知伊瓦的死讯不足两周时，普华永道会计师事务所的调查员宣称，伊瓦名下的公司已经失去了偿付能力。瑞典国内负责调查克鲁格与托尔公司的委员会得出的结论是，该公司 1930 年的资产负债表“基本上是虚假的，没有反映公司真实的财务状况”。瑞典国会的第二上议院在 4 月 5 日零点来临前公布了对伊瓦公司的正式指控。这份指控听上去证据确凿，无可争辩。调查人员估计损失额高达 20 亿瑞典克朗，甚至高于瑞典的国债总额。

会计师们对做出如此决定性的初步结论感到很满意，因为他们发现了大量证据，这些证据都能证明伊瓦是把这几家公司以及子公司当作个人资产进行处置的。他在几家子公司之间秘密转移上千万美元的资金，而且安排了多起可疑的公司间交易。详细资料复杂到一时难以查清，不过这不会阻碍会计师们查账的脚步。尽管他们还不清楚资金被转移到了哪里，但是他们已经断定伊瓦的企业是一个巨大的骗局。

不过，这些有关操纵财务信息的早期报告还算不上给伊瓦的企业与声誉敲响了丧钟。伊瓦的自杀行为也同样没有造成那么大的杀伤力，虽然此举肯定让很多人做了最糟糕的估计，但伪造的意大利国债才是钉在伊瓦棺材上的最后一颗钉子。这些伪造的债券让公众对伊瓦的看法进一步明朗化，远比那些交织在一起的复杂账目、离岸子公司以及表外负债更有说服力。

起初，某些人难以接受伊瓦是个骗子这一说法。伊瓦曾帮助多个中欧国家避免了金融危机的爆发，让法国与德国的经济重振士气。他也是很多政府领导人的朋友与顾问，其中包括胡佛总统。甚至连艾萨克·马克森也不能接受公众彻底改变对伊瓦的看法这一事实，直到他看到了伊瓦伪造意大利国债的相关报道。

伪造的意大利国债进一步激发了民众对伊瓦的负面评价。媒体一遍又一遍地重播整个调查过程，政府部门也在不断重复这一事实。起初，调查员在开始搜查火柴宫殿后不久就发现了这些债券。随后，瑞典外交部长约翰内斯·海尔纳（Johannes Hellner）乘飞机来到罗马，把这些债券交给墨索里尼。海尔纳向墨索里尼问出了自伊瓦的死讯被公布以来所有人都想知道的问题："伊瓦·克鲁格是否向你的政府提供了贷款以换取意大利国内火柴生产与销售的垄断权？"

墨索里尼说他和伊瓦曾两度讨论贷款问题，分别是在 1927 年与 1930 年，但是两人没能达成最终协议。他检查了这些债券，说很明显它们都是伪造的。墨索里尼让他的助手拿出有莫斯科尼与博塞利署名的其他政府文件，署名中字母的形状与大小明显不相符。而且，莫斯科尼一般会在他的名字后加上一个逗号，并不会署上姓氏的首字母，但是这些债券上的署名为"A. Mosconi"，并没有逗号。几张债券上博塞利的署名还有拼写错误。莫斯科尼、博塞利和墨索里尼共同签署声明，声称这些债券都是伪造品，他们从未见过这些债券。

当海尔纳将意大利政府的答复告知公众时，伊瓦的好名声被彻底毁掉了。每家主流报纸与杂志都刊登了债券的复制品以及声称这些债券是伪造品的声明复印件。记者们还四处散播消息，称伊瓦在用手枪自杀前已经下令毁掉装满 150 个麻袋的废纸。警察在这些麻袋里找到了近 2 000 封伊瓦的个人信件以及电报。人们只能想象这些东西里到底埋藏了什么秘密。

几百万名投资者亲眼看到，伊瓦是个与查尔斯·庞兹没什么两样的大骗子，两人之间唯一的差别就是程度不同：伊瓦的融资额相当于庞兹的50倍，持续的时间相当于庞兹的10倍。

证券改革和历史上最大的骗子

对伊瓦公司的调查蔓延到了美国，国会举行的听证会促使很多立法者呼吁联邦政府尽快立法，要求企业进行财务审计并披露真实信息。伊瓦的朋友赫伯特·胡佛已经卸任，新任美国总统富兰克林·罗斯福更赞同采取激烈的立法干预措施。在伊瓦事件的推动下，证券改革被迅速提上了日程。

伊瓦和他的企业成了政府质询的核心目标。国会的多名议员尤其怀疑向伊瓦提供贷款的银行家，要求了解他们都知道些什么以及是在何时获知这些信息的。伪造的意大利国债给整个事件蒙上了一层浓重的阴影，立法者认为伊瓦帝国的崩塌是一个绝佳的例子，警示大家以后决不能再发生这样的事情。

参议员们在调查唐纳德·杜兰特时显得格外强硬，他们想知道作为伊瓦公司的董事，杜兰特为什么没有多做一些事。调查员阐述了其对杜兰特证词的失望之情，因为杜兰特在作证时说自己虽然是克鲁格与托尔公司的董事，但从未出席过该公司的董事会会议。他们还质疑为什么杜兰特这么快就把伊瓦的死讯通知了李-希金森公司，虽然杜兰特坚称其他人并没有在当天纽约市场闭市前将这个消息泄露出去。李-希金森公司是不是根据杜兰特透露的消息提前卖掉了手上持有的克鲁格与托尔公司证券？质询越来越紧张，终于在一大群美国知名律师与杜兰特聘请的法律顾问——法官约瑟夫·普洛斯考尔（Joseph Proskauer）之间展开唇枪舌战时达到了高潮。普洛斯考尔试图把杜兰特对参议员托马斯·戈尔（Thomas Gore）某个问题的答复展开做进一步详述，却被参议员彼得·诺柏克（Peter Norbeck）阻止了："我们不打算让没有得到传召却不请自来的访客参与听证会。"杜兰特一定非常感激普洛斯考尔帮他转移了一部分压力。

伯宁也做了证，这一次人们又把他的名字搞错了——就像以前伊瓦常做的那样（甚至连《时代周刊》都把伯宁的名字错写为“Birning”）。之前伯宁一直担心投资者们会指责他没有注意到伊瓦公司的详细数据，但是伊瓦已经去世，无法再反驳伯宁的说法，于是伯宁开始咄咄逼人地为自己辩护。他很有技巧性地绕开了一些问题，而且这一次，他的地位从仆从变成了赢家。《时代周刊》给伯宁贴上了一个新标签——“给克鲁格设下圈套的男人”。调查员将伯宁视为自己的同类，猫鼠游戏中的猫，正是这个男人最终揭露了伊瓦的惊天大骗局，让伊瓦无处可逃。他们不知道厄恩斯特与厄恩斯特会计师事务所向伊瓦收取了多少咨询费，也不知道伯宁夫妇在伊瓦的资助下前往欧洲的豪华游——他们从未询问过伯宁夫人。

国会议员忽视了伯宁与此事的利益冲突以及心口不一。相反，他们认为伯宁是个榜样，美国应当给予伯宁这样的人更高的地位。国会应当要求每家企业雇用美国的审计事务所完成适当的审计流程。伯宁把自己没能更早揭露伊瓦真面目的原因归咎于瑞典的审计师，每个人都能看得出，把责任推给外国人是很聪明的做法。

就在民众叫嚷着要求国会赶快立法的时候，立法机构首先盯上了纽约证券交易所——交易所竟然同意让未经审计的公司上市。纽约市的代表拉瓜迪亚（La Guardia）声称：“如果纽约证券交易所能不这么粗心大意、漠不关心或姑息纵容，美国投资者本不应当被骗走那么多钱。”为了避开立法部门的攻击，交易所先是主动要求新上市的公司必须同意将来要进行审计；当民众认为这样做还不够时，交易所又同意应在公司上市之前进行审计。但是，这些措施并不能让民众或国会感到满意。自由放任式的自我监管时代终结了。

罗斯福总统与众议院的法律顾问菲利克斯·法兰克福特（Felix Frankfurter，后来成为美国最高法院的大法官）以伊瓦和塞缪尔·英萨尔（Samuel Insull）[①]为例，催促立法机构尽快推出新法案。虽然立法机构也提到了英萨尔的公司，

① 英裔美籍公用事业巨头，爱迪生公司总经理，通用电气创始人之一，名下许多公司因大萧条倒闭后，他在美国多次受审。——编者注

不过，这些公司只分布在美国中西部地区，与华尔街或纽约的各大银行毫无关系，而英萨尔最终洗脱了金融犯罪的罪名，被无罪释放。然而，伊瓦却再也没有为自己洗脱罪名的机会了。在立法讨论的过程中，英萨尔案引起的争议较多，不过每当国会议员思考新的证券法案必须阻止哪一类人时，伊瓦的形象就会浮现在他们的脑海中。

新法案的反对者称，国会不应当对伊瓦这样罕见且惊人的案件表现得如此反应过度，因为这样的案件以后不可能重复发生。普华永道会计师事务所的一流会计师乔治·梅（George May）作证说，伊瓦"在我看来是非常特殊的现象。这是一桩独一无二的案件。出于这个原因，我认为仅因该案便推出新法案是很危险的，因为我相信自南海泡沫事件以来，金融领域的其他案件均不能与本案相提并论"。

但是，公众的激烈情绪战胜了工业企业的说客。1933 年 5 月，新的《1933 年证券法》(*Securities Act of 1933*) 获正式通过。该法案中的一些规定或条款在一战爆发后原本处于相对次要的地位，然而伊瓦公司的大崩溃终于让人们意识到了这些规定的重要意义。新法案旨在阻止如参议员乔治·诺里斯（George Norris）所描述的伊瓦式诡计："已经拥有巨大财富的人们利用谎言、欺骗或诱惑等手段把钱从穷人手中抢走，疯狂敛财高达上千万美元。"《1933 年证券法》要求公司在出售证券之前必须登记。上市公司必须披露真实情况，包括类似国际火柴公司这样的企业以前从未披露过的信息。国会还在新法案中加入了一个关键性的条款，旨在要求各上市公司必须使用统一的会计准则。通用会计准则或一般公认会计原则（General Accepted Accounting Principles，缩写为 GAAP）便脱胎于这部法案。

一年后，国会又通过了《证券交易法》(*Securities Exchange Act*)。根据这部法案，证券交易委员会得以成立，从此，美国的股东有权起诉公司的欺诈行为。这项权力（这是美国法案中最重要同时也是最有争议性的条款之一）也根源于公众对伊瓦事件的强烈反应。刊登在《会计评论》(*Accounting Review*)

上的一篇重要文章称，伊瓦事件“也许是最强劲的推动力……该事件的不断发展演变使人们开始关注控股 - 子公司的公司组织形式会掩盖哪些罪恶”。

1929 年的股灾并不是《1933 年证券法》以及《1934 年证券交易法》的真正推动力。相反，对这两部法案更准确的描述是“把政界对此事的所有反应装进一颗子弹，然后射向一个男人”——在国会辩论期间，这个男人一直被称为“有史以来最大的骗子”。

鉴于那个年代伊瓦事件的轰动效应以及引起的广泛讨论，这样的反应并不令人感到惊讶。股灾于 1929 年爆发，虽然只是 4 年前，但已经横跨了政治任期。国会开始讨论证券法案时，一开始便针对伊瓦事件而非股灾展开了激烈辩论。为《1933 年证券法》准备的委员会报告竟然用了 250 多页的篇幅说明伊瓦事件，而国会的听证会报告也用了大量篇幅把讨论的焦点对准了伊瓦事件。

无论如何，人们每每想到 20 世纪 30 年代的几部证券法案，都必须承认正是伊瓦事件推动了这些法案的出台。伊瓦公司的破产让民众反响强烈，正是在这种背景下，美国才开始发展自己的证券监管体系。简单来说，没有伊瓦·克鲁格，就没有现代的证券监管体系与诉讼制度。

伊瓦自杀 5 周年纪念日当天，一位评论员评价说，伊瓦给整个社会留下的永久性遗产既不是贷款换取垄断权的商业模式，也不是表外融资方式；既不是只拥有少量投票权的 B 股票或离岸子公司发行的复杂的衍生品，也不是如火柴宫殿一般的地标性建筑。相反，这位评论员提到：

> 克鲁格用欺骗与背叛玷污了全球领先国家金融市场的真正支柱，不过这反而促进政府为投资者树立起新的防护网，尤其是在美国。在《1933 年证券法》里，我们能看到多种预防性的措施，显然，若追溯这些规定的源头，结论必然是伊瓦事件。

致命三要素：权力、服从与保密

有关伊瓦事件的立法讨论宣告结束。在大萧条期间，绝大多数人都接受了一种简单的说法：伊瓦·克鲁格是个坏蛋，他用造假和伪造财务数据的方式骗走了投资者辛苦赚来的钱。很少有人愿意花时间或资源去进一步探查事情的真相。普华永道会计师事务所共提交了 57 份实地调查报告，而该事务所公布的最终报告长达 67 卷——实在是太长了。对绝大多数人来说，只要用普华永道报告中的一句名言来总结就足够了：**伊瓦的企业是一场关于“信心”的游戏，只有当伊瓦拥有“独裁的权力”、“下属无条件的服从”以及“彻底的保密”三大要素时才能发挥作用。**这三大要素——权力、服从与保密是至关重要的，在普华永道看来，一旦失去了这三大要素，伊瓦便不能继续维持投资者对他的信心。那些已经购买了伊瓦公司证券的投资者并不是真的想要获得那些详细的信息。对他们来说，知道他们的投资变得一文不值就已经足够了。

李 - 希金森公司的结局很不一样。1932 年，公司合伙人在思考公司破产的教训时肯定曾经想过，如果他们听从了公司创始人亨利·希金森的保守建议，事情将会怎样？如果他们雇用的是哈佛大学的毕业生而不是唐纳德·杜兰特，事情将会怎样？如果他们没有把杜兰特提升为公司合伙人，而改为提拔另一个有血缘关系的亲属，事情将会怎样？如果从一开始他们就像杰克·摩根那样对伊瓦多疑一些，事情将会怎样？如果他们不把公司这么多资金以及声望都押在这个白手起家的男人身上，结局会不会不同呢？

不幸的是，这些合伙人只能在其他企业或其他行业里思考这些问题。国际火柴公司宣告破产后，李 - 希金森公司进入了清盘程序，公司持有的伊瓦名下企业发行的证券已经变得一文不值。同时，公司的负债额过高，最重要的一项资产——声誉，已经被彻底毁掉了。1936 年，合伙人将剩余的所有权以 1 美元的价格卖给了美国破产受托人。

于是，公众对伊瓦·克鲁格这个人的普遍看法变得更加直截了当。他是个坏人，是狡猾的阴谋家，策划了一场金字塔式的巨大骗局，哄骗投资者入股，伪造意大利国债，迫使美国最优秀的投资银行破产，最终发现自己已走到穷途末路，便开枪射中心脏而死。

然而，就像绝大多数金融业内的大事件一样，事实真相远比上面这种说法复杂得多。

就在政府部门撰写伊瓦的自杀报告以及李 - 希金森公司进行清盘程序的 4 个月里，李 - 希金森公司合伙人坚称伊瓦的公司拥有偿付能力，这与调查人员的结论刚好相反。根据李 - 希金森公司的说法，普华永道会计师事务所的结论是错误的。虽然国际火柴公司遭受了严重的财务打击，但这并不是庞氏骗局。

3 月 17 日，李 - 希金森公司给伊瓦公司证券的持有者寄去了一封信，信上说："克鲁格先生的死讯一经公开，我们立即采取措施搜集信息，了解克鲁格与托尔公司、国际火柴公司及其子公司的现状。"在这封信以及随后的几份声明中，李 - 希金森公司进一步强调克鲁格与托尔公司以及国际火柴公司依然持有一些价值较高的资产：政府的垄断特许权以及贷款，还有对其他企业的投资，包括对瑞典火柴公司、瑞典纸浆公司、格兰吉堡铁矿公司、爱立信公司、各种各样的不动产以及银行的投资——公司的投资网络遍布全球。

李 - 希金森公司公布了伊瓦名下企业最近的年报，虽然这些报告依然比较简略，但是所提供的信息要比纽约证券交易所的很多上市公司公布的更多。按照李 - 希金森公司的说法，克鲁格与托尔公司的净资产超过 2.72 亿美元，相当于目前在市场上交易的克鲁格与托尔公司证券的总价值的 5 倍。事实上，克鲁格与托尔公司最近的年报显示，公司的年度净利润为每份美国凭证 3 美元，比美国凭证的市场价格还要高。

李 - 希金森公司的合伙人承认，伊瓦公司的会计财务制度十分松懈，他们也无法为伪造的意大利国债辩护，但他们强调，伊瓦的核心业务是完全合法的。公司董事会授权伊瓦在他觉得合适的时候在多个子公司之间转移资产。伊瓦提供的财务报表确实故意弄得很含糊，但是没人能指责他对细节说谎，因为他根本就没有提供详细信息。购买了伊瓦公司证券的投资者所获得的有关伊瓦企业的信息数量，与他们获得的其他上市企业的信息数量差不多——都没什么信息。如果尽管情况如此，他们还是选择购买伊瓦公司的证券，那么这是谁的错呢？

当然，伊瓦公司的资产价值肯定要比1929年股灾爆发前缩水了不少。不过，要弄清楚伊瓦名下错综复杂的控股公司体系到底拥有多高价值的索取权，无疑是件十分困难的事。但是，公司肯定是有价值的，这价值存在于某处，而且还很高，只不过需要多花点时间深入调查才能找到它。

尽管伊瓦的大骗局乍一看没有给公司留下多少资产，但是随着破产受托人的深入调查，高价值的资产如雨后春笋般四处露头。破产程序非常复杂，受托人急于将伊瓦剩余的资产抢到手，而这些资产大部分在瑞典国内，这给国际火柴公司的破产清算带来了一些麻烦，因为国际火柴公司要遵循美国的破产清算程序。这也对克鲁格与托尔公司造成了不利影响，因为该公司排在瑞典火柴公司之后，对很多剩余资产拥有第二索取权。虽然国际火柴公司和克鲁格与托尔公司最终没能生存下来，但是持有其证券的投资者确实挽回了一部分损失。

出人意料的是，持有伊瓦大部分高价值资产的瑞典火柴公司最终竟然在危机中幸存。1936年，瑞典火柴公司向新成立的证券交易委员会提出申请，准备发行一批新证券，其中包括以前伊瓦发明的、只享有1/1 000投票权的创新型普通股——B股票。事实远不像某些人想象的那样——瑞典火柴公司只是一个空壳子。伊瓦名下最重要的企业瑞典火柴公司经受住了丑闻的考验，仍然在国际火柴市场上控制着大部分市场份额。瑞典国内声名显赫的瓦伦贝格家族买下了瑞典火柴公司的大部分股权，雅各布·瓦伦贝格（Jacob Wallenberg）担任瑞典火柴公司的董事会主席直至1973年。瑞典火柴公司数度更名，还收购了几十家企业。公司之后开始进军新领域，包括造纸与包装行业以及废弃物的燃烧利用，甚至开设了保龄球馆。如今，公司重新将经营的重心放在烟草产品行业，比如对环境影响较小的一次性打火机与火柴，它在11个国家雇用的员工总数超过了1.2万人。如今，该公司再一次把公司名称改回为“瑞典火柴公司”。

虽然多家报纸宣称伊瓦的其他资产毫无价值，但是这种说法显然是完全错误的。波利顿矿业公司每个月能创造50万美元的利润，瑞典纸浆公司拥有将近2万平方公里的森林，格兰吉堡铁矿公司是欧洲规模最大的铁制品生产商，伊瓦名下的房地产子公司光是在斯德哥尔摩就拥有87幢建筑物的所有权。伊瓦在柏林、巴黎、纽约和斯德哥尔摩的私人公寓在市场上非常紧俏。就在当局宣布伊瓦自杀身亡后的一个月里，纽约的房地产中介在派克大街公寓的阁楼里挤成一团，最终，伊瓦的这套私人公寓被作家埃德娜·费伯买下。

伊瓦拥有的最大一笔资产是外国政府应支付的贷款利息，其中包括德国政府每6个月应支付的375万美元利息。大多数此类资产，包括德国政府的贷款，在伊瓦死后继续向伊瓦的公司支付利息——与伊瓦之前的设想一模一样。纳粹上台执政后，伊瓦的贷款协议依然有效，德国政府定期偿还贷款，即使在第二次世界大战期间也是如此。战后，占领方试图取消德国的火柴垄断权交易，但《罗马条约》(*Treaty of Rome*)不允许变更这笔交易，并将贷款的偿还期限延长至1983年。伊瓦拥有的火柴垄断权不仅合法，而且在他自杀身亡后的50多年里一直有效。

持有国际火柴公司证券的投资者之所以没能依靠伊瓦名下的诸多资产收回一部分投资本金，一个重要原因是，大部分资产是以极其低廉的甩卖价被出售的，伊瓦的个人资产尤为如此，包括他拥有的价值连城的艺术收藏品。美术史学家认为美轮美奂的火柴宫殿是伊瓦最重要的一项成就，也是他最具价值的财产。但是，火柴宫殿在瑞典国内，无法为国际火柴公司创造价值。

伊瓦个人财产的拍卖会吸引了一大批想捡便宜的投机者和收藏家。伊瓦曾向嘉宝和碧克馥展示过的两艘价格昂贵的快艇，竟然分别以162美元与180美元的超低价格售出。一位富有的啤酒商只花了 8 750 美元就买下了伊瓦名下一幢占地面积很广的度假屋。甚至连刻有伊瓦名字的普通的厨房水壶和剪刀都很受欢迎。

伊瓦曾声称自己拥有 35 万股钻石火柴公司的股票（相当于这家美国火柴公司总股份的一半左右），但记者们对此表示怀疑，因为在美国收购这么多股票本应引起反托拉斯方面的关注。然而，事情很快就清楚了，伊瓦确实拥有钻石火柴公司 35 万股股票。1930 年 3 月，伊瓦通过某个幌子公司间接买下了这些股份，目前其价值依然高于用这些股票作担保的 400 万美元的贷款。钻石火柴公司股份事件的真相让一部分人开始思考，伊瓦是不是真的像媒体描述的那样，是个金融界的超级巨骗。

在伊瓦与意大利政府交易的真相曝光后，伊瓦仍然对意大利国内的火柴行业拥有一部分索取权，这不仅是因为他伪造的意大利国债竟然能在拍卖时以较低的价格被拍下。事实上，调查人员找到了一些能证明伊瓦确实曾与意大利政府做过交易的证据。确实存在这种可能：伊瓦真的向意大利政府提供了一笔秘密贷款，只不过在伊瓦死后，墨索里尼否认了这笔交易。但是，没人愿意到墨索里尼面前质疑这件事，而伊瓦再也不能开口说话了。

显然，伊瓦持有一些意大利火柴厂的部分股权，与它们签订了合同。一个毫无争议的事实是，他确实在 1930 年 10 月 18 日这一天在佛罗伦萨与墨索里尼的一位助手见了面，并在随后与墨索里尼本人见了面。那段时期，意大利政府正急需资金，尤其是在杰克·摩根提供的 1 亿美元贷款到期之后。

面对伪造的意大利债券，意大利政府上演了一出狂怒的好戏。不过，一些评论家感觉意大利政府表达抗议的方式似乎有些过火了。在伊瓦自杀后，意大利财政部长博塞利（伊瓦曾在意大利债券上伪造过他的签名）寄给伊瓦的一封信才被曝光，一些人认为这封信听上去像是在 1932 年而非 1930 年写的。博塞利的信件原文是：

已发行的所有美国凭证烧毁，而就在几年前，伊瓦才发明这种创新型证券。考虑到 1932 年以前克鲁格与托尔公司已支付的巨额股息，持有该公司证券的一部分投资者的实际收益率已经超过了绝大多数投资者。

当然，律师们的境况要比投资者好得多。受托人雇用的律师每年收取的佣金超过 10 万美元。纽约市内大多数的一流律师都从与伊瓦留下的资产有关的诉讼案中赚到了一大笔钱，其中塞缪尔·安特默尔（Samuel Untermyer）在早前的国会听证会上，因引用了约翰·皮尔庞特·摩根说过的有关品行重要性的名言，一时间名声大噪。

律师们之所以能大赚一笔，是因为事实证明，伊瓦并没有像普华永道会计师事务所说的那样大搞阴谋诡计，先前民众对他的看法有失偏颇。例如，尽管国际火柴公司没有向投资者披露旗下各家子公司的名称，但是确实提到过公司拥有的一项重要资产是向一家子公司提供的价值为 7 500 万美元的贷款，后来人们才搞清楚，这家子公司就是位于列支敦士登的大陆投资公司。同时，国际火柴公司还向另一家子公司提供了价值 1 500 万美元的贷款，这家子公司就是位于荷兰的盖伦塔公司。这些公司虽然不为人所知，但确实是真实存在的。律师们花了好长时间才查清大陆投资公司和盖伦塔公司的真相，而这些调查都是要收费的。

如果伊瓦还活着，这样的事实将让人很难对他提起诉讼。每个人，包括国际火柴公司的会计人员、银行家以及董事，一开始就同意这两家子公司向国际火柴公司支付利息，而利息的金额则全权交给伊瓦自由裁决。正是因为这些人都同意由伊瓦来决定利息的支付额，所以每一次国际火柴公司收到的利息额都刚好只够向股东支付股息。这不过是个能被一眼看透的避税方案。国际火柴公司的收入事实上是由伊瓦一人决定的，这没有任何神秘性可言。尽管到头来投资者们对此抱怨连连，然而事实真相是，从一开始他们就不享有太多的权力，而且这还是他们自己同意的。

既然如此，国际火柴公司到底是如何欺诈的？伊瓦将国际火柴公司持有的价值 5 000 万美元的德国债券转移给自己控制的银行，以此作为贷款的抵押品。但是，将债券从国际火柴公司转移走后，伊瓦用其他替代性的抵押资产代替了这些债券——国际火柴公司的董事授权他可以做这样的转换。伊瓦声称自己与意大利和西班牙政府达成了协议，不过事实显然并非如此。可是，伊瓦是在 1931 年说出这番话的，那时他已经在美国市场上完成了融资任务。他在美国出售证券时，募集说明书上根本没有提到意大利或西班牙。这些意大利国债看上去确实伪造得很粗糙，但对国际火柴公司没什么影响。

最惨痛的教训：那些生意都是合法的

根据这些修正后的历史记录，人们应当无法得出伊瓦是个圣人的结论——他确实不是。在与投资者、会计师以及银行家们打交道时，他一点也不坦率公开。不过考虑到那个年代的游戏规则，我们很难说伊瓦做过的大部分事情是违法的，这种观点应当不会让人感到惊讶。伊瓦对法律边界有着非常敏锐的直觉，他总会认真观察法律所规定的界限到底在哪里。

与很多商人一样，伊瓦一方面要敏锐地采取商业行动，另一方面又要保持遵守道德的好名声，他小心翼翼地维护着两者之间的微妙平衡。“伊瓦是个大骗子”这样简单的结论既不正确，也毫无用处。和大多数伟大的金融家一样，伊瓦的人生故事更加复杂。我们要从伊瓦·克鲁格身上吸取的教训并不是他做的那些生意都是违法的，恰恰相反，教训是，那些生意都是合法的。

金融丑闻事件很复杂，相关的调查工作通常会用某个人作为整个事件的代号：密西西比骗局的约翰·劳（John Law）、南海泡沫事件的罗伯特·哈利、德崇证券（Drexel Burnham Lambert）破产案的迈克尔·米尔肯（Michael Milken）、安然公司的杰夫·斯基林（Jeff Skilling）或伯纳德·麦道夫。伊瓦·克鲁格就是国际火柴公司丑闻的代言人，但他不应当被当作唯一的攻击目标，过于热情的投资者、马马虎虎的审计师以及容易对付的董事们也要承担一大部分责任。伊瓦公司证券的持有人根本不想获得有关公司经营状况的详细信息。伊瓦雇用的审计师认为伊瓦的话就是事实，哪怕现实已经证明并非如此。除了每年领取薪水以外，董事们基本上什么都不做。

如果在20世纪20年代中期，这些人能更仔细认真地检查伊瓦提交的公司财务报表，就有机会对伊瓦成指数规模增长的融资额加以限制。如果他们想弄清楚在政府仅支付8%贷款利率的条件下，伊瓦怎么会有能力向股东支付高达25%的股息，就会让市场产生足够多的怀疑，从而抑制公司证券价格的飞快上涨。但是，在价格上涨的过程中，没人想质疑伊瓦，投资者、审计师与公司的董事全都沉默不语。

与很多金融界丑闻一样，那些所谓的“看门人”也应受到责备。李-希金森公司的银行家曾经提出过几个疑问，但是他们问的太少，也太迟了——这家受人尊敬的投资银行最终破产倒闭了。监管部门与交易所，包括纽约证券交易所，都没有对伊瓦公司的健康程度做严肃认真的调查。证券分析师与新闻工作者也没有从伊瓦公司简单的财务报表中看出什么问题。如果不是媒体一直以来对伊瓦歌功颂德，他也许还不会赢得如此金光闪闪的好名声。

毫无疑问，伊瓦·克鲁格应当为公司的破产倒闭承担责任。但是，人们总是一窝蜂地将金融丑闻归罪于某一个人，而由伊瓦独自承担所有的责任，这既不公平，也不恰当。事实上，很多人要为此事承担责任。

接触过伊瓦的人没有几个有好结局。列有15 000多位债权人的名单长达200页，其中还包括哈佛大学与大通证券公司这样响当当的机构。破产清算收回的一部分资金被支付给这些债权人，但是绝大多数债权人还是遭受了损失。

失去了最亲爱的朋友后，克里斯特·利托林与卡琳·博克曼几乎崩溃了，想到自己在这场所谓的巨大骗局中所扮演的角色，两个人遭受了严重的心理创伤，他们很快消失在瑞典的茫茫人海之中。托尔斯滕·克鲁格因伪造财务报表被判三年半的苦役监禁，不过一年后便被释放。他用自己的余生来努力修复家族的声誉，然而并未成功。

伊瓦雇用的会计师没有受到太多的惩罚。伊瓦的记账员与儿时的伙伴西格德·亨尼格被逮捕，不过最终被无罪释放。伊瓦在瑞典国内聘请的会计师安东·温德勒被控未能发现盖伦塔公司资产负债表上的虚假信息（例如爱立信公司某些资产的价值被明显夸大了）而被判处较短的刑期。

伯宁没有受到惩罚，反而被大加赞扬。国会听证会上长达15分钟的证言让他一举成名，在回到厄恩斯特与厄恩斯特会计师事务所与格林威治村的家中后，他取得的唯一值得一提的成就便是被推选为麦迪逊广场男孩俱乐部（Madison Square Boys Club）的董事。伯宁于1956年退休，在退休后的24年里，他一直是沉睡谷乡村俱乐部的会员，大家可以想象一下他坐在桌前一丝不苟地填写高尔夫记分卡的那种场景。

伊瓦狂野的挪威老友安德斯·乔达逃到了加拿大，但最终被遣返回国并申请了破产。乔达和他新娶的妻子数年来一直被各种各样的诉讼案纠缠，这些案件均与伊瓦在美国的生意有关。当他们把纽约某家银行保险箱里的东西转移到新泽西州的一家银行时，破产受托人要求查看保险箱内的物品，并将其交给了美国最高法院。破产受托人最终被授权查看其中的物品，但大家发现里面只装着几张股票凭证、几页空白的纸以及一个空信封。后来，乔达告诉受托人，伊瓦的嘴非常紧，除了与自己直接相关的事情，什么也不对他说。

唐纳德·杜兰特拒绝相信伊瓦是自杀身亡的，他不愿意用自杀这个词来描述伊瓦的死亡。他卖掉了伦敦西区89号的豪宅，搬进市中心另一套面积较小的公寓。他在柯赛特公司（Cassett & Co.）找到了一份工作，不过一年后就辞职创办了自己的企业。他的余生平凡而简单：53岁去世，死在纽约汉诺威广场地铁站的北向月台上，据称死因是心脏病。

斯德哥尔摩警察局盘问了厄恩斯特·奥古斯特·霍夫曼，伊瓦曾雇用这位银行前职员担任大陆投资公司的总裁，不过后来他被释放了。曾经负责对盖伦塔公司进行“审计”、长得像圣诞老人的卡尔·朗格也没有得到好结局。国际火柴公司进入破产管理程序后，瑞典警察局逮捕了朗格。他被控协助伊瓦伪造财务报表。

奥斯卡·吕德贝克似乎知道伊瓦用朗格做“代名人”来收支款项。伊瓦对吕德贝克所在银行的债务总额高达 1.2 亿瑞典克朗。虽然吕德贝克没有坐牢，但他名誉全毁，尤其是当调查人员得知他竟然允许伊瓦在多个子公司之间自由转移资产的时候。吕德贝克试图解释，说：“现在我才知道，伊瓦认为我在很多方面都很重要，但是我从来不是他真正的朋友。”这番话反而让吕德贝克变得更加不值得信任。

克鲁格与托尔公司的破产受托人并没有放过伊瓦 80 岁的老父亲厄恩斯特·奥古斯特。他们在伊瓦自杀后几个月内对他的父亲提起诉讼——尽管厄恩斯特·奥古斯特本人拥有的资产很有限。当时，伊瓦 77 岁的母亲珍妮的健康状况不错，简直和厄恩斯特·奥古斯特一样强壮。她坚持说：“我的儿子是个好人。这太可怕了，我无法相信。”

已卸任或在野的多名政界领导人因为被披露曾与伊瓦有过交往而蒙上了污点。调查人员找到了流亡巴黎的西班牙前任国王阿方索，对方斩钉截铁地否认曾与伊瓦有过任何交往。米格尔·普里莫·德里维拉不愿对此事做出评论。还有谣言称伊瓦曾贿赂阿道夫·希特勒，希特勒称这些指控为“非常讨厌的谎言”。伊瓦签发的 1 万美元支票让瑞典首相卡尔·古斯塔夫·艾克曼下了台。当克里斯特·利托林第一个给他打电话称找到了意大利国债时，这位政界领导人还在努力地为伊瓦安排贷款。调查人员发现艾克曼已经兑现了伊瓦的支票（资金被支付给“持票人”），起初首相否认收到了这张支票，但是到了第二天，面对可以证明他就是这张支票“持票人”的确凿证据和亲眼看到他兑现支票的证人，艾克曼同意偿还这笔钱并辞职下台。

与此同时，伊瓦的低级雇员拿走了他们能找到的所有现金。就像10年前艾瑞克·兰德格伦被发现滥用费用账户一样，伊瓦在纽约的助手亚历克西斯·阿米诺夫因俱乐部的会费以及其他费用项目接受了盘问。调查人员彻底搜查了阿米诺夫刻有金色浮雕花纹的红皮记事本，上面一丝不苟地记录着正式账目。不过，他们没有找到那个装满了“特殊账目”资料的棕色纸袋，里面有给“我自己”的、金额为数千美元的多张支票，还有一些个人支出费用的收据，例如购买衣架以及牙线的费用。显然，阿米诺夫一直在挪用伊瓦纽约银行账户里的钱，直到1932年6月29日他关闭这些账户为止，最后一笔提款额为124.72美元。

与杜兰特不同的是，伊瓦公司的其他董事没有受到仔细的盘查。国际火柴公司的董事们每人平均在20个公司董事会里任职。珀西·洛克菲勒排名第一，他在近70个公司的董事会里任职，杜兰特则只加入了8家公司的董事会。尽管杜兰特被众人指责，而且被要求在各种各样的场合下作证，但是珀西·洛克菲勒似乎毫发无损。他借口自己胃病犯了，正在卧床休息，拒绝与破产受托人见面，还说只要得到医生的许可，他会尽快给出证词。考虑到他手上持有的1.92万股国际火柴公司发行的参与型优先股与1.7万股克鲁格与托尔公司的股票，也许他真的是生病了。

几位大力批评伊瓦的人士在这件事曝光后都获得了好处。伊瓦的竞争对手、美国钻石火柴公司的W. A. 费尔伯恩把伊瓦两年前通过几家银行买入的35万股钻石火柴公司的股票买了回来，这笔交易为他创造了近800万美元的利润。几年前曾就不享有投票权的股票以及公司信息披露不充分等问题公开发出警告的哈佛大学经济学家威廉·Z. 雷普利，在破产诉讼程序中成为投资者委员会聘请的专家顾问。J. P. 摩根公司则重新夺回了世界第一流贷款机构的宝座。

一直到最后时刻，葛丽泰·嘉宝始终是伊瓦的朋友。有证人称，在伊瓦自杀之前，他们曾亲眼目睹葛丽泰与伊瓦共同出席各种场合。甚至在嘉宝成为大明星以后，伊瓦仍然是她的私人顾问与商业顾问。见到伊瓦时，嘉宝总是表现得非常激动，而伊瓦也愿意陪伴在嘉宝身边，因为这个瑞典女人与他一样出身平凡，却成为享誉世界的“重要人物”。伊瓦还很欣赏的一点是，尽管嘉宝已经成名，但是她依然喜欢躲避世人的目光，甚至比伊瓦还不愿意接受媒体的采访。据报道，伊瓦说嘉宝是“他在美国唯一的真朋友”。

当嘉宝与米高梅公司重新就合约问题进行谈判时，媒体刚刚披露伊瓦已自杀身亡的消息，因此伊瓦没有机会向嘉宝提供他的建议。最终，米高梅公司做出了让步，承诺每部电影给嘉宝 25 万美元的片酬，对此，美国著名作曲家科尔·波特（Cole Porter）曾在歌词里惊叹地说：“这是最高的！这就是嘉宝的报酬！”能拿到这么多钱，嘉宝固然感到高兴，不过有关伊瓦自杀的报道让她心情不佳。7 月 29 日，嘉宝乘坐格瑞斯波姆号（Gripsbolm）前往瑞典。

嘉宝在斯德哥尔摩群岛的某个小岛上度了几周的假。大部分时间里，她都是一个人，偶尔有几位家人或朋友在身边陪伴她。媒体报道称：“在瑞典，她还是像在好莱坞时那样喜欢远离人群，瑞典人感觉很疑惑，因为这根本不像以前的嘉宝——从前她性格外向，经常去俱乐部玩。”尽管有小道消息说伊瓦公司的破产让嘉宝倾家荡产，然而事实上嘉宝只是买入了一些股票而已，也许在 1932 年 3 月自杀那一天之前，伊瓦已经建议嘉宝把手上持有的股票卖掉。伊瓦没有给嘉宝留下任何分别礼物，但是当破产受托人拍卖伊瓦名下的一座城堡与一座岛屿时，嘉宝把两者都买了下来。她在那个岛上度过了很多时光，就像伊瓦一样独自一人。

电影一直是伊瓦最喜欢投资的领域之一，只不过他没有在这个领域赚到钱。然而，伊瓦的去世在某种程度上帮助了电影行业。1932 年年底，电影《火柴大王》首次公映，主演沃伦·威廉（Warren William）在剧中扮演保罗·克罗尔（Paul Kroll）这一角色，这是一个虚构的人物，是人们对真实的伊瓦·克鲁格肤浅的幻想。这部电影票房大卖，成为当时的经典影片。《火柴大王》修改后的剧本与最初电影制片商设想的对伊瓦的大力赞美有很大的不同。最终剪好的片子简直与最近发生的真事一模一样，例如贷款换取垄断权的交易，伪造意大利国债等等桥段，这真令人吃惊。这部电影如此引人注目，必将像瑞典火柴公司那样继续流传于世。电视台偶尔会在深夜播放这部电影，最近《时代周刊》推荐了这部电影，还提到主演威廉先生在扮演伊瓦·克鲁格时抓住了“紧紧咬住与信念坚定”这两大精髓。与伊瓦的真实人生一样，这部电影也没有给他一个好结局。

THE MATCH KING

尾声

在巴黎那个大雾弥漫的晚上过后，很多事情都变了。第二次世界大战结束后，欧洲各国重新结盟，法国政府将伊瓦公寓所在的那条街改名为富兰克林·德拉诺·罗斯福大街（Avenue Franklin Delano Roosevelt），以表示将效忠于美国而非意大利及其前任国王。新的商业领袖以及他们的企业让人们对伊瓦·克鲁格的记忆慢慢淡去。如果1932年时有人说伊瓦不可思议的人生故事会被大众渐渐遗忘，其他人肯定认为这种说法荒唐可笑。然而，后来的事实证明，情况确实如此。

随着记忆慢慢褪色，几位作家想通过各种不同的方式重新阐述这段历史，其中有些人的想法更具有可行性。不断被人重复的最常见的说法便是，和查尔斯·庞兹一样，伊瓦就是个骗子。支持这种观点的证据是1932年四处流传的有关伊瓦童年以及年轻时各种行为不端的传言。伊瓦的一位同学主动站出来说，过去伊瓦是个“根本不讲原则的年轻人，只要认为自己不会被抓，他就会毫不犹豫地作弊”。其他人还回忆了以前伊瓦在参加晶体学考试时怎样悄悄地把几块自己根本不认识的石头装进口袋，或者抄袭别人的蒸汽机模型而不是自己亲自动手做。不过也有人说：“他作弊的次数并不比我们多，只不过他做得更加巧妙。”

一个流传最广的故事讲的是伊瓦第一次来到美国时刚刚从工程学校毕业，身上带着几份求职意向书以及 100 美元现金。两个月后，他花光了现金，只能从垃圾桶里找东西吃。随后，一阵敲门声改变了他的人生。伊瓦本来与一位建筑师合租了一个房间，后者刚刚搬走。一天晚上，一位客户顺路过来，想查看一下自己委托这位建筑师设计的房屋图纸。伊瓦马上撒了一个谎，说自己已经从那位建筑师处接手了这项工作，第二天就能做完。听说图纸即将完成，客户很高兴，付给伊瓦 50 美元，这笔钱是伊瓦自踏上美国的土地以来赚到的最大一笔收入。

据说这次成功让伊瓦变得信心满满，以为只靠谎言与诡计就能获得成功。接下来，伊瓦的余生便充满了一个接一个的阴谋诡计。

对某些人来说，这样的故事很有吸引力，尤其是伊瓦自杀事件的受害者。不过，这样的说法太过简单，它忽视了伊瓦在自己的经商生涯中确实赚到巨大财富的事实，他建立了多家真实存在的企业，不仅在火柴生产领域，还包括通信、矿业、消费品以及电影领域。它还忽视了伊瓦的多项金融创新以及一个至关重要的事实：他的公司在破产之前的 20 多年里一直在向股东支付两位数的股息。与之相反，查尔斯·庞兹的骗局只持续了几个月。

其他作家（主要在瑞典国内）有着截然不同的观点。对他们来说，伊瓦就是民族英雄，是伟大的人物，竞争对手故意辱骂诋毁他，先是利用他的死亡为自己牟利，又毁掉了他的好名声。瑞典的艺术家们更是立刻站出来为伊瓦说话。瑞典作家斯格瑞德·斯沃茨（Siegred Siewerts）排练了一出对伊瓦表示同情的戏剧，在斯德哥尔摩皇家剧院公演。1939 年，一部名为《恐慌》（*A Panic*）的电影在哥本哈根正式上映，试图改变公众对伊瓦的不良观感。

特别值得一提的是，托尔斯滕·克鲁格确信自己的哥哥是被谋杀的。他写了一本书，叫作《关于伊瓦·克鲁格的真相》（*The Truth About Ivar Kreuger*），他在书中提出了很多疑点，例如调查人员在采集可靠的证据时犯了错误，有人利用伊瓦的自杀大做文章搞投机等等。托尔斯滕还向试图帮伊瓦洗脱罪名的其他人提供资助，这部分是因为这件事由他亲自出面会显得说服力不够。但是，在官方公布了对伊瓦的调查报告、托尔斯滕入狱后，克鲁格家族的名号不再像以前那样有权威了。托尔斯滕的书于 1968 年出版，并未得到好评。

最近，瑞典的一些研究人员列举了一些证据，这些证据部分源自托尔斯滕的说法。他们称伊瓦是被谋杀的，或者至少对推导出自杀结论的证据提出了严重怀疑。例如，法国警方从未找到弹壳或子弹射穿其他物体后留下的孔洞。法院提供的证据显示，尸体的伤口附近很干净，这意味着伤口有可能是由某种尖锐物体而非手枪造成的。瑞典政府还没来得及下令验尸，就在克鲁格家族即将提出类似请求之前，尸体被迅速火化了。甚至还有一篇报告称，一位曾检查过伊瓦尸体的医生认为他是被谋杀的。

几位调查人员还列举了三位主要证人证词的前后矛盾之处。这三位证人便是克里斯特·利托林、卡琳·博克曼和珍妮特·巴劳尔特。他们声称法国警方忽视了一个最根本的事实，这样的情节经常在夏洛克·福尔摩斯的侦探小说里出现：伊瓦的惯用手是右手。

让我们回想一下，克里斯特的证言说，他们发现尸体时，尸体的左手依然紧紧地握住手枪。而根据另外两名证人博克曼与巴劳尔特的说法，她们只能回忆起枪就在床上，位于尸体的左侧，和腿部的位置差不多高，伊瓦的手臂无力地向外伸展着。

如果手枪是被伊瓦的左手紧紧握住的，那么现场的证据是否被人篡改了？是否有人移动了手枪？任何惯用右手的人都不可能先用威力强大的勃朗宁 9 毫米手枪射中自己的心脏中央，再把手枪紧紧握在左手手心里，对像伊瓦这样的人来说更是如此——小时候的一场事故让他左手的食指残疾了。

也许利托林记错了，也许有人移动了手枪的位置，也许伊瓦真的使用左手而非右手开枪击中了自己，也许当人们发现伊瓦的尸体时，手枪根本不在伊瓦的手中，而是在射击后滑过他的身体，掉落在尸体的左侧。如果是这样的话，当时的情形应当是伊瓦用右手持枪射击，然后手枪因后座力而弹回，掉落在尸体左侧的床上。

谋杀论的支持者们还指出，法国警方在伊瓦的公寓里搜出了三个手提箱，然而后来这些手提箱均不知所踪。当时，法国警方将这三个手提箱移交给了瑞典大使馆，随后瑞典大使馆将其封存，把三个箱子与卡琳·博克曼一起送回斯德哥尔摩。从此以后，这三个手提箱再也没有出现在公众的视野中。

很明显，应当是奥斯卡·吕德贝克和其他银行家派出的代表律师打开了箱子的封条，从里面拿走了资料文件，包括伊瓦的日记。根据某种说法，后来这些人发现日记里记录了关于谋杀的证据，便把日记烧毁了。这种说法在斯堪的纳维亚非常流行，在那里，“伊瓦·克鲁格被烧毁的日记”成为经久不衰的艺术与电影主题。

尽管犯罪现场与其他的物证早已湮灭，我们不能否定谋杀的可能，但是似乎没人有动机或机会谋杀伊瓦。1932 年 3 月 12 日中午时分，大多数人，包括唐纳德·杜兰特、奥斯卡·吕德贝克以及其他几位银行家，都正在莱茵河酒店等候他。而且，伊瓦的死会让这些人的个人财务状况遭受重创。当时，伯宁人在纽约。伊瓦雇用的瑞典会计师身在斯德哥尔摩。

谁有可能杀了伊瓦？在可执行谋杀计划的那段较短的时间内，能接触到伊瓦的人只有克里斯特·利托林、卡琳·博克曼、珍妮特·巴劳尔特和送电报的报童（那位芬兰女孩一大早就离开了公寓，J. P. 摩根公司的约翰·布朗若真去过伊瓦的公寓，只会比那女孩更早离开）。利托林与博克曼不可能杀害自己最亲密的朋友，巴劳尔特一直是一个忠诚的管家。警察仔细盘问了这三个人，他们都没有表现出任何可疑之处。如果报童是别人雇用的暗杀者，那么他不可能主动跑到警察局，告诉调查人员自己与伊瓦短暂接触的详细情况。

从报童离开直到珍妮特·巴劳尔特回来，看门人一直守在自己的岗位上，他说在此期间没有其他访客到来。有人躲过看门人的视线，在巴劳尔特出门购物以后偷偷溜进伊瓦的公寓，这种情况也是有可能的。那么这个人会是谁呢?

有人猜测是杰克·摩根雇用的杀手，因为伊瓦夺取了国际一流金融家的宝座，成功地从欧洲政府那里抢到了贷款项目，尤其是伊瓦最终与法国政府和德国政府签订了贷款协议，要知道，之前这两个国家只雇用过 J. P. 摩根公司。这一切的一切让杰克·摩根越来越嫉恨伊瓦。许多证人都曾亲耳听过杰克·摩根诽谤和咒骂伊瓦。当然，杰克不可能亲自动手，当时他根本不在巴黎。而且，如果杰克决定雇用杀手暗杀伊瓦，那么他应当等到 3 月 12 日那场至关重要的会议结束后再动手。在那场既定会议上，银行家们本打算让伊瓦解释为何要伪造意大利国债以及为何要将德国国债转移走。会议结束后，摩根有大把的时间可以执行暗杀计划。

几位法国警官在现场表现得像启斯东公司（Keystone）出品的电影里的警探一样，但是考虑到本案引人注目的背景，他们本应仔细寻找任何有谋杀嫌疑的线索，特别是与摩根家族有关的线索，因为杰克·摩根有谋杀的动机。也许最后这些线索都断掉了，因为伊瓦被暗杀了。也许某个人用枪指着伊瓦，胁迫他给自己的姐姐、苏内·舒勒以及利托林写下伪造的告别便笺。但是，更合理的解释是，伊瓦并非被人谋杀。尽管几位作家找出了自杀说法的几处漏洞，但是谋杀说法的漏洞更多、更大。只有在事后进行牵强附会的分析时，谋杀的说法才能勉强成立。

最后一个更像是胡乱猜测的说法是伊瓦“逃跑了”：伊瓦并没有于 1932 年 3 月 12 日死亡，而是按照计划逃脱并消失了，故意留下了一些暗示着自己精神崩溃、举枪自杀的伪造证据。调查人员按照这种说法追查了一年。媒体大肆宣传逃脱论，那些曾与伊瓦打过交道的人对此议论纷纷。法国警方认真研究了逃脱论，试图改变社会舆论对其最初的调查方式大加批评的态度。不过，和谋杀论一样，每个线索最终都断了。正如《时代周刊》在 1933 年 3 月 19 日在 1932 年下半年，有人在国外发现了伊瓦的踪影，比方有人传说他在莫斯科帮助斯大林打造苏联的火柴产业，又有人说在苏门答腊岛见到他在度假。一些记者报道称，有人从苏门答腊岛发出了一份大订单，量身定做一种特殊类型的哈瓦那雪茄，而这种雪茄恰好是伊瓦喜欢的品种。很多人，尤其是在瑞典，相信伊瓦是在用这笔订单秘密地向他人传递消息：逃脱计划已经成功。

如果伊瓦真的想自杀，他为什么不选择一个更加私密的时间，而是非要在一场重要的会议召开之前，在大家都知道其行踪的情况下，冒着被人打断或发现的风险实施自杀计划呢？既然他在斯德哥尔摩收藏了多把枪支，为什么要用最后关头刚刚买下的这把新手枪自杀呢？

伊瓦会不会故意把卧室布置成这样，然后又留下了语义含糊的自杀遗言？伊瓦的遣词造句向来精准，然而这一回，他给自己最亲密的朋友克里斯特·利托林留下的字条似乎有意说得含含糊糊："我把事情搞得这么糟，相信对每个人来说，这是最令人满意的解决方式。""这"指的是什么？也许"这"这个词指的是留下线索，让聪明人（也许就是利托林）最终能想明白到底是怎么回事。自杀遗言上伊瓦的签名是利托林从未见过的写法"I.K."。这个特别的签名有什么含义？为什么要用圆点？

如果伊瓦真的逃跑了，显然，他没有与任何朋友联系。如果他曾答应卡琳·博克曼会与她在斯德哥尔摩会合，那么他最终肯定违背了自己的诺言。他也没有告诉弟弟托尔斯滕，因为托尔斯滕始终声称伊瓦是被谋杀的。如果伊瓦联系了克里斯特·利托林与安德斯·乔达，那么这两个人肯定也没有泄露消息。伊瓦也没有再去见葛丽泰·嘉宝——伊瓦自杀的消息传出后，嘉宝的名气飙升，除非他们两人在苏门答腊岛或嘉宝从伊瓦的遗产中选中并买下的那个小岛上偷偷见面。

也许伊瓦最亲密的支持者相信他们能帮助伊瓦执行这个巧妙的逃脱计划，然后等时机成熟再重新聚首，只不过没想到伊瓦背叛了他们。也许伊瓦知道，能确保自己真正消失的唯一方法是既要误导敌人，也要误导自己的朋友。或许伊瓦真的患上了妄想症，以为连自己最亲密的朋友也靠不住。也许他只是想和以前一样用自己的方式度过余生：独自一人。

如果对唐纳德·杜兰特、乔治·默南、艾萨克·马克森以及其他人来说，伊瓦的两面派做法只不过是种策略——故意装出精神崩溃的样子，以保证当自己抛下大厦将倾的企业帝国悄悄溜走时，这些人查不到自己的行踪呢？如果夏洛克·福尔摩斯受命调查此案，他肯定会分析一下是否还有其他可能，然后问：如果既不是自杀，也不是谋杀，那么还有什么可能？不管这种可能性发生的概率有多低，它会不会就是事实真相？

好莱坞式的人生难道不配得到一个好莱坞式的结局吗？

如果只分析事实，也许这真的不是好莱坞式的结局。不过，天马行空的逃脱论并不是唯一与事实证据不相符的说法。社会上评价伊瓦的几种主流观点：骗子、谋杀案的受害者或逃脱大师，能够反映出伊瓦的人生与死亡的事实真相是多么错综复杂。伊瓦喜欢研究历史，这位智力非凡、喜欢率性而为的天才追求的不只是财富，更重要的是成就伟大。历史应当认真全面地评价伊瓦，就像伊瓦总是认真全面地研究历史一样。

在还是个孩子时，伊瓦就想象过，自己的人生应当像卡尔玛城堡建于12世纪的炮塔一样令人敬畏。一开始时，伊瓦的企业很强大，横跨建筑业、房地产与火柴行业，但在1929年10月，伊瓦企业帝国的根基出现了裂纹。如同瑞典-丹麦国境线的变迁让卡尔玛城堡变得不再那么有用，股灾毁掉了伊瓦的企业。他本可以裁员或承认自己的失败，但他一直顽固地拒绝承认损失或降低股息的支付额。相反，他把自己越积越多的债务隐藏起来，把更多的筹码押在与德国政府的贷款交易身上。这把豪赌表面上看似乎暂时起到了一些作用，但是也让他的最终毁灭变得不可避免。

仔细分析现有的证据，我们发现在1932年3月12日之前，伊瓦·克鲁

译者后记

我们也许会对伊瓦·克鲁格这个名字感到陌生，与金融领域其他赫赫有名的人物相比，伊瓦·克鲁格似乎是一个被遗忘的角色。然而，在他所处的那个年代，他不仅是全球有名的火柴大王，更是金融创新的先驱者和开拓者。

伊瓦·克鲁格于1880年生于瑞典的一个火柴世家，祖父、父亲、兄弟都在家乡从事火柴产业。伊瓦从工程学校毕业后，先是去了美国闯荡，然后又回到了欧洲。27岁时，伊瓦回国与他人共同成立了克鲁格与托尔公司，后来又开始从事国际贸易。33岁时，他开始投身于火柴事业。随着火柴业务的不断扩张，伊瓦的瑞典火柴公司的下属分支机构遍及世界上35个国家，拥有150多家火柴制造企业，雇用了大约6万多名工人，伊瓦成为了名副其实的火柴大王。这位火柴大王还在不少国家拥有生产和销售火柴的垄断权或垄断地位，在其扩张的鼎盛时期，世界上每10根点燃的火柴中就有9根是他们生产的。1915年，瑞典火柴公司还在中国上海设立了分支机构——瑞中洋行，开始专营火柴进出口业务，大量火柴在由东欧国家生产后被运往中国。除此之外，伊瓦还进军其他行业，控制着一大批企业，如矿山、造纸厂、轴承公司等，直到今天，这些企业仍然是瑞典工业的重要组成部分。

所有这些辉煌成就都是伊瓦在20年的时间里创造出来的，而在他扩张的过程中，他对金融创新和金融工具的运用达到了巅峰，他被著名经济学家凯恩斯称作“也许是我们这个时代最具有金融天赋的人”。

然而，1929 年的经济大危机让一切发生了改变。在 20 世纪 30 年代初期，经济危机让伊瓦的火柴王国遭受了巨大损失。最开始，公司还可以通过向投资的公众发放长期债券来筹集资金，维持向各国政府提供的大笔贷款，但当危机到达顶峰的时候，债券的购买者变得更加谨慎起来，能否从经济摇摇欲坠的东欧国家和德国那里收到应偿还的欠债和利息，答案突然变得不再那么确定，伊瓦企业王国的股票也因不断暴跌而失去了价值。投资者开始拒绝追随伊瓦，形势变得越来越糟糕，伊瓦不得不吸收大量的短期银行贷款以解燃眉之急，而这也让这位火柴大王走向了最终的灭亡之路。1932 年 3 月 12 日，在准备参加在法国巴黎举行的、由欧洲银行家和美国银行家联合召开的会议时，伊瓦饮弹自尽了。

本书向我们讲述了伊瓦传奇的一生，在作者弗兰克·帕特诺伊看来，今天我们在金融市场上所见到的各种各样让人眼花缭乱的金融创新与金融产品，都可以按图索骥，追溯到伊瓦身上。而且，伊瓦在经营过程中的那些违法行为还直接催生了美国最早的两大证券管理法案的颁布，其影响力实在令人惊叹。相信读者们在阅读此书的时候，一定会有自己的感悟。

本书由浙江大学城市学院郭宁和汪涛翻译，在本书的翻译过程中，安然、朱振飞、陈明敏和刘雪峰等人帮忙搜集了相关资料，韩瑾完成了部分校对任务，在此一并表示感谢。全书最后由郭宁通读定稿。因时间紧张，文中不足之处欢迎读者批评指正。

最后，我们要特别感谢湛庐文化的编辑们，他们在翻译过程中提供了大量的帮助，并为编辑本书做出了大量细致、具体的工作。

郭宁　汪涛

2014 年 9 月于浙江大学城市学院

湛庐，与思想有关……

如何阅读商业图书

商业图书与其他类型的图书，由于阅读目的和方式的不同，因此有其特定的阅读原则和阅读方法，先从一本书开始尝试，再熟练应用。

阅读原则1 二八原则

对商业图书来说，80%的精华价值可能仅占20%的页码。要根据自己的阅读能力，进行阅读时间的分配。

阅读原则2 集中优势精力原则

在一个特定的时间段内，集中突破20%的精华内容。也可以在一个时间段内，集中攻克一个主题的阅读。

阅读原则3 递进原则

高效率的阅读并不一定要按照页码顺序展开，可以挑选自己感兴趣的部分阅读，再从兴趣点扩展到其他部分。阅读商业图书切忌贪多，从一个小主题开始，先培养自己的阅读能力，了解文字风格、观点阐述以及案例描述的方法，目的在于对方法的掌握，这才是最重要的。

阅读原则4 好为人师原则

在朋友圈中主导、控制话题，引导话题向自己设计的方向去发展，可以让读书收获更加扎实、实用、有效。

阅读方法与阅读习惯的养成

（1）回想。阅读商业图书常常不会一口气读完，第二次拿起书时，至少用15分钟回想上次阅读的内容，不要翻看，实在想不起来再翻看。严格训练自己，一定要回想，坚持50次，会逐渐养成习惯。

（2）做笔记。不要试图让笔记具有很强的逻辑性和系统性，不需要有深刻的见解和思想，只要是文字，就是对大脑的锻炼。在空白处多写多画，随笔、符号、涂色、书签、便签、折页，甚至拆书都可以。

（3）读后感和PPT。坚持写读后感可以大幅度提高阅读能力，做PPT可以提高逻辑分析能力。从写读后感开始，写上5篇以后，再尝试做PPT。连续做上5个PPT，再重复写三次读后感。如此坚持，阅读能力将会大幅度提高。

（4）思想的超越。要养成上述阅读习惯，通常需要6个月的严格训练，至少完成4本书的阅读。你会慢慢发现，自己的思想开始跳脱出来，开始有了超越作者的感觉。比拟作者、超越作者、试图凌驾于作者之上思考问题，是阅读能力提高的必然结果。

好的方法其实很简单，难就难在执行。需要毅力、执著、长期的坚持，从而养成习惯。用心学习，就会得到心的改变、思想的改变。阅读，与思想有关。

[特别感谢：营销及销售行为专家 孙路弘 智慧支持！]

我们出版的所有图书，封底和前勒口都有“湛庐文化”的标志

并归于两个品牌

心视界

找“小红帽”

为了便于读者在浩如烟海的书架陈列中清楚地找到湛庐，我们在每本图书的封面左上角，以及书脊上部 47mm 处，以红色作为标记——称之为**“小红帽”**。同时，封面左上角标记**“湛庐文化 Slogan”**，书脊上标记**“湛庐文化 Logo”**，且下方标注图书所属品牌。

湛庐文化主力打造两个品牌：**财富汇**，致力于为商界人士提供国内外优秀的经济管理类图书；**心视界**，旨在通过心理学大师、心灵导师的专业指导为读者提供改善生活和心境的通路。

阅读的最大成本

读者在选购图书的时候，往往把成本支出的焦点放在书价上，其实不然。

时间才是读者付出的最大阅读成本。

阅读的时间成本=选择花费的时间+阅读花费的时间+误读浪费的时间

湛庐希望成为一个“与思想有关”的组织，成为中国与世界思想交汇的聚集地。通过我们的工作和努力，潜移默化地改变中国人、商业组织的思维方式，与世界先进的理念接轨，帮助国内的企业和经理人，融入世界，这是我们的使命和价值。

我们知道，这项工作就像跑马拉松，是极其漫长和艰苦的。但是我们有决心和毅力去不断推动，在朝着我们目标前进的道路上，所有人都是同行者和推动者。希望更多的专家、学者、读者一起来加入我们的队伍，在当下改变未来。

湛庐文化获奖书目

《大数据时代》

国家图书馆“第九届文津奖”十本获奖图书之一
CCTV“2013中国好书”25本获奖图书之一
《光明日报》2013年度《光明书榜》入选图书
《第一财经日报》2013年第一财经金融价值榜“推荐财经图书奖”
2013年度和讯华文财经图书大奖
2013亚马逊年度图书排行榜经济管理类图书榜首
《中国企业家》年度好书经管类TOP10
《创业家》“5年来最值得创业者读的10本书”
《商学院》“2013经理人阅读趣味年报·科技和社会发展趋势类最受关注图书”
《中国新闻出版报》2013年度好书20本之一
2013百道网·中国好书榜·财经类TOP100榜首
2013蓝狮子·腾讯文学十大最佳商业图书和最受欢迎的数字阅读出版物
2013京东经管图书年度畅销榜上榜图书，综合排名第一，经济类榜榜首

《爱哭鬼小隼》

国家图书馆“第九届文津奖”十本获奖图书之一
《新京报》“2013年度童书”
《中国教育报》“2013年度教师推荐的10大童书”
新阅读研究所“2013年度最佳童书”

《牛奶可乐经济学》

国家图书馆“第四届文津奖”十本获奖图书之一
搜狐、《第一财经日报》2008年十本最佳商业图书

《影响力》（经典版）

《商学院》“2013经理人阅读趣味年报·心理学和行为科学类最受关注图书”
2013亚马逊年度图书分类榜心理励志图书第八名
《财富》鼎力推荐的75本商业必读书之一

《影响力》（教材版）

《创业家》“5年来最值得创业者读的10本书”

《大而不倒》

《金融时报》·高盛2010年度最佳商业图书入选作品
美国《外交政策》杂志评选的全球思想家正在阅读的20本书之一
蓝狮子·新浪2010年度十大最佳商业图书，《智囊悦读》2010年度十大最具价值经管图书

《第一大亨》

普利策传记奖，美国国家图书奖
2013中国好书榜·财经类TOP100

《卡普新生儿安抚法》（最快乐的宝宝1·0~1岁）

2013新浪“养育有道”年度论坛养育类图书推荐奖

《正能量》

《新智囊》2012年经管类十大图书，京东2012好书榜年度新书

《认知盈余》

《商学院》“2013经理人阅读趣味年报·科技和社会发展趋势类最受关注图书”
2011年度和讯华文财经图书大奖

《神话的力量》

《心理月刊》2011年度最佳图书奖

《真实的幸福》

《职场》2010年度最具阅读价值的10本职场书籍

延伸阅读

《普利策传》

- ◎ 詹姆斯·莫瑞斯是一位作家、广播与电视节目主持人，国际传记作家组织的联合创始人与前主席，出版了艾瑟琳·佩恩，查尔斯·蔡平等知名记者的传记。
- ◎ 经过仔细的调查与研究，作者在书中首次还原了大量普利策未曝光的珍贵细节，从家庭、新闻、政治三条主线入手，还原了一代新闻大亨的传奇人生。
- ◎ 本书由普利策奖得主凯·伯德、《圣路易斯快邮报》、《纽约时报书评》、《华盛顿时报》、《旧金山纪事报》、《匹兹堡邮报》鼎力推荐。

《丰盛人生》

- ◎ 安利联合创始人、前总裁、著名演讲家理查·狄维士唯一自传，详尽呈现了大量未经披露的创业经验与细节。
- ◎ 在本书中，狄维士将向初次创业者与成功企业家传递使安利从一间狭小的办公室发展至今的精神。
- ◎ 安利大中华总裁颜志荣，零点研究咨询集团董事长袁岳，暨南大学新闻与传播学院院长、教授、博士生导师范以锦联袂推荐。

《第一大亨》(上、下)

- ◎ 迄今为止关于美国商业史、经济史与金融史最权威作品。
- ◎ 荣膺两项顶级图书大奖普利策传记奖、美国国家图书奖，横扫10大图书榜单。
- ◎ 一本宏伟的作品，一本无可置疑的作品，书中记录了贯穿范德比尔特喧嚣的一生及其所处时代的各种力量、信念和智慧。

《三位一体》

- ◎ 一部跌宕起伏的英特尔传奇，一部由梦想引领的硅谷创新史。
- ◎ 迄今为止关于英特尔公司最完整、最权威的作品，收录公司发展各时期珍贵照片。
- ◎ 英特尔公司全球副总裁兼中国区总裁杨旭专文推荐。英特尔中国研究院院长吴甘沙全程倾情导读。英特尔（中国）有限公司运营商事业部业务发展经理黄亚昌担纲翻译。

THE MATCH KING © 2009 by Frank Partnoy

Simplified Chinese language edition published in agreement with Frank Partnoy c/o The Park Literary Group LLC, through The Grayhawk Agency.

All rights reserved.

本书中文简体字版由作者委托 The Park Literary Group LLC 授权在中华人民共和国境内独家出版发行。未经出版者书面许可，不得以任何方式抄袭、复制或节录本书中的任何部分。

版权所有，侵权必究。

图书在版编目（CIP）数据

火柴大王 /（美）帕特诺伊著；郭宁，汪涛译．—杭州：浙江人民出版社，2014.5

ISBN 978-7-213-04873-9

Ⅰ.①火…　Ⅱ.①帕…　②郭…　③汪…　Ⅲ.①金融投资－案例－瑞典　Ⅳ.①F835.324.8

中国版本图书馆CIP数据核字（2012）第072046号

浙江省版权局
著作权合同登记章
图字：11-2012-69号

上架指导：金融投资与金融监管 / 金融史

版权所有，侵权必究

本书法律顾问　北京市盈科律师事务所　崔爽律师
张雅琴律师

火柴大王

作　　者：［美］弗兰克·帕特诺伊　著

译　　者：郭　宁　汪　涛　译

出版发行：浙江人民出版社（杭州体育场路347号　邮编　310006）
市场部电话：（0571）85061682　85176516

集团网址：浙江出版联合集团　http://www.zjcb.com

责任编辑：金　纪

责任校对：姚建国

印　　刷：藁城市京瑞印刷有限公司

开　　本：720 mm × 965 mm　1/16　　印　　张：20

字　　数：25.8万　　插　　页：1

版　　次：2014年5月第1版　　印　　次：2014年5月第1次印刷

书　　号：ISBN 978-7-213-04873-9

定　　价：59.90元

如发现印装质量问题，影响阅读，请与市场部联系调换。